使用的書

大寫

BRIEFING
PRESS

思考外包的陷阱
Think for Yourself

在「快答案」的世界，我們如何重建常識、擴充思維？

Restoring Common Sense in an Age of Experts and Artifical Intelligence

維克拉姆‧曼莎拉瑪尼 Vikram Mansharamani ■ 著

田詠綸 ■ 譯

獻給凱（*Kai*）和托莉（*Tori*）
願你們永遠具備自主思考的本事

目 錄

C O N T E N T S

前言
◇◇◇◇

找回自我決斷力

本書源自我替《哈佛商業評論》（*Harvard Business Review*）寫的一篇名為〈通才萬歲〉（All Hail the Generalist）的文章 [1]。那篇短文觸動了讀者，在網路上引起上千位讀者回應，有人覺得氣憤、有人表達感謝。然而，讀者有個共通點：他們都非常投入。

我在這篇文章要傳達的訊息是，人們迷戀「深厚的專業知識」迷戀過頭了。專業化與社會的獨立分化（siloization）讓大部分行業都出現了急性「隧道視野」（tunnel vision）的症狀，視野變得十分狹隘。我在文中指出，未來的主人翁可能會是：**既能運用專業知識創造獨立概念，還能結合多種概念的人**；那些能綜觀全貌並在需要時善用專業的人，很可能掌握未來。

　　現下，專業知識似乎成了達到高收入、高名望，以及快速提高生活水準的主要方式。在此脈絡下，我的文章也因此充滿挑釁意味。然而，就像冰上曲棍球傳奇人物韋恩・格雷茨基（Wayne Gretzky）的父親（身兼他早年的教練）華特・格雷茨基（Walter Gretzky）所說，成功的關鍵在於：「要向球餅前進的方向滑去，而不是緊追在球餅後頭。」[2] 我的重點是（我在無數刊物中加以闡述過了）：過去讓你具備競爭優勢的事物，未來或許無法同樣有效。

　　但這會不會只是我這個身經百戰的通才一廂情願地這麼想而已？

　　畢竟，我整個人生都在抵抗專才化的勢力。大學時，我讀了兩個多元學科的學位──其一是東亞研究學位，其二是倫理、政治、經濟學學位。在 1990 年代初期，對東亞研究有興趣的人大多聚焦於當時經濟起飛的超級大國日本。我則選擇研究中國。接著，我在商業界和金融界從業六年後進入研究所，最後拿到國際安全碩士學位；攻讀博士時，我則研究博弈產業的科技創新與創業。頂著博士學位、握有在頂尖商學院的任教機會，我選擇轉身投入投資市場，成為全球資金分析師，當時搭機時間甚長，某大航空公司甚至頒了終身菁英會員資格給我。

　　我多年在職場上與專才化的勢力對抗，也連帶影響了我

的教職生涯，使我不斷遊走於各學院與校園之間。我授課的內容涵蓋商業行政、政治科學、工程學、社會科學，也教過許多多元學科及非學科課程；授課的主題則涵蓋金融資產泡沫、商業倫理、經濟不平等現象，以及系統思考（systems thinking）對社會問題的應用。我在學校的同事有政治學者、商業學者、記者、科學家，也有工程師。而且整個教職生涯中，我都只教自己設計的課程。

所以你可能會說，我算是通才裡的既得利益者，當然會為自己人的崛起說話。這麼說也行得通。

不過，針對知識的獨立分化與通才的崛起，我的論述還加入了一個相關且更實用（我也越發感興趣）的主題——**如何管理專家**。我在聽從別人的建議前會問非常多問題，親友和同事時常拿這點取笑我。旁觀者或許會覺得我很惹人厭，但我對擁有「自主思考的本事」引以為傲。我拒絕讓別人掌控我的人生。身為通才，提出看似天真的問題並不會使我難為情。

過去幾年中，我學會運用一套模式，從專家手中取回掌控權，而這套模式始於「**察覺問題**」。一旦意識到有問題時，我就會藉由三個步驟拿回自主權。第一，我會先和專家**拉開距離**；第二，我會思考自己**真正需要**的是哪些建議（不需要則罷）；第三，我會謹慎、**積極**地把專家**找回來**協助我，不受

過去與專家的互動影響，全然以通才的視野看待問題。某些情況下，我發現回頭求助專家幫助很大，而且彼此的關係也變得更好；但其他情況下，我若明白自己不需要幫助，就會自己處裡。這個方法很適合我，不過正如本書之後會提到，找到適合自己的方法才是關鍵。**脈絡很重要**，所以也得因事制宜，千篇一律的套路可能會遭致失敗。

我在人生許多方面都運用了「**解僱、鎖定、（考慮）重新聘請**」這套模式，對我的會計師、財務顧問、律師、醫師、技師和許多其他人都是如此。其實，各位能閱讀此書，正是我自主思考、自己做決定的結果。撰寫本書的這幾年來，我已經與許多出版界的專家分道揚鑣了──因為我會不時退後一步，釐清自己的優先順序。（舉個幽默的例子來說，有位編輯向我暗示自己是「專家」，要我捨棄自己的點子，跟隨他的建議。我咯咯地笑了，問他有沒有讀過我的提案。不久，我就和其他人合作了。）

專家和科技都曾箝制過我的思考，進而帶來許多麻煩。我希望能藉由本書幫助讀者理解並避免那些麻煩。本書提供了許多策略與方針，幫助讀者拿回掌控權。其中有項建議就是要質疑別人的建議；諷刺的是，這樣的建議同樣適用於本書。無論你是否同意我的想法，我都希望這本書能協助你具備自主思考的本事。

導讀

喪失自主權

　　你可能沒有意識到一件事：**你喪失思考能力了。** 你我都一樣。其實，我們喪失思考能力的頻率很高，時常一天發生好幾次。每當我們**盲目地把思考工作外包**給科技、專家、體制規則去執行，就等於丟掉了思考能力。

　　小至日常抉擇，如購物決定（網頁依購買記錄產生建議）；大至攸關生死的醫療抉擇（醫療專家提出建言），我們都把思考工作外包。請停下來想想你最近做的幾項決定：你決定的理由是什麼？是否可能受到科技、專家或體制規則的影響？

　　情況或許如下：醫生指出你膽固醇過高，建議開始服用史他汀類（Statin）降血脂藥物。醫生強調，研究一再顯示該藥具有療效，自己認識的心臟科醫師也都在服用。這位年紀

比你小的醫師還透露，自己近期也開始服用史他汀類藥物。你會因此服用此藥嗎？

也可能你正駕車前往不熟悉的目的地，而導航軟體建議你走一條乍看之下有點違背直覺的路。學校明明因為昨晚的暴風雪停課了，導航卻顯示小學附近交通壅塞，要你走一條繞行的遠路才能較快抵達。你是否會依照指示的路走呢？

又或者你登入退休存款帳號的網頁時，出現一些問題要你回答，接著建議您更新資產配置。網站根據你的回答，計算出你的風險概況，指出你應該調高股票投資比率。但是，近期股市漲幅不少，金融市場評論員也紛紛提出向下修正的預警。你是否會更改投資策略呢？

以上例子中，專家或科技都提出意見，要你跟隨；有的直接了當，有的含蓄隱晦。但是在某種程度上，**你都把思考工作外包了，允許他人或機器引導你。**

這很正常。21 世紀既充滿不確定性又十分複雜，讓人難以招架。數據爆炸、選項激增，令許多人一直處於焦慮之中。我們幾乎在所有情況下都希望找到利益最大化、最好的選項，最正確的答案。我們對利益最大化的渴望與「**錯失恐懼症**」（fear of missing out，FOMO）相呼應：我們**相信最佳選項一定存在**，但擔心可能會錯過。所以我們一股腦地投入專家和科技的懷抱。這本身並不是個問題，但我們**自動把「決

定工作」外包了，而且外包得**很頻繁**，導致我們的思考能力隨之退化。

我有意在本書各章都闡明一點：如何好好掌控專家和科技對我們思維的影響，是當代最重要的功課，也是艱困的挑戰。要在複雜的現代社會中找到出路確實令人生畏，但我們已經越來越習慣把決定權讓給專家、科技及體制規則了。

我要再次強調，這很正常。畢竟，要通曉所有事物的代價太高了，何不信任比我們更了解特定領域的人？聽從專業（涵蓋個人、系統或體制規則所代表的專業）很合邏輯，而且從成本效益的觀點來看通常也頗合理。

專家和科技不僅有用，而且不可或缺；我們要抵抗的是「**不經大腦、盲目地將思考外包給專業**」這件事，因為這會對我們的生活福祉、身心健康產生不必要的風險，並限縮我們發揮真正潛力的機會。會出現這個現象，部分是因為專業知識通常會伴隨「**狹隘的專業化**」。面對複雜問題時，「**過度聚焦、思考過於獨立分化**」已經產生越來越多問題了（對我們和我們仰賴的專家來說，皆是如此）。

想想六個盲人摸象那則熟悉的寓言故事。盲人各自專注在不同的點上，但沒人了解事情的全貌。他們只在意自己摸到的部位，諸如粗腿、長鼻、尾巴、軀幹，並推論出自己摸到的是：粗壯的樹幹、細長蜷曲的蛇、堅硬光滑且有尖角的

矛。六人之中，沒人懷疑自己摸的是一頭大象。

現下，面對越趨複雜的事物，我們的因應方法是更加依賴專業化；因此，盲人摸象的故事也更切身了。學者專家無法理解相互連結的複雜現象，這已然成為常態。綜觀過去，許多人都曾用錯了自身的專業，提出自砸招牌的預言。經濟學家爾文‧費雪（Irving Fisher）1929 年表示，股市已進入「永恆的高原期」[1]，但幾十年後再回顧，他口中的高原看來更像高聳的山峰。史丹佛大學的生物學家保羅‧埃利希（Paul Ehrlich）在著作《人口炸彈》（*The Population Bomb*）中曾表示：「餵飽全人類的這一仗完蛋了。到了 1970 和 1980 年代，會有好幾億人活活餓死」[2]。最後，且看章家敦（Gordon Chang）在著作《中國即將崩潰》（*The Coming Collapse of China*）裡，如何以具說服力的論述表示中國注定分崩離析。這本書出版於 2001 年，接下來的十年，中國迅速發展。類似這種例子還有很多。

盲人摸象時，因為太過專注反而受到誤導；同理，專家的思考範圍太狹隘，忽略了自身領域外的發展。費雪教授的經濟學邏輯未能完全掌握「政策可能使市場條件惡化」這點。埃利希教授則低估了促成農業生產力遽增的綠色革命。而章家敦的論述則未完整考慮使數百萬中國人民脫離貧窮的因素：中國的都市化、現代化及全球化。

　　以上無意指涉專家沒有價值——專家確實有其珍貴之處；我也無意指涉這些預測無用——這些預測扮演了**刺激思考**的重要角色。特定科學領域也出現大量回歸專業化與聚焦化的趨勢。需要進行腦部手術的人找資深的神經外科醫師開刀，肯定勝過找一般外科醫師。同樣地，需要安排特種部隊深入險峻地形、進行秘密軍事行動時，最好先諮詢經驗老到的軍事專家和指揮官，因為他們深諳影響行動成敗的因素。

　　我並非主張大家應該懷疑、不信任專業知識、科技或其中隱含的規則。但今日眾多問題相互牽連，需要用**整合性**的思考方式看待。而且**脈絡**十分重要，許多專家會忽略自身領域外的脈絡。**我們需要的是能以廣度補足深度、能整合脈絡的專業。**

　　然而，產生這些條件的主要機構——高等教育系統——仍然只著重培養專家。獨立分化的學院架構持續培養目標狹隘的專家，鼓勵這種文化不斷延續。頂尖大學的招生人員仍特愛「單科特出」的申請人；從前班上人人各科能力均衡，現在班上則人人都是單科特出的明星學生。結果呢，虎媽開始緊逼孩子發展特出才能。現在，想獲得頂尖教育，你必須是市立青年交響樂團或管弦樂團的首席，或是百米跨欄加上丟鉛球的州冠軍。

　　在這種情境下，年輕學子當志工目的不再是為了幫助弱

勢或貢獻社會，而是要讓招生人員眼睛一亮。從前具備多元能力的學子，如今已變成為威廉‧德雷西維茲（William Deresiewicz）筆下「優秀的綿羊」[3]，慎重其事地收集成就，卻不明白為什麼，為了達成目的、累積獎牌，不再那麼追求意義和目標了。最有可能成為我們未來領袖的這整群人，不僅被過度引導，而且還被誤導了。

以一個適切的比喻來形容：我們培養了數個世代的人去研究樹皮，他們許多人對樹皮的起伏、型態、顏色、紋理有深入的理解，但很少人明白樹皮僅僅是樹木的最外層，又更少人意識到樹木是森林的一部分。

距今約兩千七百年前，古希臘詩人亞基羅古斯（Archilochus）提出的比喻同樣適用。他寫道：「狐狸知悉許多事，但刺蝟只明白一大件事」[4]。思想家以撒‧柏林（Isaiah Berlin）1953 年的著作《刺蝟與狐狸》（*The Hedgehog and the Fox*）就對比了刺蝟與狐狸：刺蝟「把所有事物連結到單一視角上」，而狐狸則「探索事物的連結……無論連結的強弱」[5]。牠們就像專注單一領域的「專家」與探索多種事物的「通才」的翻版。

以撒‧柏林發表這篇文章幾十年後的今天，刺蝟已然主導學術、醫療、金融、法律界，以及許多其他專業領域。具備深厚專業知識的專家一枝獨秀，不斷晉升高位。若想在事

業上有所進展，專業化是最有效率的途徑。大家都開始尊敬這些高薪的專家。

不過，套一句棒球哲學家尤吉・貝拉（Yogi Berra）的話：「未來不會和過去一樣。」[6] 我們的世界有越來越多連結了，看似不相干的發展正快速且深刻地相互影響。若利息受到干涉，房產價格很快會產生波動，影響當地學校的資金挹注，進而不僅可能造成收入和財富的不平等，還有機會不平等的問題。或者地方再生燃料的新規範影響全球農業價格，進而造成糧食短缺的非洲國家社會動盪。模糊與不確定困擾著我們，但我們每天仍須做決定，從極為簡單到極為複雜的決定都有。在這個科技超高速發展的時代，狹隘的聚焦以及公式化的解方這兩者的優勢正在快速式微。

深厚的專業必須與寬廣的視野互補。若做不到這點，專家面對互相衝突的數據時，通常就會用高難度的思考特技合理化自己的觀點。想想美國聯準會主席艾倫・葛林斯潘（Alan Greenspan）卸任後承認自己對自由市場的世界觀「有瑕疵」的事件吧。[7] 學者和嚴肅的經濟學家教條式地信奉效率市場假說（efficient market hypothesis）──在這個假說的推波助瀾下，2001 到 2007 年間發生空前嚴重的信貸泡沫。這場全球金融危機顯示，大多時候市場可能有效正常，但也可能失靈失效。

此外，也有可靠的研究指出：通才較擅長駕馭不確定性。賓州大學教授菲利普‧泰特洛克（Philip Tetlock）發現，相較於專家對自身領域的預測，非專家的預測更精準。他的結論是：如果想尋求較精準的預測，要找那種「柏林筆下典型的狐狸。**他們知道許多小事，博採眾長，並能接受曖昧與矛盾。**」[8] 仰賴單一觀點的意識形態會削減駕馭模糊情況的能力。現在這種模糊情況比以往更普遍。

未來總是難以預料，但我們駕馭不確定性的能力已遭到「越發狹隘的聚焦」削弱了。我們越靠近什麼，就越容易相信什麼。用心理學行話來說，我們把自身信念當作錨點，以信念為判斷基準來調整，但調整得並不充分。更白話來說，就是「手上拿著錘子就更容易看到釘子」。專業知識使我們的目光緊貼樹皮，較難察覺到自身觀點有必要調整。我相信，在充滿不確定性的領域裡，**寬廣的視野更勝過深厚的專業知識。**

專業化優勢遞減，影響層面擴及個人、企業、甚至國家。由專家群所構成的勞動力相對較不靈活，隨著科技快速發展，他們需要不斷重新接受訓練。就此觀點來看，美國近年著重培養就業導向的技能，實在令人擔憂。企業需要改變，因此擁有多項不同技能的員工較有價值。許多有遠見的公司已經把多元技能設為升遷條件了。一位曾在多處歷練、待過多個職位因而具備分析能力（如基本統計、批判思考能

力等等）的專業人士，和具備特定技能的專家競爭時，明顯較具有優勢。

　　生活在 21 世紀的重點，並不是要消除我們對深厚、特定專業的依靠，這太不切實際了。但我們可以在深厚的專業與寬廣的視野之間取得平衡；寬廣的視野能幫助我們理解專家的建議有其限制。這代表我們應該要**有策略地**運用專家與科技。專家的關注範圍或許有限，但我們可以**將他們的建議與我們寬廣的視野結合**。從他們的觀點看來很適切的建議，不見得有助於達成我們自己最終的目標。

　　我們必須隨時主動並有意識地整合專家與科技提供的觀點。每個觀點本來都不完整。只有我們自己能看到事情的全貌，所以**整合工作只有自己能做**。這個過程就像是專家提供磁磚，而你利用這些磁磚拼貼出屬於自己的馬賽克作品一樣，請別忘了：每片磁磚都只是全貌的一部份而已。我們必須學習**讓專家隨侍在側，而非讓他們主掌大權**。

　　某些情況下，將思考工作外包確實合理，但那必須是經過思量後，有意識的主動選擇。如果你還沒看過巴巴・希夫（Baba Shiv）的 TED 演講《讓出駕駛座有時是件好事》（Sometimes It's Good to Give up the Driver's Seat）[9]，我很推薦你去看。這位史丹佛大學教授在這場簡短的演講中，描述他和妻子在得知癌症診斷後的處理方式——他們**有意識地**把治療

的一切決定交給醫師。如果你決定觀賞這場演講，請注意一點：他們的思考過程非常有自覺。**思考外包本身不是問題，但若是自動、下意識地這麼做，那就令人憂心。**

「習慣」是造成我們不再自主思考的原因。我們長久習慣依賴別人替我們思考，現在似乎是重新思考這個現象的好時機。

請思考以下引文：

> 一件錯誤的事若長久不受到檢視，看上去就好像是正確的。若有人起身反對，還會激起捍衛傳統的大聲疾呼，然而，反對聲浪很快就會平息，因為時間比邏輯更具說服力。[10]

這是湯瑪斯·潘恩（Thomas Paine）1776年發表的論說文《常識》（*Common Sense*）的開頭，他呼籲重新檢視當時英國政府對美國殖民地的統治。潘恩認為遙遠的君主統治應該受到質疑，而非視為理所當然。許多美國人從未質疑過英國國王的統治，純粹只是因為情況一直如此。潘恩呼籲美國人重新審視他們對統治的基本假設，希望他們停下來自主思考，質疑自己為何會甘於盲目臣服於遠方的國王。

潘恩的訊息十分適用於現代，這點仍使我感觸良多。只

因為沒人質疑「人們不假思索地把思考外包給專家」這件事是錯的，許多人就相信這麼做是對的。是時候重新審視這個行為，並思考該怎麼做才正確。調整現狀已經不夠了。我們必須自主思考。

本書概覽

如果能寫一本帶給讀者力量的書，幫助讀者改善健康、財富、福祉，那是再好不過了，但我的目標比較微小。我希望提高讀者對於「思考外包」的意識，並指引一條重新拿回主控權的路。我不僅希望透過本書解釋我們怎麼陷入盲目服從和無腦順從的情況，也希望提供讀者掙脫這種處境所需的工具及策略。

第一部解釋脈絡，說明我們為何會落入當前的困境。主要由科學（還有專業化）引起的知識大爆炸構成了當前困境的基礎。除了資訊氾濫之外，選項也爆增──各行各業都如此：舉凡牛仔褲的顏色、剪裁，乃至電影的類型、長短、風格，皆可挑選。這使我們沒完沒了、永不滿足地追求最佳選項，造成了 21 世紀的毛病──大家口中的錯失恐懼症。社群媒體和人工智慧演算法可能會惡化錯失恐懼症。此外，由於大家越來越希望做出最佳決定，因而輕率地透入專家、科技

和體制規則的懷抱，希望實現這個難以達成的理想。

第二部探討這樣發展下來的後果。先從專業化說起，專家的出現是為了處理人們的選擇焦慮，他們給予建議、幫忙解決焦慮。接著，專業化導致幾乎各行各業都出現獨立分化的現象、高度聚焦成為絕對且完全的優勢。討論高度聚焦的好處與壞處後，本書會談到為何某些行為反而會導致我們原本希望避免的後果。盲目順從他人、科技、系統的過程中，我們變得十分依賴這些人事物。我們在智識上靠自己的技能已然凋零。

第三部提供拿回自主權的指南。至此，我們已經認知到「將思考工作外包」帶來帶來的危險，因此這部分開頭就呼籲讀者要「注意我們將注意力放在哪裡」。接著會談到專家狹隘的關注通常能達到他們的目標，卻時常無法幫助我們達成我們的目標。要達到我們自己的目的，關鍵在於自主思考，要避免盲目將思考外包。為了避免對自己的思維過度自信，並且為了要適時自我調整，我們必須學習採納多元觀點，並以同理別人的看法。一旦我們採納、認同自身以外的觀點，就越能明白每個觀點固有的限制（我們自己的觀點也不例外）。關鍵是要連結多元觀點，並提煉出新洞見。我們必須保留「自主思考」的掌控權，善用專家和科技的見解，但不是一味順從。問題的答案很少非黑即白，生活在現代，我們需要的

是獨立思考和判斷的能力，而不是生硬的規則。本書提供一套原則和做法，能幫助讀者拉大焦距、讓視野變廣，並重新朝著整合多方專業洞見的方向前行。

　　第四部描繪出一條前進的路。在美國麻州康科德鎮（Concord）罕無人煙的湖畔自力更生的形象已不合時宜。* 我們需要一個現代版本的「靠自己」，才能更貼近這個萬物相連、快速變遷且科技進步的時代。在現代生活，關鍵是要**擁抱模糊曖昧，並學習在充斥不確定性的環境中找到方向**。若想達到這點，我們得先**重新培養想像力**，開始想像能體現現代生活隨機、多變特性的各種情境。我們也必須對自己既定的假設更有意識，並往後退一步、自主思考，**結合深度的好處和廣度被低估的價值**，截長補短。

---

* 　譯註：此指《湖濱散記》（*Walden*）作家梭羅（Henry David Thoreau）的形象。

第1部
失控

科學和科技持續以驚人的高速發展，大量資訊和選擇時常令我們難以招架。數據爆炸似乎讓「**最佳選項**」的存在變得可能，我們也因此隨時都感到淡淡的悔恨，而且害怕會錯過最佳選項。追求選擇最佳化的過程中，我們一股腦地奔向那些承諾會幫助我們、宣稱比我們更了解特定領域的人。但投向專家、科技、規定懷抱的同時，我們也等於放棄掌控自己的人生。我們讓出自主權，交給那些過度聚焦、不懂我們整體脈絡的人。

01

數據、選擇與錯失恐懼症

　　我開始準備撰寫此書時，發覺自主思考是件難事。資訊量實在太龐大了。我盯著幾堆書籍、七疊印出來的文章（每疊介於 60 至 90 公分高）、三疊雜誌（分類成商業、科技和一般新聞刊物），還有兩堆我幾乎每天都承諾自己要快速閱覽的報紙。即便我竭盡心力想消化這些資訊，成堆的刊物每週似乎持續增加。我正被資訊淹沒，這不是打比方而已。

誰跟得上資訊？

　　過去兩個世紀的科學和科技進展，帶來令人難以招架的大量資訊——數據產生的速度更持續加快。知識不斷擴增，人們得不斷努力，並頻繁投入超乎想像的精力才能勉強跟上。

想想現在的書本數量有多少。根據最新的估計，全球至今大約已經出版一億三千五百萬冊書籍。[1] 不只出版書籍的數量驚人，自 1665 年英國皇家學會（Royal Society）《自然科學會報》（*Philosophical Transactions*）創刊至今，全球已發表超過 5 千萬篇學術文章，而且與日俱增。[2] 光是想消化一大部分這些知識就已經是個荒謬的想法，更別說全部了。

資訊多到無法消化，這個事實本身就令人感到沮喪、苦惱。形容這種「資訊超載引起焦慮」的名詞有很多，諸如數據窒息（data asphyxiation）、認知負荷過重（cognitive overload）、數據氾濫（data deluge）或資訊疲乏症候群（information fatigue syndrome）等等。但我們卻也不喜歡把流淌資訊的水龍頭關掉。

近期的研究指出，這些資訊來源被切斷時，人們會產生嚴重的焦慮。近期一項英國的調查中，四成五的受訪者表示，自己無法收發電子郵件或上臉書時，會感到「擔心或不安」。[3] 你是否曾造訪無線上網服務昂貴到令人卻步的國家呢？每當我造訪這些國家時，我發現自己會一直尋找 Wi-Fi 網路，想重新連上線。這種行為不理性，但感受卻很真實——我擔心可能會錯過些什麼。無論線上線下，我們都感到無法招架，這點無可避免。生活在 21 世紀，我們消化資訊的方式好比就著消防栓的出水口喝水，且不允許一滴水外漏。我們幾

乎跟不上資訊的腳步。

　　生活並不是一直如此。好幾千年來，了解一切的人是存在的。但隨著人類的見解和知識越發豐富，過去數百年間，要了解一切變得極為困難了。那麼，最後一個了解一切的人類是誰呢？

萬事通

　　很有可能是湯瑪士・楊格（Thomas Young）。1773 年出生於英格蘭薩莫塞特（Somerset）的楊格自幼飽覽群書，21 歲時已是皇家學會的成員。英國皇家學會成立於 1660 年，是英國首屈一指的科學機構。楊格當時發表的一篇文章就奠定了我們今日對人類視力理解的基礎。30 出頭的楊格已在行醫、演講授課。替他作傳的安德魯・羅賓森（Andrew Robinson）如此描述他演講授課的內容：「幾乎涵蓋所有已知的科學知識，其見解的格局、膽識前所未見。」[4] 楊格終其一生對眾多領域皆有重要貢獻，包括物理學、心理學、工程學、音樂學、與文獻學（文獻學是研究史料上的書面語言——我不是萬事通，所以特別去查了）。他研究超過四百種語言，奠定人類解讀古埃及羅塞塔石碑（Rosetta Stone）的基礎。對了，趁我還沒忘記前提一下，他還挑戰過艾薩克・牛頓（Isaac

Newton）的理論，表示儘管光可能如牛頓所說是由粒子所組成，但光也是一種波。

楊格除了以驚人的速度擴展人類知識，他也針對許多議題，向主事者提出建議，包括分析倫敦引進煤氣燈的風險、說明如何正確應用數學好了解人壽保險的風險，並比較多種造船法的效率。

從楊格的故事裡，我們也可以看到追求廣度與深度之間的拉力。我們知道時間和專注力有限，所以對於看似不專注、致力於多領域（而非單一領域）的人，通常會持保留態度。楊格知道大眾對於具多重興趣的人有疑心，所以大多都匿名發表研究成果，藉此降低被視為「樣樣通、樣樣鬆」的風險。他擔心大家發現他興趣甚廣後，就不敢找他看病了。即便在當時，人們同樣重深度、輕廣度。

1973 年，倫敦科學博物館（London Science Museum）策劃了一場慶祝湯瑪士・楊格兩百年冥誕的展覽。策展人表示：「楊格創意學習涵蓋的範圍之廣，英國史上大概無人能及。他幾乎在每個他有研究的領域中，都提出新發現。」[5] 所以傳記作家安德魯・羅賓森會把楊格的傳記取名為《世界上最後一個什麼都知道的人》（*The Last Man Who Knew Everything*），大概也不令人意外吧。

專業化與合作

這個世代產出的資訊內容越發複雜、專業。我們越來越需要先具備特定知識，才能消化新資訊或做出有意義的貢獻。高智商俱樂部英國門薩（British Mensa）的前任主席表示，人類累積的知識量之龐大，若想徹底了解一件事或成為某領域的權威，關鍵就是要**專業化**。[6] **深度聚焦**大行其道。在知識不斷成堆累積的時代，人們做出貢獻所需的時間越來越長了。

確實，科學家和發明家做出重大貢獻時的年紀越來越大了。任職西北大學的班傑明・瓊斯（Benjamin Jones）在名為〈年紀與偉大發明〉（Age and Great Invention）的文章中[7]，探究諾貝爾獎得主們是在多大年紀時，進行那些讓他們獲得諾貝爾獎的開創性研究。瓊斯發現，進入 21 世紀後至今，諾貝爾獎得主和偉大發明家取得重大成就的平均年齡多了 6 歲。此外，瓊斯計算了研究者要花費多少時間才會對自身領域有貢獻。他發現在 20 世紀初，這些人平均 23 歲就活躍於研究圈，但是在 20 世紀末，這個數字提高到 31 歲。

不過，這些科學家從事的種類是否也有差別呢？瓊斯發現進行理論研究和進行實驗研究的人有個不同之處。[8] 在概念上有所突破的學者通常會在年輕時有所成就；而在實驗方面

有所突破的學者則較大器晚成。瓊斯的解釋是，進行重要的概念性思考工作時，通常必須徹底脫離既有的典範；剛初接觸一項典範，並還沒完全擁抱這項典範時，最容易發現典範的缺陷，也最能找到切入的機會。換句話說，概念性研究者在早期階段比較會看到全貌，發現不同概念之間別人沒看到的連結。

瓊斯在另一項研究中發現，發明家首次提出發明的年紀每十年就增加 0.6 歲。[9] 他們花越來越多時間研究、學習，推延了首次提出發明的時間。每項專利的掛名人數，每十年增加 17%；而專業化（這裡指的是不轉換發明領域的程度），每十年增加 6%。今天要創造一項新發明，需要更多人力、教育和更深的專業。

團隊人數增加的趨勢也出現在科學界。《科學快報》（*Sciencexpress*）的研究指出，1955 年到 2000 年期間，文章的共同作者從 1.9 位增加至 3.5 位。[10] 這項研究也發現，有多名共同作者的文章受到引用的次數比較多，而且這個現象越來越頻繁。另一項研究證實，醫學界也有團隊人數增加的趨勢。[11] 研究發現，在醫學領域最負盛名的五個期刊中，一篇文章平均的作者人數從 1993 年的 4.66 位增加至 2005 年的 5.73 位。

這類研究中，最具指標性的是一項大規模的複雜科學實

驗，不僅有多國參與，研究經費更是高達數十億美金。透過
這些努力所產生的研究文章背後通常會有多少名作者呢？準
備好聽答案了嗎？答案是數千名作者。沒錯，有些科學實驗
複雜度之高，需要數千人的研究團隊。

　　一項針對大型強子對撞機（Large Hadron Collider，簡稱
LHC）的龐大研究，正由位於瑞士的歐洲核子研究組織
（CERN）粒子物理學實驗室進行。這部造價 100 億美元的粒
子加速器能讓質子對撞，每秒產生十億次撞擊。[12]2015 年 5
月，隸屬這項實驗的兩個主要合作單位裡的成員在《物理評
論快報》（*Physical Review Letters*）中共同發表了一篇文章。[13]
作者人數有多少？答案是：5154 人。沒錯，超過五千人。這
篇文章當時破了單一研究文章共同作者數量的世界紀錄，光
是列出所有作者就佔了 24 頁全頁篇幅——而文章本身只有 9
頁！試想這 5154 名作者專業化程度有多高。

　　用以上的邏輯去計算每位作者的貢獻程度，會得出：發
表這篇文章的作者每人平均的貢獻度是 0.02%。如果我們相信
瓊斯的研究發現，也就是研究團隊的人數每十年會增加
17%，那麼文章作者人數達到一萬人或以上就只是早晚的事
了。專業化的列車正以急速行駛，短期間沒有趨緩的跡象。

　　說到現代專業化的代表性人物，看看這位把整個職涯拿
來研究一件事的人吧——他花了整整 50 年研究為何某種水底

生物的細胞會發光。

超級專業化人物：下村脩

　　這位單一領域特出的代表人物是下村脩。他晚湯瑪士·楊格 155 年，出生在距離英國 9600 公里外的日本。美國在長崎市投下原子彈的那年，下村脩 16 歲，住在僅離爆炸中心 24 公里外的地方。雖然曝露在大量輻射之下，他最後得以倖存下來，並於今日的長崎大學藥學部取得學位。1960 年，他取得有機化學博士學位。下村脩的科學家生涯極為專業化。取得博士學位後，他到普林斯頓大學專心研究一種透明、美麗，會發出綠光的水母：維多利亞管水母（*Aequorea victoria*）。下村脩十分著迷於這種水母的生物發光的特性，想了解其中的運作。不久，他分離出造成發光的一種蛋白質，名為水母素（aequorin）。至於他早期的研究發現，則發表於名為〈海螢螢光素結晶〉（*Crystalline Cypridina Luciferin*）的學術論文 * 中，是之後水母研究的基礎。[14]（不知道各位怎麼想，但這種篇名實在很難引起我的注意。）

---

* 　編按：下村脩先在日本研究甲殼類動物海螢（*Cypridina hilgendorfii*）發出藍光的原因，進而純化了螢光素（luciferin），並於 1957 年發表了這篇文章。這項研究的成功使他受邀到普林斯頓大學研究發光水母。

　　雖然發現了這種蛋白質，他仍需要大量這種蛋白質做研究。結果他怎麼做呢？每年，在學術負擔較輕的夏季，下村脩都會前往華盛頓州的星期五港（Friday Harbor），那裡有不少維多利亞多管發光水母。他表示：「我們的計劃是在每年夏天的一兩個月內收集到五萬隻。十九個夏天就能收集到八十五萬隻。」[15]

　　有一件事令人不解。下村脩分離出的蛋白質發的是藍光，但這種水母發的是綠光。下村脩透過實驗解釋了這個轉變：他和同事分離了這種水母的綠色螢光蛋白質，發現它會吸收水母素的藍光，導致顏色轉變。[16] 接下來幾年，下村脩不斷研究這種蛋白質的化學性質。1990 年代，研究員開始利用這種綠色螢光蛋白質（green fluorescent protein，學者們稱之為 GFP）作為細胞內的追蹤標記，為分子生物學領域帶來革命性的改變。瑞典皇家科學院（Royal Swedish Academy of Sciences）表示，這種蛋白質有個「神奇」的特質，能「用在幾乎所有生物上，作為萬用的遺傳標記，把所有時空過程視覺化。」[17]

　　若想了解綠色螢光蛋白質帶來的革命影響有多大，想想我們是如何追蹤鯨魚的吧。如今，我們能在鯨魚身上安裝全球定位系統（GPS）發射器，但在 GPS 發射器問世之前，我們完全不了解鯨魚的活動。當然了，我們夏季時能在阿拉斯

加看見鯨魚，冬季也能在夏威夷附近看到鯨魚。但我們要怎麼確定牠們是同一隻鯨魚呢？若不能花時間在不同地點追蹤牠們，就不可能確定。而附著在細胞上的綠色螢光蛋白質，就好比裝在鯨魚身上的 GPS 追蹤器，讓科學家能追蹤特定細胞在各個生物中的狀態。

　　綠色螢光蛋白質的研究成果讓下村脩在 2008 年與其他研究者一起獲頒了諾貝爾化學獎。瑞典皇家科學院表示：「若沒有下村脩開創性的研究……綠色螢光蛋白質的革命也許會延遲數十年，甚至一直隱藏在太平洋裡，成為不為人知的祕密。」[18] 下村脩不曾有意要為生物學界帶來革命，極度專業化的他沒有這樣的企圖。他表示：「我做研究不是為了要應用或帶來好處。我的研究單純是為了了解水母發光的原因，並探究那種發光蛋白質有何特質。」[19] 下村脩的關注範圍非常小，而綠色螢光蛋白質革命只是一項額外的好處。

從數據氾濫到優化苦難

　　現今社會中，像下村的人比像楊格的人多很多。為什麼？首先，這是我們面對龐大知識以及知識快速成長的直接結果。不過，這也是金錢造成的結果——在我們的社會中，高度專業化的人才收入比較高（至少大多數行業是如此）。律

師、醫師、投資銀行家等專業化人才的收入通常會比通才高。此現象的部分起因是：**人們相信現今大量的資訊有機會帶來更好的結果。**現在，我們就來看看一直想追求「最大／佳化」為人們帶來了什麼樣的選擇難題吧。

人類歷史上大多時候資源都很匱乏。人類爭奪有限的食物、尋覓稀少的遮蔽處，甚至為了爭奪最理想的伴侶戰鬥（這個嘛，至今似乎沒變！）。經濟學——研究如何分配稀少資源的學問——就是為了理解這類活動產生的。在 18 世紀晚期，經濟學家亞當・斯密（Adam Smith）表示，人類利己的習性是一隻「看不見的手」，引導各行業的工人、商人和其他人產生對整體社會來說最佳的結果。[20]亞當・斯密認為，每個人都會追求自己的目標、讓自己的享受最大化，而這樣的行為無意間就有助於讓資源分配達到最理想的狀態。

亞當・斯密的論述擁抱了現實世界的混亂。但經濟學持續發展的過程中，逐漸忽略了「人際互動是一道複雜的大鍋菜」這件事，而偏好較簡潔的模型。人類在經濟學家眼裡，變得「超級理性、只追求最大化享受」。美國經濟學家與歷史學家羅伯特・海爾布魯諾（Robert Heilbroner）這麼形容：「每個人的腦袋都像一部計算機，忙著盤算如何在享受最大化的前提下安排人生。」[21]

我們現今所處的世界相當複雜。我們有很多選項，而且

更重要的是：我們意識到了自己有很多選項。思考要怎麼選擇的同時，人類的直覺——也就是整個經濟學觀點所仰賴的核心——告訴我們要選擇最佳的選項。然而，在這個充滿不確定性且萬物相互連結的世界，要做出最佳選擇並不是件易事，而且不是每次都辦得到。因此，分析癱瘓（analysis paralysis）日漸普遍。

選擇的難題

在我們生活的各個層面中，選項都爆增，就連選擇看什麼電影這件應該要充滿樂趣的事，我們都面臨眾多選擇。家庭娛樂的選項以驚人的速度激增。但話說回來，對身為追求享受的經濟人（*homo economicus*）來說，眾多的可能性肯定讓我們很興奮吧？從前，家庭娛樂的意思是「電視上播什麼你就看什麼」。對了，而且只有五個頻道可以選。不過，後來電纜的基礎建設拓寬了家庭頻寬，家庭娛樂選項也隨之增加。《電視指南》（*TV Guide*）這類提供頻道節目表的週刊開始冒了出來。這時，消費者已經有數十個頻道可選擇了。

頻道數量增加的同時，卡式錄影機（VCR）等新發明的錄影設備也越來越多，人們開始不必守在電視機前等節目，還可以觀賞任何播過的節目。最終，錄影帶出租店問世。如

果傍晚想看部電影，你會面臨一櫃又一櫃的選擇——數以千計的影片除了片名之外，彼此間沒有什麼能區分的特質。人們連原本的影片封面都看不到，因為許多店家都會換上自家通用的封面。在那個年代，你只能寄望「店家精選」那一櫃，接受忠心員工的建議。當時的選擇已經令人目不暇給，但和現在相比已經不算什麼了。

如今，有線電視公司動輒提供數百個頻道、數千種額外付費電影、節目，甚至提供廣播電台頻道。許多頻道還針對特定興趣的觀眾，提供料理、科幻、自然、商業、體育等節目。人們可以選購一般畫質、高畫質、甚至是 3D 電視螢幕。此外，還有眾多新興串流平台，像是網飛（Netflix）、蘋果電視（AppleTV）、迪士尼＋（Disney+）上數以百萬計的影片。你不用離開舒服的沙發，就幾乎能觀賞人類有史以來製作的所有電影和電視節目。

這麼多的選擇讓我們更快樂了嗎？我們因此過得更好了嗎？

我們通常不太會質疑「選擇」的價值。人人皆不同，所以更多的選項代表大家都能找到最適合自己的東西，對吧？標準經濟學邏輯指出，有更多的選項永遠是件好事。對許多人來說，這樣的論點十分直觀：如果額外的選擇不會讓你更快樂，忽略這些可能性就好，而新的選擇肯定會帶來更大的

滿足。但這套邏輯似乎在現實生活上不適用。

憂傷電影之夜

　　至少一個月一次，我和太太克里斯汀（Kristen）都會在孩子們入睡後看一部電影。現在動動指尖就能選擇要看什麼電影，不必因為電視當晚在播什麼就遷就著看。我們擁有決定權，而且選擇還很多。

　　不過，通常會發生以下經典橋段。我們誰先坐上沙發，就會先開始找片子，接著免不了看一兩支預告。由於每支預告片長度大約三分鐘，六分鐘就過去了。如果是我太太先坐上沙發，在我加入前已經看了一兩支預告，我就會堅持我也要看那些預告。因為，在我知道她看過什麼之前，我不想跟哈佛大學法學院畢業、曾在波士頓頗負盛名的瑞格律師事務所（Ropes & Gray）擔任庭審律師的她談判。我只是需要與她在同樣的資訊基礎上。

　　我們對前三個選項有共識的機率大概就跟中威力球（Powerball）彩券頭彩一樣小。不對，那太樂觀了。機率應該跟在閏年出現新月那週同時中了大百萬（Megamillions）又中了威力球頭彩一樣小。所以，我們會繼續挑。同時，我會有種揮之不去的感覺：肯定有一部最適合當天氣氛和時間點的

完美電影——這麼想沒錯吧？畢竟，可供選擇的電影數量多到不合常理，其中肯定有完美的一部。

所以我們會一找再找，最後——大概過了四十五分鐘——決定看一部我們倆都不是特別有興趣、但也不至於太討厭的電影（預期完美的我們怎麼會落得如此下場？）。因為花太多時間選，電影開始的一小時內我就累到打瞌睡，惹得太太不高興，覺得自己被拋棄了。

我太太可能會表示：「我同意看這部，是因為和我想看的那部比起來，你好像對這部比較有興趣」。然後，我會半睡半醒地叫她別看了，看她想看的那部。

「很好！」

我和太太在 1990 年初就認識了，當時我們倆都還是耶魯的大學生。從那時候開始，我學到一件事：她如果說「很好」，就代表事情不妙了。這麼說的意思類似「我對你很生氣，但顧及禮貌不會說出來。」我該怎麼做？回房睡覺，隔天早上得知，她在想看的那部電影演到中間時睡著了，因為不想看的那部已經讓她十分疲倦。她帶著對整件事的怒氣和挫折回房睡覺，然後——大部分已婚的人應該都懂——把這個令人惱怒的夜晚怪到我身上，而不是怪罪那提供一百萬種選項的 Xfinity 影音平台。（嗯……我很好奇 Xfinity 的超多選擇是否也曾讓其他愛侶遭受同樣的苦難——或許有集體訴訟的可

能？）

　　至少對我們來說，眾多的選項沒沒有比較好。研究指出，我和克里斯汀的情況不是個案。越來越多研究指出，過多選項帶來許多缺點——這就是能縮小範圍的篩選功能變得很重要的原因。事實證明，如果有數百種洋芋片擺在眼前，我們不會總是自動去計算哪包的尺寸、口味、形狀、價錢最好、對身體最沒有危害，進而選擇能產生最大快樂的選項。我們反而會無法做出決定。我們會猶豫，然後決定不想吃洋芋片了。或者，我們選擇了某包洋芋片後，會不由自主地想說其他選項可能更好。**選擇、焦慮和悔恨三者就像近親。**

　　好幾個實驗都支持了這種說法。最著名的一項實驗中，研究員在商店設置了兩個不同擺設的果醬區。一區有 6 種果醬，另一區則有 24 種。結果，比較多消費者會在果醬種類比較多的那區停留。有六成的人會試吃 24 種果醬的其中一種，但只有四成的人會在 6 種果醬的那區試吃。然而，種類越多反而會讓人越難決定。有 30% 的人會在 6 種果醬那區消費，但只有 3% 的人會在 24 種果醬那區消費。**太多選項會使消費者難以招架、無法找出最完美的選項而作罷。**他們只會用眼睛掃過選項，然後走掉。另外，那 3% 的消費者可能還會不斷懷疑自己的決定不夠好。

　　不只消費者有這種行為。在某項研究中，研究員告訴學

生，他們可以靠寫報告加分。學生被分成兩組。一組可以從 6
個題目中挑一個寫報告，另一組則有 30 個題目可選。第二組
完成加分作業的學生比第一組少了 14%（推斷是因為選項太
多而做不出決定）。[22]

　　分析癱瘓也會發生在購物和求學以外的情境。即便是在
處理金錢的時候——普遍認為人在這時候最理性、最有耐
性——我們也受到分析癱瘓症的困擾。有提供退休儲蓄計劃的
公司通常會提供員工一套共同基金去投資。研究員發現，每
增加 10 個共同基金的選項，參與計劃的人就會減少 1.5% 至
2%。[23]

　　跟從前的經濟學家想的不同，選項激增不代表更自由、
更幸福。**一大堆選擇會使我們的專注系統超載，產生癱瘓一
切機制的焦慮感。**所以卡通電視劇《辛普森家庭》（*The
Simpsons*）的「超級超市」才會叫做「怪物市場」，而且廣告
標語是「購物是令人困惑的折磨」；而描寫人類未來變得懶惰
且愚蠢的科幻喜劇片《蠢蛋進化論》（*Idiocracy*）中，才會有
與整個城市一樣大的好市多（Costco），不僅商品貨架長達數
公里，裡頭還容納了一所法學院，甚至有大眾交通運輸系統。

選擇的誘惑與專橫

心理學家貝瑞・史瓦茲（Barry Schwartz）曾寫過以「選擇的弔詭」為主題的著作。某天，史瓦茲走進一家店要買牛仔褲。店員問他要找哪一種版型：要修身、合身、寬鬆、鬆垮、還是超鬆垮？接著又問他要哪種布料：要石洗的、酸洗的，還是要刷破的？褲襠要鈕扣還是拉鍊的？要褪色或一般的？要哪種顏色？

史瓦茲決定全部都試穿看看。沒多久，他開始認真找尋最理想的版型，最後竟花了一整天挑牛仔褲。這項複雜的選擇迫使他投入大量時間、心力，還使他產生不小的自我懷疑、焦慮和擔憂。以前牛仔褲還沒有這麼多選項的時候，消費者雖然得將就不完美的剪裁，但至少買褲子只要五分鐘。如今，史瓦茲在沒有篩選機制可以縮小範圍的情況下，被無數的選項淹沒了。他陷入的困境似乎跟我和太太挑電影時一模一樣。

史瓦茲表示，尋找最佳選項的代價往往高於最佳選項本身的價值。他甚至表示，目不暇給的選項可能會影響心理健康：「太執著於所有可能的選項會導致不好的決定，引發焦慮、壓力和不滿足——甚至造成憂鬱症。」[24]

面對過多選項時，我們會感到焦慮。但看似相反的情

況——沒有任何選項時，也可能引發焦慮。遇上這種情況，我們都會認為幾乎無限多的選項正默默等著我們，自己肯定只是錯過了。先別提沒有選項讓人無從挑剔了，一旦我們覺得明明有這麼多選項自己卻一項也沒瞥見，就會召喚出現代生活中那無所不在的背後靈——錯失恐懼症。

有一些選項能選無疑勝過完全沒選擇。確實，「選擇」和「自由」是相關的概念。「自由選擇」使市場得以運作，數千年來，還激發了人類的創意、促進競爭，而且從很多方面來說，也是自由民主的基石。有選擇固然好，但我們是否做得太過火了？史瓦茲認為確實太超過了：「到此地步，選擇不再帶來自由，而是使我們疲乏。甚至可以說，選擇**宰制**了我們。」[25]

社群（媒體）動盪？

2019 年，全球各地動盪不安，例如：智利的聖地牙哥街上出現大規模抗議活動、玻利維亞軍方推翻領導人、西班牙加泰隆尼亞地區人民上街要求獨立、黃背心示威者湧進巴黎街頭、黎巴嫩和伊拉克出現反伊朗遊行、俄羅斯發生大規模

抗議、香港民眾試圖阻止中國對香港特別行政區施行親中政策。其他國家也受到民眾示威的震撼，包括阿爾及利亞、英國、幾內亞、哈薩克和巴基斯坦。

　　一般談到社群媒體和社會動盪的關係時，大多會聚焦在科技的動員力和組織力。然而，社群媒體是否也惡化了大眾的錯失恐懼症呢？確實，貧富不均的問題浮上檯面，窮人和權利遭剝奪的人們群起對抗富人和權貴。想當然爾，社群媒體能集結志同道合的人，對此，《經濟學人》雜誌（ *The Economist* ）表示：「社群媒體很容易打造出同溫層，使群眾對掌權者『充耳不聞』的感受更深了。」*

　　然而，社群媒體除了能強化感受之外，是否有更巨大的影響力？社群媒體是否讓示威者被孤立的感覺更尖銳了？只要想一想你自己會在社群媒體上發布何種內容就好，我猜你不太可能發文說自己丟了工作，但很可能會分享自己升遷的消息。如果大家都這麼做，社群媒體呈現的世界就會比現實世界正面許多。生活在現實中的人們若無法意識到：充滿正面貼文的世界無法忠實反映現實世界，他們就會覺得自己是比大多數人過得都還要差的局外人。會不會是這種焦慮和抑

---

* "Economics, Demography, and Social Media Only Partly Explain the Protests Roiling so Many Countries Today," *Economist*, November 14, 2019, http://www .economist.com/international/2019/11/14/economics-demography-and-social -media-only-partly-explain-the-protests-roiling-so-many-countries-today.

鬱使某些人走上街頭，要求改革社會制度？

錯失恐懼症

　　資訊氾濫或許定義了 2000 年代，選擇超載則定義了 2010 年代，而我覺得影響 2020 年代最深的會是嚴重的錯失恐懼症帶來的焦慮。這是很自然產生的結果——畢竟我們的生活高度互相關連、被社群媒體圍繞，還充滿直接、惹眼且不費吹灰之力就能取得的超多選項。我們擁有或意識到的選項越多，就更容易對自己的選擇感到後悔。我的憂傷電影之夜就是這麼一回事——就算不可能達到完美，但達到完美的誘惑仍揮之不去。

　　選項變多時，錯失恐懼症就無可避免。與此同時，社群媒體、通訊和分享平台使人們的生活緊密連結，更加劇了這個問題。麻省理工學院教授雪莉・特克（Sherry Turkle）表示，錯失恐懼症會產生一種「**覺得更好的東西在他方**」的恐懼感。她在著作《重新與人對話：迎接數位時代的人際考驗，修補親密關係的對話療法》（*Reclaiming Conversation: The Power of Talk in a Digital Age*）中，描述了一名年輕女子卡蒂

（Kati）的心境，而她似乎在在體現出了典型的錯失恐懼症。卡蒂和朋友們參加派對時，他們之中總是會有人傳簡訊給其他派對上的朋友，想知道他們的派對是否更棒。卡蒂說：「我們或許能找到更好玩的派對，搞不好更有趣的人就在隔一條街的派對裡。」[26] 這讓特克聯想到選擇爆炸的問題，她總結：「不管卡蒂和朋友們做了什麼樣的決定，似乎都比不上他們幻想中『自己本來可能怎麼做』的情境。」[27]

如今，許多人的社交生活彷彿建立在矽谷的基礎建設上，社群媒體深深影響我們做事情的動機。我們在行動之前，越來越會先考慮，自己的行為在朋友的動態頁面上會怎麼呈現。重度依賴數位互動的我們，把提高「按讚數」看作是一場軍備競賽。CNN 就曾報導青少年焦慮地想加入「一百俱樂部」的現象——「一百」的意思是貼文要獲得一百個或以上的讚。[28] 我們現在時不時會耳聞某些人為了賺讚數而做出各種不尋常、尋求關注的行為。街頭藝術家班克斯（Banksy）針對這個現象創作了一幅畫。畫中一名男孩嚎啕大哭，頭上方的框框以符號顯示：沒人留言、沒人按讚、沒人追蹤。[29] 彼得·辛格（Peter Singer）和艾默森·布魯金（Emerson Brooking）表示，以現在這種速度，「美國的千禧世代一生中會拍大約兩萬八千張自拍照」——很多都是為了賺讚而拍的。他們接著提到，「2016 年一名客機挾持案的受害者，達到了千禧世代對

此執著的巔峰：跟劫機歹徒自拍了一張」。[30] 人們迷戀「讚」的風氣之盛，每年死於自拍意外的人都比死於鯊魚攻擊的人還多。[31]

如果你和我一樣，不懂這種風氣的邏輯，請怪代溝吧。我問了身邊的一些年輕人，為什麼有人會為了追求讚數而喪命。他們這麼解釋：越來越多人拍照上傳，所以「按讚數」的競爭也變得更激烈。因此，如果有人可以拍出超瘋狂的照片，而且還能活著發表照片、貼到推特上或分享這段故事，那便能獲得非常多讚──例如，與行駛而來的火車超近自拍、與即將引爆的手榴彈自拍，或是在西班牙潘普羅納（Pamplona）的街上狂奔，與緊追在後的牛隻自拍，這些只是自拍致死的一部分案例而已。[32]

但別以為只有年輕人會這麼做而已。2016 年，51 歲的奧利佛・克拉克（Oliver Clark）為了跟馬丘比丘拍一張完美自拍，跳起來時失足從近 40 公尺的高度墜落身亡。[33] 事實上，根據《華盛頓郵報》（*Washington Post*）報導，克拉克過世前的 24 小時內，也有一名南韓遊客在北祕魯的亞馬遜地區，從近 490 公尺的高度跌落戈克塔（Gocta）瀑布。這篇報導提到的自拍意外不只如此：一名日本遊客摔落泰姬瑪哈陵的樓梯身亡、數名遊客在黃石公園被野牛衝撞受傷、七名男子在恆河中溺斃。[34]

　　創業家注意到這種追求讚的風氣了。《華爾街日報》（*Wall Street Journal*）在名為〈請替我的度假照片按讚，我請了專業攝影師〉（Please Like My Vacation Photo. I Hired a Professional）的文章中表示，現在十分流行一種 Instagram 旅遊行程，專門替想在網路上營造完美形象的人設計。[35] 有些公司不但會協助客人在旅途中更換鞋子和服裝，還會尋找理想的光源，要拍賺讚的照片。某些案例中，公司甚至會替客人創造與現實不符的照片。文章中提到「Instagram 上，位於峇里島優美的印度教寺廟裡，天堂之門（Gate of Heaven）四周看似環繞平靜的水池。但那倒影……並不是水池產生的，而是鏡子的反射。」實際上，這面製造倒影的鏡子擋住了灰色石磚地，那裡充滿等著拍那張照的遊客。

　　人類非常在乎別人的觀感、努力維持個人魅力，這已經不是新聞了。但是社群軟體放大、加速、改變了這種現象。這些軟體強調即時、單向、量化的社交互動和欣賞。我們與社群媒體的關係助長了我們對外表的重視，而不那麼在意經驗本身。人類自古以來就虛榮，但現今的媒介讓我們的虛榮心能得到立即、令人上癮的回饋。醫學證據顯示，這樣即時的回饋就像滴注多巴胺（dopamine）一樣能帶來快樂的感受，而且會讓人想持續追尋。即時回饋的快感使我們盲目，難以看到能使我們整體社交生活更健康的方式。

　　即便知道這些事物令人分神、影響身心健康，我們也不一定能阻擋他們排山倒海的力量。這點我很清楚。因為我也曾受到「累積按讚數」的吸引。2014 年時，我開始針對地緣政治和地緣經濟，每週書寫評論。這個過程很好玩，也能使我對不同議題的想法更具體，而且將這些評論發布到網路上，也有助於我跟關注相同議題的人交流。但 2015 年 1 月時，某位讀者（平時有數十個人定期閱讀我的評論，並與我交流）說服我把評論發表到領英（LinkedIn）。「領英的社群一定會喜歡你的評論，上面已經有許多用戶了，你何苦自己找讀者？」

　　他的建議似乎頗有道理，所以我開始把評論發表到領英上。一開始，閱讀人數從數十人跳升至一百人左右。2015 年年中，我的文章閱覽數一般都超過一千人；到了年尾，領英把我封為財經領域的「領英之聲」第一名，在 2016 年替我帶來更多讀者。那年，我有數則評論都吸引了數十萬讀者、數千筆按讚數。我很快就發現自己開始煩惱，要下什麼標題才會吸引讀者，要寫什麼主題才會讓人點讚。最後變得本末導致。我起初的寫作動機是要讓思考更清晰，後來卻演變成為了追求讚數、閱讀人次與分享次數。

　　後來我怎麼做？2016 年領英再次把我封為財經領域的「領英之聲」第一名後，我就不寫了。沒錯，我直接不做，也

沒給自己緩衝期。我不再讓大眾的喜好頻繁主宰我的寫作內容；反之，我選擇每月寫一篇心得文章，只寄給我郵件發送名單上的人。當我不再追蹤按讚數和閱覽人次後，寫作從一種負擔變成了表達的樂趣。

約會數據

　　如今想尋找愛情，很難不去使用社群媒體——越來越多可能的對象都選擇上軟體交友了。不管透過網路或在現實生活中，約會都是很注重外在形象的活動，而交友軟體把線上尋求愛情這件事變得更方便了，而且或許真的能幫助我們拓展視野和生活圈，最終找到具體實在、有意義的感情關係。網路交友唯一的不同是：你是在網路上認識，但戀情展開後還是得靠現實生活維繫，這點也與社群媒體上的友情不同。若不用交友軟體，我們大概只能把目光擺在小小的朋友圈、工作圈，或在附近酒吧等待偶然的契機。

　　我們先來看看現實情況：許多美國人都是透過朋友認識交往對象或配偶。2012 年的研究顯示，大約有 30% 的異性戀情侶或夫妻都是這麼認識，這是自二戰以來最常見的方式。[36] 在工作場合認識可能的配偶也很常見，此現象從 1960 年代女性開始進入職場後出現。不過到了 1990 年代，透過同事或在

職場上認識另一半的情況就開始下滑。[37]

　　畢竟挑選一輩子的伴侶是件大事，以上數據實則令人震驚。為什麼情況是這樣呢？網路評論家提姆・厄本（Tim Urban）在名為「等等但為何」（Wait but Why）的部落格上表示，挑選一輩子的伴侶是需要付出努力的大事，不該被等閒視之。事實上，這個選擇關乎「你會和誰一起養育孩子、吃兩萬頓飯、大約旅行一百次，共度休閒和退休時光，也關乎會是誰給你職涯意見、誰會跟你說大約一萬八千次他的一天過得如何。」厄本的結論是：「選對伴侶是人生中最重要的事。」[38]

　　即便如此，社會對於「聰明擴大搜尋潛在伴侶」這件事仍持負面觀感。厄本表示，許多人都不敢透露自己是在交友網站上找到配偶的，他們認為「認識人生伴侶最體面的方式，是純靠運氣：偶遇或小小親友圈的介紹。」厄本認為這種想法會適得其反，並認為結論很明顯：「所有尋找人生伴侶的人都應該要用聰明的方式，積極網路交友、參加快速約會，或運用其他能增加伴侶人選的方法。」[39]

　　雖然這個邏輯很合理，卻也伴隨了負面效應。網路交友固然有助於我們跳脫的社交圈，將視野放得更廣，但眾多可能的配對選項會令我們難以招架。我們會為了找到最佳選項而感到焦慮。**這種傾向容易使我們不滿意當下的約會對象，**

認為自己還沒碰到最完美的另一半。

追求最佳化的過程中，我們會為了找到「理想」選項而放棄「很不錯」的選項，因此感到更焦慮、更混亂，而且一旦感情出現枝微末節的狀況就更不自在。一位使用交友軟體的人表示：「這太令人難以招架了……我何時才該停止挑選對象？」另一人則坦言：「我有時會擔心我的真愛用的是別的交友軟體。」[40]

確實，某些探討網路交友趨勢的研究都直指此現象。其中一項研究發現，和現實生活中當面認識並結婚的伴侶相比，透過網路結識的伴侶離婚率高出了三倍。[41] 這個現象的起因會不會是人們對於「理想對象」有揮之不去的想像？阿茲・安薩里（Aziz Ansari）在《救救我的羅曼史》（*Modern Romance*）一書和《紐約時報》（*New York Times*）的專欄中都有提到大量事例，顯示網路交友可能伴隨焦慮和錯失恐懼症。[42]

連線難題與數據分心

人們死盯著手機，已經到了**危及性命**的程度了。《每日郵報》（*Daily Mail*）指出，英國有 43% 的年輕人曾因為看手機而撞到人或撞到東西。[43] 這個現象在日本極為嚴重，一家電信

公司還因此刊登了公益廣告，呼籲大家走路時別只顧著看手機。這則廣告表示，有 66% 的人曾因為邊走路邊使用智慧型手機而撞到別人，3.6% 的人還曾因為走路時傳簡訊而跌落月台。[44]

手機不離手不僅危害性命，也讓公共安全維護人員暴露於危險之中。美國國家安全委員會（National Safety Council）與緊急救援人員安全局（Emergency Responder Safety Institute）於 2019 年 4 月發表的研究指出，有 71% 的駕駛人看到事故時會拍照或錄影，其中有 16% 承認自己曾因此撞到或差點撞到緊急救援人員（有多少人曾這麼做卻沒有承認？）。[45] 這份調查還顯示，有 60% 的駕駛會把影片上傳到社群媒體上（合理懷疑是想賺讚？），而有 66% 會透過電子郵件分享給親友——而且都是在交通混亂的意外地點駕駛時分享。保持隨時上網和在線的需求確實威脅著我們自身以及身邊其他人的安全。但我們依然如故……

即便你只是想試著稍微不依賴網路，緩一緩迎面而來的資訊浪潮，各種社交壓力卻越發顯著。這種壓力甚至導致沒有經營社交平台的人開始不被信任。作家葉夫根尼‧莫羅佐夫（Evgeny Morozov）指出[46]，記者們越來越常胡亂影射，如果你在網路上沒有個人檔案，代表你行事不磊落或有事隱瞞。你可能只是不想收到一堆通知，結果就被邊緣化了！

　　我們放任各種通知使我們分心時，表現就會變差。卡爾·紐波特（Cal Newport）在著作《深度工作力：淺薄時代，個人成功的關鍵能力》（*Deep Work: Rules for Focused Success in a Distracted World*）中主張，如果我們不斷被打斷，就無法進入「深度工作」的狀態，也就是無法長時間專注在耗費腦力的工作上。[47]不幸的是，職場很重視不間斷的溝通、希望員工隨傳隨到，因而完全與「希望員工腦力開到最大」的期望相違背。普遍來說，一位員工一週會收到超過三百封電郵，每小時檢查來信 36 次，而且每處理完一則新訊息後，就要再花 16 分鐘才能重新專注。此外，員工一天平均會被打斷 56 次，每小時切換工作 20 次，每天要花 2 小時從分心狀態回到專注狀態。[48]

　　2015 年，約書亞·羅斯曼（Joshua Rothman）在《紐約客》雜誌（*The New Yorker*）的文章〈分心的新理論〉（A New Theory of Distraction）中寫道：分心儼然成為普世能力了。我們把「分心」視為一種維護主控權、重拾自主權的方式，藉此不讓任何狀況將我們困住——無論是與人談話、看電影，或走在街上時皆適用。[49]但分心真的有害處。倫敦大學國王學院的精神醫學研究院（King's College Institute of Psychiatry）的研究員在 2013 年的一份報告裡指出，「毫無節制的資訊狂熱／躁症」（infomania，隨時都要查看電郵或社群媒體的強迫性衝

動）會導致研究受試者的智商暫時下降 10 分——降低的程度是吸食大麻的兩倍。[50]

認知的輔助工具

排山倒海而來的選項使人們陷入無法自拔的悔恨中。這個現象完全違背某些經濟學家看待人類行為的觀點。現實生活中，人類並不像那些經濟學家想的那樣，是全然理性、功利導向的機器人。事實上，**人類非常不理性**，行為決策（behavioral decision making）研究甚至應運而生，為了更理解人類思考的運作。這個研究領域的教父有二：阿莫斯・特沃斯基（Amos Tversky）和丹尼爾・康納曼（Daniel Kahneman）。

他們的研究發現了一件重要的事實：**選項的呈現方式會影響我們的決定**。康納曼在著作《快思慢想》（*Thinking, Fast and Slow*）中稱這個現象為「**框架效應**」（framing effect）[51]。這項說法有證據支持。舉例來說，研究員發現，受試者聽到一塊肉有「75% 是瘦肉」時——相較於聽到有「25% 是脂肪」時——對那塊肉的評價會比較高[52]。「框架」的力量很大，影響幾乎遍及了生活各層面，從器官捐贈到醫療照護都有。例如，在某些國家，同意捐贈器官要在方框中勾選**同意**——這些國家的器捐率落在 4% 至 28% 之間；相較之下，在某些國家，

不願意器捐則要在方框中勾選**不同意**——這些國家的器捐率則落在86%至100%間。[53] 怎麼可能？但這就是框架效應的力量。

醫學領域中，醫生面對不同治療選項時，會傾向選擇以存活率呈現的治療法，而不是以死亡率呈現的治療法。一項研究裡，醫生被告知治療肺癌的兩種方法：手術和放療，以及兩者的成效。當醫生得知「手術的話，一個月內的存活率是90%」，有84%的醫生會選擇手術，而非放療。相較之下，當醫生得知「手術的話，一個月內的死亡率是10%」時，只有50%的醫生會選擇手術。[54]

這些例子告訴我們，**「框架」會制約我們的視野，使我們選擇特定選項**。誠如康納曼所說：「醫師或總統顧問不必扭曲或掩蓋資訊，就可以影響病人或總統的決定，只要設定結果和可能情況的框架就行了。」[55] 現在選項多得令人眼花撩亂，我們絕望地把雙手一攤，只盼權威人士提供最佳策略。也因此給了能限制我們的輔助工具和篩選機制極大的權力。

康納曼和特沃斯基的研究也顯示，我們會因為執著看似不相干的數字，做決定時受到影響。某項實驗中，研究員在一群觀眾面前旋轉數字輪，大聲念出隨機選到的數字，接著詢問觀眾：非洲國家裡，是聯合國成員的比例有多高。結果，雖然觀眾知道數字和答案無關，但他們猜測的答案都離隨機

選出的數字不遠。舉例來說，當隨機選出的數字是 10，觀眾的答案平均是 25%；當隨機選出的數字是 45，答案平均則是 65%。[56] 人們傾向依賴就近看見或聽見的事物，就算毫無關連。這個他們稱為「定錨效應」（anchoring）的現象會擾亂我們的決定。

定錨效應說明了**關注的焦點放在哪裡**是件極為重要的事。**無論我們觀點的基準點為何，都會深刻影響我們最終的決定——即使我們理智上知道不該如此。**遇到新資訊時，我們會根據基準點上下做調整。但心理學家的研究顯示，這種調整並不充足。假設有人詢問我們：全球的人均國內生產總值比 10 萬美元高還低，即便我們後來得知有資訊指出答案接近一萬兩千美元，我們仍會從一開始的基準點下調數字，而且下調不足。所以基準點的位置很關鍵，會影響我們對數字是高是低、事物是好是壞的認知，進而影響我們的決定。由此可見，這個現象讓提供建議或指引的對象能深深影響我們怎麼做決定。

另一項和關注的焦點有關的認知偏誤（cognitive bias）則是「**規避損失**」（loss aversion）的心理。我們比較各種結果時，**損失對我們造成的痛苦程度遠遠大於同等收穫造成的愉悅程度。**康納曼、克尼區（Knetsch）和塞勒（Thaler）的研究顯示，擲硬幣賭博時，人們通常要在可能贏得 200 美元的情

況下，才願意接受輸了要損失 100 美元的賭局。[57] 經濟學會稱這種行為為非理性行為。

我試圖利用這種認知偏誤，時常在開課時告訴學生，他們當下的成績都是 A。接著我會說，除非他們每一項作業都很出色、上課前都充分預習，並認真參與課堂討論，不然他們的成績會從 A 開始往下掉。我得承認這些學生原本就很優秀，而且我的樣本數也不夠，但這招似乎很有效──大部分的學生都維持好成績。雖然無從判斷我設定的框架是否奏效了，但我確實發現，和採取這項策略之前的情況相比，學生確實更用心、更投入了。

說了這麼多，重點在於：人類不像某些決策模型（decision-making models）假設的那樣理性。事實上，人類與經濟人（*homo economicus*，假設人都很理性，會做出最利於自身的決定）有很多不同之處，在決策行為上尤其明顯。前面提到的框架效應、定錨效應和認知偏誤就是人類大腦發展出來**幫助認知運作的輔助工具**（cognitive crutches）──心理學家稱為「捷思法」（heuristics）──能幫助我們更快且通常更正確地做決定。但如果讓這些**預設模式**掌權，我們只有盲目跟隨，那就可能會受到誤導。

諾貝爾獎得主賀伯・賽門（Herbert Simon）表示，人類受到他所謂的「**有限理性**」（bounded rationality）所苦，無法全

然理性，因為我們追求最大化的能力受限於：（1）握有的資訊、（2）大腦權衡與最佳化的能力，以及（3）有限的決策時間。[58] 這些因素意味著，人類在任何情況下都不太可能達到「最佳化」的境界。然而，即便不可能達成，人們試圖做出完美決定的熱情並未被澆熄，這使得人們普遍難以作決定。賽門提出的解決方法很簡單：我們應該追求「**合理滿意**」（satisfice）*，而非追求最大化。[59] 也就是即便知道更好的選項可能存在，我們也應該**接受「已經夠好」的決定來滿足需求**。後續討論到目標導向的投資時，會再回頭說明這個概念。

爆增的選項似乎沒讓我們獲得更大的滿足。**選擇激增好像反而讓我們更焦慮、更無所適從、更容易後悔**。選擇原本是偏好的展現，現在卻演變成充斥焦慮的場面，連瑣碎的決定都能導致懷疑和悔恨。也因此，我們需要有某些人事物來幫我們減輕選擇的弔詭導致的種種後遺症。

怪不得我們願意將思考行為外包，讓那些聲稱有辦法的人，在數據洪流中指出最佳選項、幫我們做決定。矛盾的是，我們對選擇的信念理當給我們力量，但卻反而使我們更依賴他人，使我們在過程中放棄了極大的控制權。

---

* 編按：satisfice 是結合 satisfy（滿意）和 suffice（足夠）兩個字而成。

02

思考外包

　　在不斷追求最佳化的掙扎過程中，我們發現要明白所有事物的代價和難度都很高。所以我們怎麼做？一股腦地投入**專家、科技和體制規則**的懷抱，期盼可以獲得救贖。像醫師或律師等專家因為具備特定領域的知識，所以我們時常順從他們的建議；而載入專業知識的科技也透過演算法，能像真人一般引導我們思考，只是以我們較難察覺的方式進行。最後，體制規則也算是一種衍生出來的專業形式，用來約束組織成員的思考和行為。以下將探討這三種專業類型，並了解這些專業如何影響我們的人生。

專業類型 1：專家

讓其他人（像是專家）提供觀點，我們會輕鬆很多，因為只需要把焦點放在他們認為**重要的事物**上即可。這些人通常因為具備學歷、執照（當醫生要有醫學院學位、當飛行員要有飛行執照）或聲望而具權威性。我們讓他們決定關注的焦點該放在哪的同時，等於刻意讓他們**控制我們的視野**，讓自己忽視不在他們視野內的一切。我們允許他們框架我們的決定。我們很多人甚至從來沒有這麼想過，只是沒頭沒腦地追隨他們的指示。我們至少要去思考，最好還能問自己：**還有什麼其他因素值得考量。**

選秀排名第 199

湯姆·布雷迪（Tom Brady）多年來是美式足球新英格蘭愛國者隊（New England Patriots）的四分衛超級巨星，時常被體育作家及評論員譽為史上最偉大的四分衛。他參與過無數場超級盃（Super Bowls）、多次贏得聯盟最有價值球員與超級盃最有價值球員的殊榮，並打破許多美國美式足球職業聯盟（National Football League，NFL）的紀錄。我的孩子們從小就喜歡看週日的美式足球比賽，當作他們有時候的娛樂活動。不過，只要場上有湯姆·布雷迪，他們就幾乎都會收看。布

雷迪成功的最佳證明就是孩子們每年都預期他會現身超級盃——大多時候，他們的預測都正確。

但我們大人所知的湯姆·布雷迪並非一向如此。

各類發掘人才的專家都曾經認為湯姆·布雷迪沒有在美國美式足球職業聯盟出頭的能耐。無數教練、助理、球探、體育媒體分析師也都不看好他。新英格蘭愛國者隊簽下他那年，他在 NFL 選秀中排第 199 名。選秀的概念是，大家幾乎都只關注排名前 25 的選手，因為他們是該年度聯盟中前景最看好的新星。布雷迪坐了一年的冷板凳，才因為隊友受傷而有機會上場。這個單純的事件使他以驚人的速度躋身最成功的職業美式足球員之列。

許多隊伍本來都不想要布雷迪。這些由專業體育人士經營的隊伍，應該要能看出布雷迪的優勢才對，怎麼會沒人發現他的潛力？或許是因為他們太注重專家的意見了？事實上，整個體壇都有過度依賴專家的問題，許多隊伍評估運動員的潛力時，都仰賴演算法看似客觀的數據，或順從專業球探的建議。

NFL 測試營（NFL Combine）有一套計算次數和得分的體能測驗，用意是「將體能測驗和身體測量標準化，好在同樣基準下檢視球員」。[1] 測試營會測量運動員的身體特質，包含身高、體重、手掌大小、手臂長度，再將這些數據與運動表

現數據結合；運動表現包含速度（四十碼衝刺）、跳躍力（垂直跳躍）等等。布雷迪的身體特質並不突出，但他的運動表現很引人注意——在 2000 年這屆學生中，他的垂直跳躍高度墊底，四十碼衝刺倒數第二。[2]

專家接著加總運動員的成績，每項以 0 到 100 分計算。湯姆・布雷迪的體型 45 分、速度 0 分、靈活度 33 分、敏捷度 19 分。負責測試選手在職業聯盟潛力的專業評審似乎都同意：湯姆・布雷迪沒有在職業聯盟中出頭的能耐。布雷迪的整體分數是 12 分，滿分是 100。他在測試營最後獲得的成績是 F 等。[3] 哎呀。

火盃的拒絕

J.K. 羅琳的魔法世界系列小說《哈利波特》（*Harry Potter*）大賣數億本，電影票房賣破數十億美元，還催生了數座熱門主題樂園。《哈利波特》系列儼然成為人類傳播史上最賺錢的故事。據估計，這套小說的衍生收益超過兩百億美元，讓一度無家可歸的作者，搖身一變成為億萬富豪。

但是哈利、榮恩、妙麗、佛地魔和其他角色本來很可能不會為人所知。怎麼說？因為起初所有收到書稿的出版界專家都拒絕出版，認為內容過長，就孩童的注意力長度來說是讀不完的。羅琳被拒絕數十次後，找上作家經紀人克理斯多

福·利特（Christopher Little）。會找上他，是因為他的名字很像童書角色。然而，正當利特的助理要寫信拒絕羅琳時，助理被書稿的插圖觸動到了，說服利特將羅琳納入旗下。

接著，換利特不斷收到出版社的拒絕信了。他束手無策，最後只好找上與自己有私交的布魯姆斯伯里出版社（Bloomsbury Publishing）總裁奈吉爾·紐頓（Nigel Newton），情況才開始有起色。就如艾爾·威爾伯恩（Aren Wilborn）在以幽默嘲諷為特色的跨平台媒體《瘋狂》（*Cracked*）上的文章寫道：「紐頓做了一件其他童書出版人沒想到的事，就是真的把這本書拿給小孩看。」[4] 紐頓把書稿拿給自己 8 歲的女兒看，她幾小時內就看完了，而且意猶未盡。紐頓嗅到商機後，付給羅琳一筆象徵性的預付金，初版付印 500 本——此舉說不上是體現了專家的真知灼見，不是什麼預見其中一部史上最暢銷的小說即將問世會有的做法。

接下來的成功故事就眾所皆知了。然而，這套小說的成功固然令人驚艷，但同樣令人震驚的是幾乎沒有專家預見這部作品會熱賣。我們可能會認為，專業的文字經理人（也就是有能力和經驗發掘、培養作家的專家）應該會預見這個故事的潛力，就算沒有快速或有效率地開發和行銷這部作品，至少也會有相關作為。但事實並非如此。

專業類型 2：科技

我們除了會把思考外包給其他人，也會把思考外包給科技。我們過度依賴科技而出狀況的原因，通常都是由科技產品本身**僵硬的規則**造成。問題的癥結是：**科技系統無法自主思考。**電腦系統無法再三確認某件事是否合乎常理。

科技不斷決定我們的視野裡會出現何種事物，我們沒注意的時候也是如此。科技框架、限制了我們的決策過程。當然，我們大可以另外尋求建議，但會花費大多數人已經擠不太出來的寶貴時間。這就像沒人會去看 Google 第二頁的搜尋結果一樣。人們點擊的搜尋結果中，有 90% 都是在第 1 頁、5% 在第 2 頁，而僅有 1% 在第 3 頁。[5] 有 33% 的人甚至只點選第一項結果！假如不考慮時間，有個根本的問題我們時常會忘記：科技會反客為主，控制我們關注的焦點要擺在哪裡。

危險的導航

導航軟體出的小差錯在在體現了盲目依賴演算法的缺點。GPS 導航軟體使我們不必把注意力放在認路、找路上——有時因而導致災難性的後果。

2008 年，一輛載著美國加菲爾高中（Garfield High School）壘球隊的巴士撞上了西雅圖的一座天橋，導致 21 名學生送

醫，所幸都只有輕傷。導航軟體指示駕駛穿過橋底，但天橋的高度對巴士來說太低了。司機開向橋的時候，怎麼會沒注意到太低了呢？或許只有一個原因：他把思考外包給科技了。演算法給了司機一條路徑，所以他沒有思考橋的高度，況且，導航有開啟「巴士」模式……

司機和巴士公司都不曾想過導航系統可能會誤導、出錯。巴士公司的總裁表示：「我們以為那是條安全路線，不然導航幹麻要有巴士模式？」[6]巴士模式給了他們一種**安全的假象**。

2013 年也發生過類似案例。蘋果地圖（Apple Maps）引導好幾位駕駛穿越美國阿拉斯加費爾班克斯國際機場（Fairbanks International Airport）開放起降的飛機跑道。[7]駕駛不經思考地駛過「前方飛機跑道正開放起降」的警告標示，開上機場用地。駕駛認真聽從導航的指示，進而沒在想自己到底開到了什麼樣的地方。為了防止真的發生意外而鬧出人命，機場人員很快就架起路障，防範其他把思考外包給導航、沒頭沒腦地跟著導航走的危險駕駛。

另一個被 GPS 掌控注意力的故事也令我津津樂道。一名男子駕著廂型車開上一條健行小徑（當地人將這條路標示為山羊專用路）後，導航系統才要他調頭，但他已經開到半山腰了，無法掉頭。[8]後來是動用重型載運直升機，他才得以獲

救，車子也才能吊離小徑。就此例來說，自己看路顯然比聽從電腦產生的指示有效率多了。

盲目依賴科技真的會害我們「誤入歧途」。其實，不只有美國人才有這種問題，接著來分享一個我在南非的故事。我受邀到約翰尼斯堡（Johannesburg）發表一場大型演說，東道主安排我在演說前一天上好幾個電視節目，討論全球經濟以及全球經濟對南非的意義。

我預定要上美國全國廣播公司財經頻道（CNBC）的非洲商業午餐論壇（Power Lunch Africa）節目，並得知攝影棚離飯店不遠。由於天氣炎熱，東道主請一名自家媒體公關小組的成員開車來接我。當時我還有點時差，所以詢問是否有時間喝杯咖啡（這時離我上節目還有一個多小時），沉著的她在我看見咖啡店時貼心地停了車。我們坐在店裡討論我可能會被問到什麼問題時，赫然意識到距離錄影時間只剩大約二十分鐘了。她開始有些緊張，於是我問是不是有什麼狀況。她說一切都很好，不過因為我們聊天時交通開始繁忙了起來，所以我們最好走路過去。她把地址輸入進手機的地圖軟體後我們就上路了。

十五分鐘後，我就像剛跑完馬拉松般大汗淋漓，但導航仍顯示還有兩公里才會到達目的地。我們開始加快腳程，向左轉入一條街後發現，我們回到咖啡店的街區了——原來咖啡

店和攝影棚只離大約九十公尺而已。最後，我不得已稍微推遲訪談，先讓自己靜下來，灌了一瓶運動飲料，並用洗手間的乾手機把襯衫吹乾。我居然在重要的媒體行程之前兜圈子狂奔，實在令人難以接受，得好好調查到底怎麼回事才行。我問她能不能借看一下手機……然後發現她把導航設定成「駕駛」模式了，而不是「行走」模式。換句話說，因為單行道，她沒頭沒腦地帶著我繞了一個四公里的大圈。

說到為了避免盲目依賴導航而出狀況，這或許是最極端的案例：義大利薩丁尼亞島（Sardinia）上有個濱海小鎮最近決定禁止大家使用 Google 地圖，因為太多人在當地使用 Google 地圖結果搞到迷路。[9] 鎮長薩爾瓦托·科里亞斯（Salvatore Corrias）表示：「有太多轎車和小車困在無法通行的小徑上了。」[10] 一篇發表於 2019 年 10 月的文章指出，這座小鎮前兩年一共出動了 144 次救援任務。為了解決這個越來越令人頭大的問題，小鎮已與 Google 接洽，並在小鎮的道路旁都設置「不要跟隨 Google 地圖指示」的標語。[11]

致命的依賴

2014 年，雜誌《浮華世界》（*Vanity Fair*）刊登了威廉·蘭威奇（William Langewiesche）寫的精彩文章〈人為因素〉（The Human Factor），描述了法國航空 447 號班機空難。[12] 這

篇文章充分呈現了對科技的盲目依賴如何導致了原本或許能避免的人命損失。法國航空 447 班機的機型是空中巴士 330（Airbus 330），這架飛機具備的新科技限制了機師的操控範圍。這架班機在晚間 7 點 29 分順利起飛，先緊貼巴西沿岸飛行，接著準備飛越大西洋。正準備飛離海岸時，機長收到了一則巴黎簽派員的訊息，表示航線上有雷雨正在成形。正在駕駛飛機的副機師皮耶 – 塞德里克・博南（Pierre-Cedric Bonin）開始緊張，但機長馬克・迪布瓦（Marc Dubois）卻不以為意。

飛機當時處於自動駕駛狀態，以 550 英里的時速，在距離海平面三萬五千英尺的高空中朝巴黎前進。他們正準備飛進位於赤道、經常有雷雨的間熱帶輻合區。躲避完糟糕的氣候，機師意識到飛機正穿過一大片冰晶，過程中遇上亂流不算罕見；但糟糕的是，冰晶不斷轟炸擋風玻璃。

晚間 11 點 10 分，飛機的皮托管（測量空速的裝置）失靈了，顯示飛行速度急劇下滑，儀表板也顯示飛航高度有些微變低。需要空速資料、在特定機速下才會開啟的自動駕駛模式因而關閉，警鈴作響。此時，機師開始全權駕駛，飛機不再受自動駕駛的控制。

博南立刻提升飛航高度，此舉降低了飛行速度，失速警鈴大作，使兩人更加困惑。只要飛機的速度變慢，就會失去

升力，嚴重的話會無法保持飛行狀態。如果要重新提高飛行速度以保持升力、防止墜落，博南需要讓機首下俯。但是，一陣慌亂之下，博南並沒有那麼做，而是繼續讓飛機爬升。

另一位機師發現空速表故障，建議博南讓機首下俯。雖然博南答覆說：「好，我要下降了」[13]，卻只降低了上升速率而已。飛機繼續失速。

最後，機師調降機首，讓飛機回到穩定狀態，不再攀升也不再失速。如果他們當時再讓機首下俯個幾度，情況就會回到一開始的狀態。但事情並沒有這樣發展。博南再度拉升飛行高度，而非降低機首。飛機升高，使得駕駛艙裡多個失速警鈴狂響。空速表故障了。失速警鈴反覆響起，接著，在三萬八千英尺（約 11.5 公里）的高空中，飛機停止爬升，並以機首朝上的狀態開始墜落，以每分鐘三千九百英尺（約 1.2公里）的高速衝向海平面。

飛機快速跌落到三萬五千英尺的高度，墜落速度激升至每分鐘一萬英尺（約 3 公里）。機首上仰角度過高，電腦因此開始判定相關數值無效。警鈴停止鳴響。但當博南試圖調降機首時，警鈴再次大作，使他再度拉升機首角度。飛機墜落速度飆升到每分鐘一萬五千英尺（約 4.6 公里），持續衝向海面。

空速表故障後過了 4 分 20 秒，447 班機機腹朝下硬生生

地墜入大西洋，機上 228 名乘客全數罹難。在這個令人難過的案例中，將思考外包的後果極為致命。

專業類型 3：體制規則

除了專家會指揮我們的注意力、科技會挾持我們的思考方式之外，體制規則也會控制我們關注的焦點、框架我們的決策。體制規則限制了我們、身邊的人做事的空間，帶來**虛假的安全感**。體制規則拿掉了檯面上的選項，使我們聚焦於剩餘的事物上。體制規則試著預防不理想的結果，進而讓我們過度自信，覺得不好的結果都因為這套系統而被成功移除了。體制規則似乎是一種把專業管理知識套入一系列流程中、讓員工盲目服從的手段。

官僚體制的藍色憂鬱

過度聚焦的規範讓許多組織都變得盲目。說到這類組織，很多美國人最先想到的是車輛管理處（Division of Motor Vehicles）。美國人對車輛管理處的評價，恐怕就跟看待充滿種族歧視、販毒並逃避贍養費的性罪犯者一樣，評價非常低。需要到車輛管理處辦事時，經驗通常也不是太好，多數美國人可能還寧願去看牙醫抽神經。

只需要在 Google 搜尋「車輛管理處驚魂」（DMV horror）或「車輛管理處噩夢」（DMV nightmare），半秒鐘左右就會出現幾十萬筆結果。某些故事令人不安但又荒謬，讓人忍不住想笑；而這些故事都是過度依賴僵硬的規範造成的，例如：測試視力的機器壞了，導致民眾在政府的官方系統中顯示為失明；或是系統不允許改變文件內容，就算出現錯字也不能更正；還有手續太過繁瑣，令人滿肚子氣，激動到需要吃降血壓藥。他們把你呼來喚去，要你領取各式文件、一下又要你找某人、一下又要填這個交那個。如果這類故事的娛樂效果不夠，不妨到 YouTube 搜尋「車輛管理處使人發瘋」（DMV crazy），頁面就會跳出上萬部影片，內容都是美國民眾被車輛管理處搞得沒轍，大發脾氣的場面。

　　來看看這個發生在 2000 年 4 月的事件[14]，關於一本車輛管理處職員非參照不可的藍色本子。以下是事發經過。一名男子在加州買了一輛 1981 年製造的車。他住內華達州，所以到了亨德森（Henderson）當地的車輛管理處註冊車輛。他帶著已簽署的車輛所有權狀、檢驗文件、內華達州保險證明，和其他已填妥的所需文件抵達現場。內華達州為了徵收適當的購買稅，必須估計車輛當下的市場價格。車輛管理處明文規定，職員估價時得參照汽車估價公司「凱利藍皮書」（Kelley Blue Book）的手冊，或依照原本的廠商建議零售價

（MSRP），計算車輛出廠至今折舊的幅度。但問題來了，職員手邊那本《凱利藍皮書》並沒有涵蓋 1981 年的車款價位。平常只會盲目依照管理局僵硬規則辦事的職員因此不知如何是好。這時，車主注意到櫃檯後方有一本《美國汽車經銷商公會指南》（NADA guide）（一本與《凱利藍皮書》類似的指南，由美國汽車經銷商公會出版，涵蓋更早出產的車型），請職員參照。職員卻斷然拒絕，堅持只能參照藍皮書，而《美國汽車經銷商公會指南》並不是藍色的。無奈的車主想了另一個方法。他向職員解釋說，自己的老車肯定已經折舊到沒什麼價值了，提議支付最低稅額。

　　職員拒絕了這項提議，轉而請車主提供最初購買新車時，貼在車窗上的車籍資料表。車主表示：「前車主已經過世了！車子是向他家人買的！我不可能生出那種資料來。」[15] 職員辦不下去，堅持要參照藍皮書或新車購買價，因為那是管理局的規定，一定得遵守。職員最後表示自己愛莫能助，請車主離開，因為後面還有其他人在等。

　　兩人激烈對峙後，主管才終於出面處理；他參照《美國汽車經銷商公會指南》，找到了車子的廠商建議零售價。即便此刻，職員還是堅持不能採納，因為藍皮書裡面沒有。主管向她解釋，藍皮書只是因為最常使用，才成為查詢二手車和卡車價位參考用書的代稱，不是唯一的參照標準。最後，經

過令人煩躁的數小時後，車主提交的文件才終於被受理。

最近，我和克里斯汀（對，就是在第一章出現過、我那富有耐心的電影夥伴）也遭到可笑的規則荼毒。我們帶著孩子提前出門吃晚餐——離晚餐時間還有好一陣子，沒有小孩的人來看，可能錯以為只是晚一點吃的午餐而已。我們的用餐地點是一間還不錯的義大利餐廳，當時裡頭幾乎沒有客人。我們表示要一張四人桌時，熱切的店員低下頭查看電腦。兩分鐘後，店員抬起頭說：「請稍後 30 分鐘。」我和太太笑了出來。我們看向他後方 3 張有坐人的桌位，和其餘 27 張左右的空桌。我的手錶顯示下午 4 點 20 分。當你帶著兩個肚子餓的孩子時，30 分鐘簡直就像 7 個小時一樣漫長。

我接著說：「謝謝，下次有機會的話……」，但我話還沒說完，我太太就忍不住開口了。

她說：「不好意思，可能是我誤會了，但你們似乎還有空桌。你們是因為之後有訂位的客人，認為會突然變得手忙腳亂嗎？」（各位可能覺得她話中帶刺，但其實不盡然……畢竟我們住在波士頓近郊以家庭為主的社區，許多有年幼孩子的家庭都會提早用餐。）

店員表示，依規定他不能在任何 30 分鐘的區間內，讓 15 位以上的客人入座。他指向用餐區的 12 位客人，表示加上我們一家四口就是 16 人，會超出規定。他說自己必須控制客人

流量，這樣廚房才不會「忙到爆炸」。我跟他說可以把兩個小孩算作一個人，結果他湊過來用氣音說：「我們餐廳不允許為了方便走捷徑。」就這樣，店員以維護用餐品質為由，堅持遵守規定，讓四個餓肚子的客人吃了閉門羹。

專家設立規則的用意是要降低風險，不過僵硬的規則可能不但無法降低風險，還讓風險增加、惡化。餐廳的規定可能是為了維護良好的用餐體驗，卻反倒惹惱了四位潛在客戶。

生病的體制

2014 年 9 月底，湯馬斯・艾瑞克・鄧肯（Thomas Eric Duncan）從伊波拉病毒肆虐的非洲疫區賴比瑞亞返回美國德州達拉斯的家後，出現嚴重腹痛，且高燒不退。[16] 他很擔心，於是前往德州健康長老會醫院（Texas Health Presbyterian Hospital Dallas）就醫。院方詢問了一連串的問題，並做了簡單的檢查。當時測量到的體溫是攝氏 39.4 度。[17] 即便當時伊波拉病毒疫情在非洲快速蔓延、受到媒體強烈關注、幾乎佔據美國所有新聞版面，但鄧肯首次就醫時，院方卻沒有嚴肅看待他的症狀可能是伊波拉病毒所致，也沒有充分考量他的旅遊史。測量到令人憂心的高溫後，短短 35 分鐘內，因為他的體溫降到攝氏 38.4 度，醫護人員就讓他返家了，這是照規則走的正確作法。[18]

　　他後來二度就醫時，陪同的家人表示，他們認為鄧肯感染伊波拉病毒了，因為症狀全數符合。儘管如此，醫院規定在實驗室檢測報告顯示確診前，不必提升警戒層級。因此，鄧肯周遭所有人都只採取面對流感病人的防護措施而已。[19]

　　最終，這家醫院的母公司德州健康資源（Texas Health Resources）證實，湯馬斯·艾瑞克·鄧肯是美國首位伊波拉病毒確診案例。美國開始人心惶惶，舉國上下人人自危。民眾越來越不敢搭乘密閉的運輸工具，郵輪和航空公司股價大跌。大家紛紛取消旅遊行程，社會瀰漫恐懼。[20]

　　這一陣慌亂中，在這家醫院加護病房工作的 26 歲護士尼娜·范姆（Nina Pham）被指派照護鄧肯。為了降低風險，范姆根據網路上能找到的資料，穿上了防護裝備，只有頸部和頭髮直接接觸空氣。一個多星期後鄧肯就去世了。

　　不久，范姆睡醒後發現自己在發燒，自行就醫並確診感染伊波拉病毒。[21]與此同時，美國疾病管制與預防中心（Centers for Disease Control and Prevention，簡稱 CDC）正密切監控另一位名為安珀·文森（Amber Vinson）的護士。她曾與范姆一同照顧不適的鄧肯，甚至在他嚴重嘔吐、腹瀉不止時，替他裝設導管。因為曾與兩名伊波拉病毒確診病患直接近距離接觸，她每天都必須與 CDC 聯絡兩次。

　　文森某次造訪克利夫蘭（Cleveland）時有點發燒。依照

規定，如果要搭飛機，她都得在登機前都聯絡 CDC，所以返回達拉斯之前，她打了電話聯絡。單位負責人員詢問文森的體溫，她回答攝氏 37.5 度。因為禁飛標準是 38 度，文森得以登上邊疆航空（Frontier Airlines）1143 號班機，機上其他 132 名乘客毫無戒備。結果，登機後不到 30 個小時，文森就確診感染伊波拉病毒了。[22]

我們回想一下。文森被要求每日聯絡 CDC 兩次，正是因為她曾接觸過兩名伊波拉確診案例，有感染風險。單位負責人員大可先請她等 24 小時，觀察她的體溫變化，但是這位負責人因為只在意體溫，看不到整個脈絡下的明顯警訊——情況需要以極度謹慎的方式處理。感染伊波拉病毒的尼娜·范姆和安珀·文森後來都痊癒了，然而，因為體制規定無法對應實際情況，導致兩人不幸染上了原本可避免的致命病毒，也無謂提高了周遭的人感染的風險。CDC 設計的規定正是要避免這種風險，但是**大家因為過於遵守嚴格的規定，把判斷力和常理擱置一邊，造成規則完全失去作用。**

思考與專注力外包

現代社會的選項爆增，增加了我們專注和篩選的壓力。就現實面來說，我們決策時會仰賴專家和朋友的建議、遵循

經驗法則、採用演算法的建議——接受任何我們覺得有助於做出良好選擇的機制。資訊科技界有句老話:「沒有人會因為買IBM的東西而被開除」。言下之意是,就算IBM的系統失靈,也是IBM的問題,與個人無關——畢竟誰不會選擇IBM?就和經濟學家凱因斯(Keynes)寫的一樣:「世俗智慧教導我們:以正規方式失敗,勝過以非正規方式成功。」[23]

正規的決定不一定最符合我們的需求,但至少比較不會使我們後悔(可能還會替我們保住工作)。但是在過濾選項的過程中,我們時常沒有意識到自己把選擇權都交給篩選機制了。我們**很習慣**在別人設定的框架中做決定,忘記檢視自己忽略了什麼選項或因素,因此使我們暴露於無謂的風險中,且容易錯失其他好機會。篩選機制定義了我們的認知範圍,而正因為這點,我們很難注意自己是否被篩選機制誤導了。關鍵是要**向後退一步**,問自己:你在縮小選項範圍的同時,失去了什麼?

我們必須重新學習如何自主思考。然而,這不代表我們不能仰賴他人;生活在現下如此複雜的世界,很難不依賴他人。但是,就算要依賴他人,也要是**有意識地**去做——盲目依賴的結果就是讓人大失所望。

第2部
後續效應

人生很複雜,不管用任何方式都無法了解一切。資訊雖然唾手可得,但訊息量卻大到令人難以招架,因此我們求助於專家和科技,藉此克服選擇焦慮和錯失恐懼症。不幸的是,無論專業以什麼形式出現,本質上都較著重於深度,而非廣度。這樣的特質有個深遠的影響:專業化極為普遍,進而導致大家的思考方式過於獨立分化,也因為過度聚焦而盲目,時常造成本來想避免的後果。我們對專業見解產生依賴,順從指令的同時,不再自主思考了。

03

專注的利與弊

　　由於資訊氾濫、選擇激增，我們開始害怕與完美的決定擦身而過；因此，我們奔向專家、科技、體制規則的懷抱。這並不令人訝異。將思考行為外包，並相信（或滿心期待）懂更多的人將引導我們做出最棒的決定，確實令人欣慰。身處特定領域時，這個領域的專家肯定比我們更了解怎麼決定更好，所以何不順從他們的指示？

　　我們先停下來思考「專注」這件事。大家都認為專注是好事、是美德、是我們能把事情做完的關鍵，能幫助我們戰勝拖延的慾望與 YouTube 的誘惑、協助我們抵擋不斷讓我們分心的同事、朋友、家人（事實上，我撰寫本段落的此刻，已經把微軟 Word 設定成專注模式，讓我只會看到自己我輸入的文字，其他什麼都沒有）。在現今複雜的社會中，我們都受

到數據和訊息不間斷地轟炸，「專注」因而帶來救贖的可能，似乎成了面對、處理 21 世紀生活大小事的關鍵。

專注的奇異特點

雖然我們重視深度、強調專注的程度更勝以往，但專注也有顯著的缺點。**專注是一種篩選過程，必定會有所忽略。**未經思考的專注會使我們看不見威脅和機會。若想在 21 世紀重拾自主權，我們就得主動觀察自己的注意力。注意力跟時間、金錢一樣，需要我們**主動管理**。永遠要記得一點：**專注等於忽略。**由於我們的注意力有限，如果把注意力過度分配到某件事上，其他事就會被忽視。研究證實，我們越專注在某件事情上時，就越有可能忽略其他非直接相關的事。[1] 研究者稱這個現象為「不注意盲視」（inattentional blindness）。

相關研究實驗中，克里斯・查布利斯（Christopher Chabris）和丹尼爾・西蒙斯（Daniel Simons）的實驗或許是最著名的一項。他們製作了一部短片，其中有兩組人馬，一組穿著白衣、一組穿著黑衣。他們隨意、不規則地走動，互傳籃球。[2] 研究人員請受試者計算黑白兩組人走動時，身穿白衣的人互相傳了幾次球。多數受試者的答案都頗為準確，誤差不超過一兩球，但答案正確與否其實不是實驗的重點——心理學家並

不是想測試受試者數球的能力。事實上，計算傳球次數只是為了吸引注意力。多數受試者也都深陷數球數的情境中，專注在籃球上。

這項研究真正的目的是要探討注意力是否會使人盲目，而大約一半的受試者都因為注意力而變得盲目了。其實，影片大約播到一半時，有個裝扮成大猩猩的學生走進了黑白兩組人之中，停留在畫面裡，對著鏡頭捶打胸口，接著又走出鏡頭外。大猩猩在影片中停留了接近十秒。

影片結束後，研究員詢問受試者計算到的傳球數、是否有注意到什麼不尋常的事，甚至詢問他們除了黑白兩組人，是否還有看見其他人。最後，研究員詢問受試者，是否有在傳球的兩隊人馬之中看見大猩猩。被問到這個問題時，受試者大約有一半的反應都是震驚又訝異。沒錯，大約有 50% 的人沒有看見大猩猩（我第一次看影片時也沒看見）。

見鬼了，對吧？有一半的人沒看到大猩猩走入畫面中對著觀者搥胸，接著走出鏡頭？真的假的？

對，是真的。

一旦注意力都認真集中在傳球動作和計算傳球數時，我們的認知能力和視覺系統變得沒有什麼餘力去觀察意料之外的事。還記得我先前提過「專注使人忽略」嗎？那正是實驗中發生的事。高度專注於計算傳球數的同時，受試者忽略了

大猩猩。

　　全球已有數十個研究團隊針對各種不同背景的人做了類似的實驗，結果都差不多：大約有一半的人沒看見大猩猩。人類的注意力似乎有一定的額度，而且關注一方就代表同時忽視了另一方。法國社會學家艾彌爾·涂爾幹（Emile Durkheim）曾表示：「注意力集中在少數事物上時，就會對其他多數事物變得盲目。」[3]

　　查布利斯和西蒙斯後來對影片做了一項調整，進行另一項實驗。他們想驗證「我們的注意力有一定的額度」這項假設，並探討一心多用的影響。他們請受試者分別計算空中傳球和地板傳球的次數，代表影片播放時，受試者必須同時計算兩筆數字。實驗結果不言自明。這項任務需要更多注意力，導致更多人沒有看見大猩猩，人數大約達到 70%。簡而言之：**越專注，就越容易忽略、越容易變得盲目。**

　　順帶一提，一心多用的能力可能會因性別而不同。一項發表於《生物醫學中心心理學期刊》（BMC Psychology）的研究發現，必須快速切換任務時，男性比女性更慢，組織力也較差。[4] 這項研究用兩項測驗比較男性和女性。第一項測驗請男女各 120 人進行數數和辨認形狀的電腦測驗，過程中需要切換任務。結果顯示，不同任務混雜在一起時，男性的答題速度明顯比女性來得慢。第二項測驗則針對男女各 47 人，給

他們 8 分鐘完成一系列需要一心多用的紙筆測驗，測驗內容較為生活化（例如在地圖上找餐廳、接電話、找尋遺失的鑰匙）。測驗結果顯示，處在有壓力的狀況下時，女人比男人更有組織力。

我和太太分享這項發現時，她大笑說：「你現在才發現嗎？」──與此同時，她正在規劃孩子當週的活動、用簡訊管理 40 名下屬、替 3 位外國員工申請簽證，並統籌一項數百萬美金的建設案。但總體來說，無論男女，避免把注意力同時分配在不同任務上似乎都是明智之舉。據估計，只有 2% 的人可以一心多用而不影響表現。[5]

不管是否一心多用，有項根本的事實：我們專注的程度越高，忽略的程度也就越高。也因此，以醫療領域為例，即便是用意良善的醫師，也可能違背當初立下的醫師誓詞。

PSA 之亂

現在來談談前列腺健康，以及醫學圈對前列腺特異性抗原（prostate-specific antigen，簡稱 PSA）的關注。「PSA 檢測」是一種簡易的血液檢驗，有些人相信可以藉此提早好幾年發現前列腺癌。相較於肛門指診──醫生將手指插入男性直腸內直接觸摸前列腺的診察方式──PSA 檢驗不那麼令人不適。而

且還能及早發現癌症，這是預防照護中最樂見的事。因此，我們不難理解為什麼這項檢測很受歡迎。這項檢驗不但侵略性較低，還讓醫師和病人只要在意一項數值就好——PSA 指數。這項具預測性的數值很快就吸引了大家的關注，大家因此也就沒那麼在意其他重要的考量了。

問題來了。因為這項測驗可能提早 11 年測出癌症，許多人會進一步接受侵略性較高的切片檢查。然而，切片檢查有其風險，以及意外的副作用。對許多人來說，這樣的醫療處置比疾病本身更難熬。大家都聚焦在「及早發現」，因此多數病人只要發現罹患癌症，就希望馬上治療。有鑑於許多案例都顯示及早發現能挽救生命，「觀察與等待」（watch-and-wait）的策略往往讓病人在精神上吃不消。

在《過度診斷：我知道「早期發現、早期治療」，但是，我真的有病嗎？》（*Overdiagnosed: Making People Sick in the Pursuit of Health*）一書中，作者 H・吉爾伯特・威爾奇（H. Gilbert Welch）、麗莎・舒華茲（Lisa Schwartz），和史蒂芬・沃洛辛（Steven Woloshin）提出有力的證據，顯示前列腺癌的診斷和找尋這個癌症所投注的心力直接相關。[6] 越多人做 PSA 檢驗代表會有越多人做切片檢查，然後發現癌症的人就越多，進而接受治療。我們越是認真尋找某樣東西，就越容易找到它，最後——驚喜來了——我們也就**越來越忽視治療的代**

價。

然而，過度診斷的代價非常真實：「大家都知道癌症篩檢的好處：有機會避免因為罹患癌症而死。但比較少人了解篩檢可能帶來什麼傷害。傷害在於，**你確診並治療的癌症原本可能根本不會對你造成困擾。**」[7] 過度診斷的缺點有時極為嚴重。

威爾奇在著作《少看醫生更健康》（*Less Medicine, More Health*）中表示，我們可以把各種癌症想像成農家庭院圍欄裡的兔子、烏龜和小鳥。[8] 兔子隨時可能跳出欄外，所以你必須在牠們逃脫前逮住牠們。兔子就像可能致命的癌症，但可以靠及早治療阻攔。鳥類則是攻擊性最強的癌症，你一回神，牠們早就已經逃脫了，令人束手無策。其他的癌症則像烏龜，牠們哪裡也不會去。烏龜是懶洋洋、不會致命的癌症。及早篩檢有助於抓回兔子，但不適用於烏龜（牠們本來就不太具威脅性）或小鳥（因為很可能治療不了）。不同癌症所含的兔子、烏龜、小鳥的比例都不同。

前列腺癌通常烏龜的比例最高，也就是最常篩檢到烏龜，但這種篩檢結果也救不了多少條命。來看看基本事實：男性一生死於前列腺癌的機率約為 3%，死於前列腺癌的年齡中位數大約是 80 歲。然而，男性一生中診斷出前列腺癌的機率約為 16%；確診前列腺癌時，患者的年齡中位數大約為 69

歲。這兩筆資訊顯然兜不上。許多人確診罹癌後都沒有大
礙。威爾奇和同事的結論是：「要得到前列腺癌，最快的方式
就是透過篩檢。」[9] 問題的癥結就在這裡。**許多案例中，前列
腺癌的篩檢和診斷並沒有任何幫助。**許多發現自己有前列腺
癌的人會死於其他原因。就這個事實來看，治療雖然可能會
有好處，但付出高昂的治療費、冒著不舉和失禁等副作用的
風險，值得嗎？

關於這項議題，我讀到最有趣且最具說服力的其中一篇
文章，是由一群研究員在學術期刊《歐洲泌尿科》（*European
Urology*）發表的研究，調查前列腺癌患者在美國底特律市
（Detroit）死於意外的頻率有多高。[10] 簡而言之，研究員仔細
調查死於意外的男性。研究結果顯示，罹患前列腺癌的比例
幾乎是隨著年齡呈線性式成長。二十多歲的男性中，罹患前
列腺癌的佔 9%；四十多歲的則佔 40%；超過七十歲的則佔
80%。不過，只罹患癌症或許沒有什麼。事實上，數據似乎顯
示，大多數男性都是在患有前列腺癌的狀態下過世，但較少
人因為前列腺癌喪命。

此外，有充分証據指出，我們對篩檢與及早發現癌症的
執著，導致我們使用侵入性更高方式尋找癌症。雖然標準的
前列腺切片需要用到 6 根針頭，採集 6 份檢體，但也出現了
採集 11、12、13 份檢體的研究。猜猜看這麼主動尋找，會找

到什麼？答案就是找到更多前列腺腫瘤。事實上，有一項研究找來經歷 3 次切片檢驗確認沒有罹癌的病患，對他們進行飽和穿刺（saturation biopsy），用針一次採集 32 份檢體。結果，**原本確定未罹患癌症的人裡，有 14% 被診斷罹患前列腺癌**。[11]

《過度診斷》的作者們認為，超過一百萬名男性都被過度診斷，並產生罹癌的焦慮感。威爾奇、舒華茲、沃洛辛合理推斷，只要有一位男性因為篩檢及早治療，免於因為前列腺癌喪命，就會有三十到一百位男性因為過度診斷而受到無妄之災，接受**不必要**的治療。[12]

我要再重複一次，免得讀者剛才因為太專心閱讀，而忽略了這件事有多麼令人震驚：有三十到一百位男性接受了不必要的治療。這全都是因為注重篩檢和及早診斷，注重過頭了。

2010 年，發現 PSA 的首要科學家理查・艾伯林博士（Richard Ablin）在《紐約時報》寫了一篇受到大量引用的評論文章，名為〈嚴重的前列腺錯誤〉（The Great Prostate Mistake）。[13] 艾伯林直言不諱地表示「檢驗幾乎和擲銅板一樣，沒什麼效用⋯⋯況且檢驗也無法分辨兩種不同類型的前列腺癌：致命和非致命兩種。」[14]

由於這篇《紐約時報》的文章引發大量討論，他索性出

版一本名為《前列腺大騙局》（*The Great Prostate Hoax*）的專書，討論這個主題。[15] 艾伯林表示，出版這本著作是要向那些受到檢驗熱潮影響、接受不必要處置，還產生副作用的人說聲抱歉。他說自己的研究發現無謂造成男性不舉、讓他們因為原本可以避免的失禁而自信心低落，進而毀了許多婚姻，並使數百萬人飽受焦慮所苦、心靈受創，在情緒驅使下，決定治療原本可能無礙的腫瘤。

怎麼會發生這種事？為何我們變得如此依賴片面的數值，造成這麼嚴重的後果？我們原本只是因為出現一些症狀而擔心；接著尋求預防性篩檢，想攔阻可能的疾病；結果醫療團隊太專注於驗出前列腺腫瘤，而沒有妥善考量到前述症狀可能都跟找到的腫瘤無關。醫護人員太在意要抓住試圖逃跑的動物了，沒有意識到自己抓的都是本來就逃不出去的烏龜。不可否認，有時系統還是會攔截到兔子，但也只佔全部攔截到的 1% 到 3% 而已。[16]

如果 PSA 檢測只用於原本的用途──也就是因為症狀或身體異常而診斷出罹患癌症，進而透過 PSA 檢測追蹤後續發展──這麼做的話，情況是否會大不相同？過度聚焦於檢驗的我們，忘記謹慎的醫療行為是什麼模樣了。**「罹患癌症」並不嚴重，癌症對身體健康造成很大的傷害才需要擔心。**無謂地治療男性的前列腺癌會產生一定的代價，但卻不一定會有好

處。

醫師和病人都應該不要那麼執著諸如 PSA 檢測結果的單一指標，而應該以**更全面**的角度思考病患的健康、人生，並考量治療選項的併發症風險。最根本的問題是我們過度聚焦，導致我們無法把視野放寬。常理告訴我們要考量脈絡，但是就如籃球場上的大猩猩所示，注意力使我們盲目，使我們看不見近在眼前的事物。以此例來說，專注少一些，看到的反而更多。

官僚的荒謬

在任何組織機構裡，「專注」容易使我們盲目遵從組織領袖制定的規則。持續聚焦在特定項目上，主管可以改善工作團隊的效率，這不全然是件壞事。這麼做能使決策過程更一致，流程更易於擴展，主管更方便管理。然而，絕對效忠這些系統——無論是科技所乘載的或是由規則體現的系統——都可能使我們的常理失靈，鬧出笑話。若員工只遵守系統規則，可能反而會妨害組織達成最終目的。

勞倫斯・彼得（Laurence J. Peter）和雷蒙德・霍爾（Raymond Hull）在 1969 年曾提出一個理論，叫做**彼得原理**（Peter Principle）[17]。這項理論可以解釋許多官僚到令人惱怒

的荒謬狀況為何會發生。彼得和霍爾斷言，主管在考慮員工升遷時，看的都是員工在**目前崗位上**的表現，而這樣的關注是有害的。更明智的做法或許是思考員工在**可能被升遷到的崗位上表現會有多好**。在彼得原理的框架下，人們不會被升遷到理想崗位上，而是**會被升遷到無法勝任的位置**。彼得和霍爾稱這種位置為「無能水平」（level of incompetence）。員工無法繼續升遷是因為在現有的職位上表現不佳，因此官僚系統中的職位最終都會被不勝任的人所佔據。能勝任工作或工作表現良好的人會被提拔，而當他們升遷到「無能水平」的位置後，接下來的職涯都會停留在那裡。

主管怎麼會一直把員工升遷到他們無法勝任的職位？因為評估者太專注於員工在現有職位上的表現，而沒有想像或評估員工升遷後的適應能力與狀況。同理，較不合適現任職位的員工，升遷後或許反而得心應手。員工通常會想辦法發展現有職位需要的技能以便勝任現有的工作，但不太會思考要為可能升遷到的職位發展相應的能力。同樣地，人資和訓練部門可以、也應該思考員工在下一個職位上需要什麼技能，而不是只在意他們在現任職位應具備的技能。

我們可以在 2005 年關於卡崔娜颶風（Hurricane Katrina）的某件事中，看到彼得原理的現象。針對紐澳良這起人道危機，美國緊急事故管理總署（Federal Emergency Management

Agency，FEMA）處理得十分差勁，美國國會因而針對這個單位一連串的疏失展開調查。調查清楚顯示，這個單位領導階層的經驗和能力不足是一大問題。當時的署長之前在擔任阿拉伯馬協會（Arabian Horse Association）的評審委員時表現出色。他被認為是那個領域的專家，因而升遷至責任更重大的職位：擔任美國緊急事故管理總署的署長。這個職位需要協調不同部會機構、法定權限、地域和轄區，好處理國家重大緊急事故；而這位新上任的署長可能會招架不住，這樣的情況本來應該可以預料得到，不是嗎？

追根究柢，**彼得原理講的是專注**。許多主管都太專注於員工在現任職位上的表現，並把現在的表現當作員工升遷後表現的評估標準。但我們只要停下來思考，就會發現這種方式其實並不太合理。評估的標準應該建立在未來的職位上才對。某些員工在現任職位表現不佳，但在升遷後可能會如魚得水。

深耕與拓展

博弈產業業者有項聲名遠播的能力：他們非常擅長操縱人們在賭場內的注意力。但有趣的是，其中一家全球最大的博弈公司卻因為過度聚焦於單一概念，錯失了業界史上最大

的發展機會——錯失了龐大的亞洲市場開放國外博弈公司進駐的機會。

以下舉後來改名為凱撒娛樂公司（Caesar's Entertainment）的哈拉斯娛樂公司（Harrah's Entertainment）和拉斯維加斯金沙集團（Las Vegas Sands）領導高層採取的策略為例，談談不同的專注方式會帶來多麼截然不同的結果。2005 年，哈拉斯是全球最大的博弈公司之一，擁有拉斯維加斯的指標性地產，諸如凱撒宮酒店（Caesars Palace）、哈拉斯賭場酒店（Harrah's Las Vegas）、里約飯店（the Rio）、巴黎拉斯維加斯飯店（Paris Las Vegas）。另一方面，拉斯維加斯金沙集團則擁有威尼斯人酒店（the Venetian），並且才剛在澳門開業。哈拉斯娛樂公司是由哈佛商學院（Harvard Business School）前教授蓋瑞·拉夫曼（Gary Loveman）經營；拉斯維加斯金沙集團則是由作風剛健的企業家謝爾登·艾德森（Sheldon Adelson）經營。拉夫曼專注於經營現有客戶，而艾德森則把視野放寬，開拓客源。

我的博士論文寫的是哈拉斯娛樂公司與這家公司對客戶服務無微不至的專注。[18] 這家公司利用完全回饋（Total Rewards）的忠誠系統，將上千萬的客戶分成不同身份，以不同方式對待。拉夫曼研究了零售產業後，擬出了一項極度聚焦的策略：不花大錢建造壯觀的設施和浮誇的建築吸引新客

群，而是把焦點放在讓既有客戶掏出更多錢。哈拉斯娛樂公司計劃把大客戶服務得無微不至，以獲得他們的忠誠。從飯店櫃檯的接待員、帳房員工，到賭區領班都要學會根據忠誠度區分客戶。拉夫曼的聚焦策略奏效了。公司表現亮眼，吸引股權公司投資，並在 2007 年轉為非公開招股公司。

與此同時，艾德森則採取全然不同的策略，把焦點放在提升客戶量。他並不在意公司是否能讓現有客戶掏出更多錢，他的目標是要增加賭場的來客數。為此，他把重點放在如何讓更多人光顧他的賭場、飯店，而不是花力氣維護現有的忠實的賭客（其中包含部分嚴重賭博成癮者）。艾德森也放眼國際。他受到亞洲市場開放國外博弈公司進駐的機會吸引，標下了在澳門和新加坡設立賭場的權利。

將時間快轉。後來，哈拉斯公司尋求美國破產法第十一章的保護，重整公司並重新命名為凱撒娛樂公司。是的，破產很大程度上是因為這家公司在高槓桿收購案中，被龐大債務壓得喘不過氣；錯失進軍前景極佳的亞洲市場，更使情況雪上加霜。另一方面，艾德森則成全球最富有的人之一。

這其中牽涉的原因很多，但兩個公司在聚焦上的差異特別能解釋兩家公司不同的光景。凱撒娛樂公司非常專注於從既有客戶中賺取更多收入；而拉斯維加斯金沙集團則另闢數以百萬計的客源。2005 年，拉斯維加斯是全球最大的博弈市

場；如今，亞洲博弈市場的規模已經是拉斯維加斯的好幾倍。
拉夫曼與他的公司團隊是否太過度聚焦在經營現有客戶，而
對迅速崛起的亞洲市場商機視而不見？而艾德森看似沒那麼
聚焦的策略，反而使他的團隊發現並掌握龐大商機。

因專注而盲目

掌控自身的注意力固然重要，但我們也必須了解，自己
依賴的那些人通常會傾向關注他們自身所處的領域。既然如
此，我們就必須意識到，**他們的建議和指引有其限制**。而且
不幸的是，近期的研究顯示，專家針對自身領域所做的預
測，比非專家還不準確。過去數十年間，社會科學家菲力
普‧泰特洛克（Philip Tetlock）持續請專家預測未來，並事後
回顧那些預測的準確度有多高。他的研究結果有點違背直
覺，卻極有洞見。泰特洛克比較專家、非專家（某些具備相
關知識，某些則無），以及簡單的統計模型的預測，發現專家
的預測不比非專家準確多少，而且所有人都輸給了簡單的模
型。[19]

越搶手的專家，越容易變得過度自信。泰特洛克甚至發
現外行人的預測，比極度聚焦的專家預測還準確，而且他們
對自己的預測也沒那麼過度自信。此言不假。**注意力會提升**

信心，但會使判斷力下降。或許彼得和霍爾的「彼得原理」說對了：會不會是因為許多專家都達到了「無能水平」，他們的建議才會如此離奇而且不切題？[20]

克里斯多福·切爾夫（Christopher Cerf）和維克多·納瓦斯基（Victor Navasky）的著作《專家之言：權威性的錯誤訊息》（*The Experts Speak: The Definitive Compendium of Authoritative Misinformation*）彙整了許多例子，帶讀者一覽眾專家是如何信心滿滿地提出錯誤見解。[21]1929 年 11 月 2 日，美國《商業週刊》（*Business Week*）的文章指出，華爾街崩盤並不會造成蕭條，因為當時經濟「盛況前所未見」。[22]DEC 電腦公司（Digital Equipment Corp）的總裁肯·歐森（Ken Olsen）在 1977 年時宣告：「大眾家裡沒理由需要電腦。」[23]傑夫·傑克比（Jeff Jacoby）在《波士頓週日環球報》（*Sunday Globe*）提到，針對失準的預測這麼建議：「絕頂聰明的人很喜歡指揮別人該怎麼思考。有興趣的話，就聽聽他們的建議，但要記住：他們非常有可能是錯的。」[24]別忘了，時任微軟執行長的史帝夫·包默（Steve Ballmer）在 iPhone 上市時曾取笑說：「iPhone 是全世界最貴的手機，但卻吸引不了商業人士，因為它沒有鍵盤！」[25]

過度聚焦可能會造成財務損失；相對地，改變關注的焦點則可能帶來極大的好處。其實，在商業界，局外人的觀點時常

比內部觀點還好；核心管理團隊之外的人可能會帶來新鮮的點子，對內部團隊的關鍵假設提出質疑。事實上，2017 年有項分析指出，曾重整策略並成功蛻變的公司，他們的執行長都有個特點：**都有看似與自身產業無關的經驗。**[26] 替公司帶來最大改變的領導者都沒有自身產業的經驗，例如重寫零售業遊戲規則的傑夫‧貝佐斯（Jeff Bezos），本來是財經背景出身。

《非典型經營者的成功法則》（*The Outsider*）一書中，作者威廉‧索恩戴克（William N. Thorndike Jr.）娓娓道來眾多非典型執行長的故事，包括凱瑟琳‧葛蘭姆（Katherine Graham）成為華盛頓郵報公司（The Washington Post Company）董事長暨執行長十分特別的歷程。[27] 葛蘭姆的丈夫在她 46 歲時過世，她因此意外在 1963 年接任華盛頓郵報公司的執行長，一夕成為《財星》（*Fortune*）雜誌全球 500 大企業（*Fortune* 500）執行長中唯一的女性。從 1971 年公司初次公開募股，到她 1993 年卸下董事長職務的這段期間，這家公司股東的複利年報酬率是 22.3%，相較於標普的 7.4% 和同業的 12.4%。她的表現優於標普 18 倍，優於同業超過 6 倍。她在接任職位之初，從熟悉產業和團隊開始，花了幾年的時間讓自己上軌道。四年後，她才首次作出公司重大的人事決定。

這之後又過了第四年，也就是 1971 年，在尼克森執政團隊表示要吊銷華盛頓郵報公司廣播執照的威脅下，葛蘭姆仍

決定要刊登含有越戰機密的五角大廈文件。[28]1972 年，在葛蘭姆的全力支持下，《華盛頓郵報》開始調查美國共和黨競選活動的不當作為，最終迫使尼克森總統辭職，也替《華盛頓郵報》贏得首座普立茲獎（Pulitzer Prize），並在葛蘭姆的領導下總共獲得 18 座普立茲獎。[29]葛蘭姆也將當時還沒沒無聞的華倫・巴菲特（Warren Buffett）請入董事會；她開始買入自家股票，當時還沒什麼人這樣做；此外，她也開始透過收購其他產業的公司，多元化經營自家事業。

1980 年代初期，麥肯錫公司（McKinsey）建議華盛頓郵報公司停止股份回購計劃；但在巴菲特的協助下，原本連續兩年都聽從麥肯錫建議的葛蘭姆終於醒悟了，決定繼續進行回購計劃。1993 年，也就是葛蘭姆卸任那年，華盛頓郵報公司在同業中儼然是最多角化經營的公司了，而且將近一半的收益和利潤都來自非報業。一如局外人可以替一間公司及公司的經營策略帶來不同的關注焦點，注意力有困難的人也可能成為佼佼者。

我們忽略的某些事物可能是帶來大幅進步的關鍵。科學家愛因斯坦（Albert Einstein）、奧運選手麥可・菲爾普斯（Michael Phelps）、創業家華特・迪士尼（Walt Disney）、捷藍航空（JetBlue）創辦人大衛・尼勒曼（David Neeleman）、藝人琥碧・戈柏（Whoopi Goldberg）、商業鉅子理查・布蘭

森（Richard Branson）、美國前總統約翰・甘迺迪（John F. Kennedy）都曾診斷出注意力失調。[30] 這些大人物都缺乏管理注意力的能力。不過，他們會不會是因為注意力失調，才得以提出開創性的思維，在科學、體育、藝術、商業、政府治理方面有所貢獻呢？試想我們對深度聚焦的執著，可能會扼殺多少可能性啊。

　　如果你近期會造訪賭場，我建議你到輪盤那區看看。數十年前，賭場會提供輪盤常客紙卡，讓他們紀錄先前的數字，藉此幫助他們思考輪盤下次可能會轉到什麼數字。如今，拜現代科技和數據分析所賜，賭場高級的螢幕上會顯示先前轉到黑色或紅色數字的比例、冷門和熱門數字有哪些，諸如此類的數據。賭場提供這些詳細的數據分析，當然是為了照顧賭客的利益，對吧？其實……不盡然。

　　是這樣的，輪盤每次轉動，小球掉到任何一個數字格內的機率都完全一樣（當然，這是假設輪盤很公平、沒有被動過手腳，不會有較高機率出現特定結果的情況）。賭場提供的數據……呃……其實和每局賭盤毫不相干。然而，提供這些數據會讓賭客下注時，感覺自己能透過分析掌握局勢，而不完全只是在賭運氣而已。許多賭客都會等到數據看似對自己有利時才下注。雖然數據是依照過去的結果產生的正確資訊，但數字在未來出現的機率都相同，所以輪盤全然是靠運

氣的遊戲。何苦在意不相干的資訊呢？一旦賭客把注意力外包給賭場的科技，就可能會在一般不會下注的情況下注，掏越多錢讓博弈公司建造更大、更豪華、更吸引人的賭場（再配以更先進的設備來控制賭客的注意力）。

　　管理注意力並不是一件容易的事。我們的注意力有限、具選擇性，是認知系統中很基本的一部分。[31] 注意力也會使人盲目，因此我們如何管理自己的注意力格外重要，而且了解自身的感知、見解和知識的侷限也是每個人的課題。太專注會讓我們的視野過於狹窄，導致我們忽視許多事物——包括可能有助益的事物。但注意力不足也會使人變成渙散、樣樣通但樣樣鬆的半吊子。關鍵在於善用有助於達成自身目標的方式，主動、有意地管理我們的注意力。

　　除此之外，**外包思考工作給他人時，我們也要留意他們的注意力**。情況涉及生活中無所不在的科技時，我們必須睜大眼睛注意演算法和人工智慧是否正以幽微、難以察覺，但卻具影響力的方式，掌控我們的注意力。拜科技所賜，我們很容易陷入過度聚焦的狀態。一旦我們將思考外包，就等於放棄對重要決策的掌控。

　　想想看，以前我們會到書店買書，但如今上網買書更普遍了，這兩者體驗有何不同？當然了，網路上找書比架上查

閱簡單多了，而且演算法甚至會推薦其他你可能有興趣的書。跟你說你可能想買什麼書……這太棒了，不是嗎？但從另一個角度看，在書架上找書時，你可能因此接觸到不同主題的書，意外發現其他帶給你新想法的好書。另一方面，線上演算法則是透過搜尋紀錄，依照使用者透露的喜好提出建議。這兩者沒有絕對的好壞，但如果我們沒有意識到線上搜尋也有缺點，就會很容易錯失不同的可能。

同理，我是閱讀實體刊物的強力擁護者。為什麼呢？因為線上新聞通知和資訊入口網站都試圖控制我們的注意力。這些程式透過點擊紀錄了解我們的喜好，把我們的注意力導向特定主題，就像線上購書網站會推薦與我們品味相似的人所買的書，進而控制我們的注意力一樣。我們翻閱紙本報章雜誌時，無可避免要把標題掃過去，這讓我們有機會接觸可能有興趣、但沒被科技篩選出來更多元的新聞和主題。主動消化未被篩選過的資訊還有另一個好處：我們會接觸到不同的意見和觀點，使我們稍稍離開同溫層，不會只看與自己看法一致的內容。[32]

後面的章節會再回顧「注意力控管」這個主題。現在，讓我們先來看看，過度聚焦和專業分化的思維是如何導致我們原本試圖避免的後果。

04

無意造成的負面後果

　　談到「注意力」、「關注的焦點」時，最好以**整體系統**，而非以**局部的構成部分**作為思考單位。一個系統是由互相關聯的各個部分所組成，透過能在整個網絡中激起漣漪的**回饋迴路**（feedback loops），各個部分彼此互動、使各部分與整個系統得以完整。有鑑於此，若在系統的某個部分做了某件事，就可能在另一個部分產生效應。許多人把這種影響看作是**意料之外的後果**，但以整體系統思考的「系統思維」者卻持不同意見。他們能夠辨認這些後果，並知道這些後果會在其他部位發生。對於系統思維者來說，那些是**本來就會產生**的結果。

　　大多數人對安全帶和行車安全的看法就是解釋**系統思維**的好例子。傳統的非系統思維者認為，如果每個人都繫上安

全帶，就能降低車禍事故造成的身體傷害，所以開車繫安全帶絕對是件好事。然而，系統思維者卻以不同的角度看待此事。他們會思考開車繫安全帶的可能影響。他們會想，大家繫了安全帶後，會不會因為有了安全感，反而把車開得更猛，因此提高了風險？拆除車上的安全帶會不會反而使駕駛更安全？系統思維開啟了一道門，人們可以藉此了解**各個部分之間的互動如何改變我們對整體的分析**，通常得以產生違背直覺、令人驚訝的洞見。

得到不想要的東西

葉偉平（Greg Ip）在著作《萬無一失》（*Foolproof*）中展示了，**注意力如何惡化並放大無意造成的後果**。[1] 他主張，大至金融穩定措施、小至防洪堤的安全機制成功運作，反而會累積問題、使我們過度自信，並可能在未來導致更大的災難。舉例來說，防止小型森林火災的作為會導致林下灌木叢增生，最後可能引發森林大火。近來的森林大火，有沒有可能是前幾年防止森林火災的措施造成的呢？當年鐵達尼號（Titanic）會以高速駛進滿佈冰山的水域，會不會正是因為船員認為船身堅不可摧的結果呢？英國石油公司（BP）旗下的鑽油平台「深水地平線」（Deepwater Horizon）安全紀錄名列

前茅⋯⋯這點是否讓這家公司的管理團隊過度自信了呢？*

在金融界，銀行會不會因為長期處於平穩狀態而做出更高風險的決策？事實上，經濟學家海曼・明斯基（Hyman Minsky）提出「**金融不穩定假說**」（financial instability hypothesis），主張經過長期穩定的狀態後，就會產生不穩定的情況。因為長期穩定會使人們不但沒有發現自己越來越脆弱，還會使他們想冒更大的風險。[2]

有越多安全措施時，人們就會變得越冒險；因為受到保護，就不太把注意力放在威脅上了。裝有防滑釘的雪地輪胎對減少結冰道路事故的效用，其實沒有大家想的那麼好；因為沒有使用這種雪地輪胎時，大家駕駛時會比較謹慎，反而是裝上這種輪胎後，大家駕駛的態度會變得比較隨便。始終效力於匹茲堡鋼人隊（Pittsburgh Steelers）的前超級盃最有價值球員海因斯・沃德（Hines Ward）曾說球員不戴頭盔會比較安全，就是類似這個意思。他在美國國家廣播公司體育頻道（NBC Sports）這麼說：「如果不想腦震盪，就把頭盔脫掉，像老派美式足球比賽那樣，只戴皮製頭盔不戴面罩。」[3]

請想想你開車時，對自己一心多用的能力多有信心。你

---

* 編按：此指 2010 年的「深水地平線漏油事件」，在墨西哥灣的海上鑽油平台深水地平線發生爆炸意外，油井爆炸後沈沒，大量原油失控外洩，對海洋生態造成嚴重衝擊。

是否曾邊開車邊拿著手機講電話？美國已有 15 個州把「開車時持手機講電話」視為危險行為，並規定駕駛講電話時要使用通話耳機或擴音系統，這樣雙手才可以隨時都握著方向盤。[4]2013 年會計年度，美國聯邦政府祭出了一千七百五十萬美金的補助，獎勵針對分心駕駛訂立首要執法相關法條（primary enforcement law）的州*。但這些這政策都擺錯重點了。

前一章的大猩猩實驗告訴我們，**人類的認知頻寬大小是固定的**。我們把注意力用在一件需要專注的活動時，就會較不容易注意到其他意料之外的發展，更談不上思考這些意外插曲了，就算那些事情已經擺在眼前也一樣。規定開車時不能手持電話自有道理，但這個規定背後的邏輯是認為我們有身體上的限制，一隻手拿電話時無法安全駕駛。

不過，問題的癥結其實是因為我們的注意力有限，所以禁止手持電話的規定並沒有解決問題。事實上，這種規定的言下之意是：開車時不拿著手機就會很安全，反而間接鼓勵大家在高速公路上，一邊駕著幾噸重的愛車奔馳一邊講電話。這些安全規定可能導致原本無意造成的後果，反而危及道路安全。就此例來說，禁止駕駛拿手機的規定根本搞錯方

---

* 　編按：如果屬於首要執法的違規行為，警察可直接要求駕駛停車並開罰單；但違規行為屬於「次級執法」（secondary enforcement）的範圍，警察只能因為攔車開罰其他屬於「主要執法」範圍的違規行為時，才能順便開罰。

向了。造成危險的是認知上的一心多用，而不是身體上的多工作業。有趣的是，英國政府則把焦點放在**認知負荷過重**的問題上。只要英國警察認為駕駛可能因為免持通話分心時，他們有權攔下駕駛盤問。[5]

荷蘭的德拉赫滕鎮（Drachten）充分了解到開車時要避免一心多用，也注意到系統思維的邏輯，決定採取「**不安全即安全**」的政策態度。[6]為了讓駕駛把視野放寬，這個小鎮移除了所有道路標誌，只留下簡單易懂的指引。此外，小鎮上也沒有交通號誌。[7]結果，駕駛無法盲目地跟隨路標，反而更專心注意路況了。隨著政策的改變，道路安全跟著**改善**了。德拉赫滕鎮一處十字路口原本在四年間發生了 36 起事故，結果移除紅綠燈後的兩年間，事故減少到只有 2 起。[8]德拉赫滕鎮的案例可能會令人吃驚，但如果以系統思維看待注意力扮演的角色，這樣的結果其實有跡可循。

其實，已經有人提出假設，認為「**人類對風險有固定的容忍度**」。已故的加拿大皇后大學（Queen's University）心理學教授傑拉德・懷爾德（Gerald Wilde）就曾把這種現象稱作風險平衡（risk homeostasis）。[9]這幾乎就意味著，一般人只要察覺到風險降低，自身的行為就會更冒險——繫了安全帶代表可以加速；戴上頭盔代表能橫衝直撞。

焦點放在脂肪、膽固醇……或立普妥？

對**專注**及**專業化**的崇尚，再加上先前提到的**利益最大化邏輯**，就會促成一場災難。在醫學界，最佳化的重點放在一項容易測量的指標——年紀。大家似乎都希望長生不老，因此越發希望透過篩檢揪出可能的毛病，在初期就剷除。勤於篩檢在在體現了人們最佳化的邏輯；而在許多人眼中，這正是導致過度診斷氾濫的主因。

有一派奉專業化為圭臬的醫師促成了這個現象。威爾奇與共同執筆者在書中寫道：「這些醫師太關注自身領域中的疾病，我認為他們因此忽略了更大的脈絡。他們把重點放在盡可能阻止任何和這些疾病關的壞事發生；他們最在意的就是不能漏掉任何可能從診斷和治療中受益的病患，所以會把診斷標準設得很寬，而許多人因此被貼上『身體異常』的標籤。」[10]

除此之外，醫師因為信任越發先進的科技，導致關注的焦點變得更小，加劇了過度診斷的問題：「診斷科技的偵測能力之高，讓我們發現越來越多令人起疑和驚訝的身體異狀。遇到這些情況時，就可能需要做更多後續檢驗，其中包括更多身體部位的掃描檢查，因此又可能會發現更令人起疑和驚訝的結果。」[11] 但是發現越來越多細微的異狀不見得會帶來好

結果；不過可以確定的是，這會導致更高的花費、更多偽陽性的檢驗結果，以及可能不必要的治療。[12]

如果你和多數美國人一樣，你大概每年都會進行例行性的身體檢查，醫師大概也都免不了要檢測你的膽固醇。如果醫師告訴你，你的膽固醇（更準確來說是你的「壞膽固醇」）過高，你並不孤單。根據美國疾病管制與預防中心估計，有七千三百五十萬名美國人曾診斷出膽固醇過高。

或許你的醫師會因此建議你服用立普妥（Lipitor）之類的降膽固醇藥物。如果曾經服用過立普妥，你同樣也不孤單。從 1996 年至 2012 年專利權失效那年，立普妥是全球史上銷量最高的藥品，帶來超過一千兩百五十億美元的營收。簡直是天文數字！這也反映了針對降低膽固醇，立普妥普遍有效，畢竟醫師替超過兩千九百萬名病患開立此藥，這比澳洲人口還多。如果沒有效，他們怎麼可能一直開這種藥呢？

這個嘛……就要看你對「有效」的定義是什麼了。以下是兩個關鍵事實：**第一，立普妥能有效降低膽固醇**。沒錯，確實有效。其實不只立普妥，所有史他汀類藥物透過抑制一種由肝臟製造、產生膽固醇的關鍵酵素，都能降低膽固醇。**第二，立普妥其實不會預防心臟病**。如果你剛才有仔細閱讀，你大概會很想回頭重讀上一個句子。那句話沒有筆誤。史他汀類藥物通常**不會**預防心臟病。事實上，研究顯示，得

用史他汀類藥物治療 50 名患者，才會預防一起心臟病；得治療 890 名患者，才能預防一起死亡。誠如馬克・海曼（Mark Hyman）醫師所說：「那不是非常有效的藥。」[13]

慢著！你可能發現第一項事實（史他汀類藥物能降低膽固醇）和第二項事實（這些藥不會預防心臟病）看起來相互矛盾。確實。兩個陳述都是真的，但癥結在於關注的焦點。我如果告訴你，心臟科醫師因為太注重要降低病人的膽固醇，而鮮少考量降低膽固醇的副作用呢？（任何藥物都有副作用；別忘了，威而鋼本來是要用來降血壓的！）史他汀類藥物相關的副作用通常包括：肝臟受損、記憶喪失、糖尿病和肌肉受損。如果你服藥時也曾出現過這些副作用，你一樣也不孤單，超過 17% 的患者都表示曾出現副作用！

如果你認為藥廠列出一長串副作用清單，只是想規避法律責任，其實那些副作用很少發生，那你應該要知道一件事：美國食品藥物管理局（FDA）最近規定藥廠要在史他汀類藥物的包裝上註明，這類藥物會增加罹患糖尿病的風險。

這麼說最清楚了：你到醫院進行例行性健康檢查，得知膽固醇指數高於正常值，醫師因此建議你開始服用降膽固醇藥物，並表示數百萬名病患都因此受惠。醫生接著告訴你，自己也在服用立普妥，而且自己認識的所有心臟科醫師都在服用。

　　醫生把處方簽交到你手上時，還補充說：「這個藥很安全」。離開診間時，你心中充滿感激，慶幸現代醫學如此進步，自己的問題有了解方。

　　開始服用史他汀類藥物後，膽固醇指數果真神奇地下降了！上帝保佑現代醫學！結果，測血糖時，你卻發現，糟糕……血糖值非常高。醫師宣告你罹患第二型糖尿病……而這會導致什麼結果呢？要公布答案囉——沒錯，導致罹患心臟病的風險更高。其實，直到 2015 年後，大家才開始公開討論斯他汀藥物和糖尿病的關係。2015 年 3 月，美國全國公共廣播電台（National Public Radio）在節目中公開質疑：降膽固醇藥是否純粹只是用心臟病換糖尿病而已。[14]

　　大部分的醫師都真心相信低膽固醇比高膽固醇健康。**這是事實，但前提是其他因素都不能改變。**佛明罕心臟研究（Framingham Heart Study）是時常拿來引證的膽固醇研究。這項研究始於 1948 年，追蹤了波士頓郊區超過五千位居民的身體健康。[15] 研究進行到第 16 年時，研究員發現心臟病和膽固醇指數有相關。他們發現患有心臟疾病的病患他們的膽固醇指數平均比健康的人高出 11%。雖然某些膽固醇指數非常低的人也有心臟疾病，而且某些膽固醇指數非常高的人卻沒有，但這些案例卻只被當作異常個案遭到排除。這項研究的重點在於分析大多數人的狀況——當時大眾是這樣被告知的；

與此同時，有句話開始被奉為圭臬：「不吃脂肪和膽固醇，你就能更長壽。」

有鑑於此，食品產業快速研發出低脂、零脂且不含膽固醇的產品。有些人把這樣的趨勢稱為威爾餅乾現象（Snackwell's phenomena)*。[16] 食品公司開始拿掉產品中的脂肪和膽固醇，認為這樣對心臟比較好；奶油也被不含膽固醇的人造奶油取代。諸如此類。但是大家卻沒注意到，加工的碳水化合物和糖類取代了脂肪，長期來看，這類食品卻比膽固醇更容易造成心臟疾病！而且別忘了，多年後大家發現，含有反式脂肪的人造奶油其實根本談不上對健康有益。

到了 1996 年，大環境已經準備好接受製藥產業對「降低膽固醇」趨勢的回應：立普妥問世。對美國人來說，透過飲食降低膽固醇太複雜了。如果一顆小藥丸就能搞定呢？這就像大型連鎖文具店史泰博（Staples）賣的紅色按鈕 ** 那樣，按下去會說出「那很簡單！」：只要吞下這顆藥丸，不管你怎麼吃，膽固醇指數一樣會下降。病人和醫師趨之若鶩。這種藥真的有效，膽固醇指數確實下降了。

然而，如今美國人受心臟病所苦的程度卻比以往都更糟

---

* 　譯註：威爾餅乾標榜低脂，但碳水化合物含量和熱量極高。

** 編按：這個紅色按鈕的道具叫做 Easy Button。

糕。全美暢銷書《膽固醇真面目》(*The Great Cholesterol Myth*)的作者強尼・鮑登（Jonny Bowden）和史帝分・西納特（Stephen Sinatra）明白表示：「醫師開立的標準處方，也就是低脂飲食和史他汀類藥物，正促成極大的健康危機。」[17] 什麼！？怎麼會這樣？這個嘛，我稍早提到的第一項事實是史他汀類藥物能有效降低膽固醇⋯⋯但還有第二項事實：這些藥物不會預防心臟病。我們來探討第二項事實吧。

　　就是這麼不巧，這些藥物的副作用比大家原先想的嚴重得多。說到這裡，我可以利用所學，以家族史、既有健康狀況的貝氏分析（Bayesian analysis）和生活型態的多變量迴歸分析（multivariate regression analysis），來談心臟病和糖尿病的邊際傾向（marginal propensity）。但請放心，我不會那麼做。就這麼說好了：若我們過度聚焦於心臟問題，而沒有考量身體的整體狀態，我們就會認定膽固醇指數下降是一大勝利。

　　然而，如果我們同意，人體是由許多其他器官（包括肝臟和胰臟）以及除了膽固醇以外的很多物質（例如胰島素）所組成的系統，那麼我們就得把視野放寬。肝臟是人體的排毒引擎，而史他汀類藥物等外來物質是否可能對肝臟造成額外的壓力？其實，服用史他汀類藥物的一項副作用，正是造成肝臟酵素指數升高（這是肝臟負荷程度的指標）。雖然我們

關注膽固醇的用意是好的，但其實受到誤導。對，膽固醇偏低時——在其他因素不變的情況下——導致心臟病的風險也會降低。但史他汀類藥物不可能讓「其他因素不變」。史他汀類藥物容易影響肝臟，增加罹患糖尿病的風險，而且也可能影響肌肉與神經——**其他因素絕對會受到影響**。到頭來，我們要照顧的是全身，而不單單是心臟而已。人體不正是由相互連結的不同部分組成的龐大系統嗎？

只要觀察史他汀類藥物的運作模式，我們就會發現這類藥物會對 HMG-CoA **還原酶**產生作用（哈！我說不會拿統計學讓你們頭痛，但我可沒答應不會使用晦澀的醫學專有名詞噢！但我保證之後不會了）。這種酵素控制體內的膽固醇製造工作，而史他汀類藥物會對這種酵素產生作用。然而，胰島素（幫助身體將血糖轉為能量的激素）同樣控制了這種酵素。在某些病患身上，胰島素會和這類藥物競爭，對胰臟造成額外壓力，進而增加**胰島素阻抗**（Insulin resistance）* 的可能性。這件事意味著，透過控制血糖來控制膽固醇可能還比較容易。慢著！食品產業做的事正好相反！他們移除了膽固醇和脂肪，然後添加糖分！這下糟了。

---

* 編按：胰島素阻抗指的是組織細胞對胰島素的作用反應不良，導致血液裡的葡萄糖無法順利進入細胞中進行分解及提供能量。

雖然降膽固醇藥物的市場蓬勃發展，美國人的心臟病問題卻比以往都更嚴重。根據美國疾病管制與預防中心統計，每年有超過六十萬名美國人死於心臟疾病（大約占總死亡人數的 25%），是美國男性和女性的主要死因。[18]

我很確定，這些數字會讓某些正在服用降膽固醇藥物的病人感到憤怒。其實，講到憤怒，這種情緒似乎也是某些服藥者的副作用。以下段落引自網路雜誌《頁岩》（*Slate*）2011年的文章：

> 1 號病人想要殺人。這位 63 歲、平時性情穩定的男子，從睡夢中醒來後，發現自己充滿難以抑制的怒氣，很想要砸東西。他在服用降膽固醇的史他汀類藥物立普妥後，開始出現這種強烈的衝動，而這種情況在停藥後的兩天內就消失了。2 號病人是 59 歲的男子，他在服用另一種受歡迎的史他汀類藥物素果（Zocor）後，開始變得容易發怒，出現想要殺死妻子的衝動，有一次還付諸行動，最後並沒有成功。而他的暴力傾向也在停止服用素果後的幾週內就趨緩了。3 號病人是 46 歲的女性，她在服用立普妥的期間變得異常暴躁，持續毫無來由地對丈夫大發雷霆。和另外兩位案例一樣，她在停止服用史

他汀類藥物後，異常行為也隨之消失。[19]

讀到這裡，各位請別急著衝回家，檢查自己的另一半是否偷偷在服用立普妥，或懷疑他們正計劃服用這類藥物，並在發瘋把你殺掉後藉此脫罪。我們先思考最根本的問題吧：人們為心臟健康所做的努力與現實脫節了。人體是精密、平衡的系統，由相互聯結的不同部分所組成。專家極為熟稔個別部分固然是好事，但考量整體也極為重要。

那麼，讓我們重新評估過度關注降低膽固醇的問題吧。我們大多數人都很依賴**專家**（這裡指的就是醫生）；而專家則依賴**數據**（膽固醇指數）；數據則來自**科技**（包括實驗室測試和演算法的初期判讀），並透過特定**規則**（像是正常值範圍）解讀；而這些規則又是由醫師所處的醫療界制定。

有沒有可能，我們對診斷和預防心臟病的重視反而增加了我們罹患心臟疾病的風險？如果換個方向想，從整體系統切入、重視系統內各部分回饋的方式思考，我們採取的策略會不會有所不同？我們拆解、限縮關注焦點的策略是不是沒有考慮到某些會大大影響整體的重要因素？

診斷造成的創傷後壓力症候群？

我很高興能和特麗莎・托里（Trisha Torrey）談話。她在多年前因為受到誤診而罹患了創傷後壓力症候群（post-traumatic stress disorder，簡稱 PTSD）[20]。特麗莎的故事著實嚇到我了，而相信任何曾與現代醫療體系打交道的人都會被這個故事嚇到。以下描述事情經過。當時特麗莎 52 歲，自己經營著行銷顧問事業。某天，她發現軀幹長了一顆高爾夫球大小的腫塊。她表示：「腫塊不會痛，就只是長在那裡。」但是和任何遇到相同情況的人都一樣，她和自己的家庭醫師約了時間看診。然而，醫師因為診斷不出腫塊為何物，將她轉診給外科醫師。當天下午，這位外科醫師就馬上移除腫塊送驗，並承諾特麗莎，檢驗報告一送回就會馬上聯絡她。特麗莎滿心焦慮地等了一週還沒有消息，於是主動致電外科醫師的辦公室，想確認腫塊的檢驗結果。院方告訴她，檢驗程序因為美國獨立日假期而耽誤了。因此，她又等了一週才接到電話——結果晴天霹靂。[21]

特麗莎告訴我：「外科醫師終於來電告知檢驗結果，說我得了一種非常罕見的癌症，叫做**皮下脂膜炎性 T 細胞淋巴癌**（subcutaneous panniculitis-like T-cell lymphoma，簡稱 SPTCL）。」更糟糕的是，特麗莎說醫師向她解釋，檢驗會這麼耗時，是

因為醫院認為有必要把腫塊檢體送到第二間檢驗所再次確認。兩次檢驗結果都有相同的診斷。外科醫師表示會盡快安排她與腫瘤科醫師會晤。

結果，根據特麗莎的說法，所謂「盡快」最後變成兩個禮拜，期間她心理飽受折磨，滿懷焦慮。她做了任何有相同處境的人都很可能做的事——打開電腦，開始研究所有能找到關於 SPTCL 的資料。但在 2004 年，網路上關於這個罕見疾病的資料並不多。

特麗莎告訴我：「資料顯示患者都因此喪命，而且很快就死了……我怕得要命。」

特麗莎的腫瘤科醫師喜歡潑人冷水而且自視甚高，讓她從一開始就很不自在。醫師替她安排了額外的血液檢查和斷層掃瞄，但這兩項檢查都沒有發現什麼異狀，也沒有顯示任何淋巴癌的跡象。此外，她除了夜裡盜汗和熱潮紅之外，就沒有其他症狀了……就像她自己所說：「但那又有什麼！我是52 歲的婦女，有這些症狀很正常吧！」[22] 但對這種更年期症狀的說法，她的腫瘤科醫師很不以為然，堅持她的症狀是淋巴癌造成的。醫師強烈建議特麗莎盡速展開化療。特麗莎表示，醫生跟她說，如果不進行化療，她將活不過五個月。

當特麗莎質疑腫塊檢驗結果可能有誤，醫生回答，兩個獨立檢驗所的結果都顯示她罹癌，所以不可能有誤。深受打

擊的特麗莎把確診消息告訴了家人和少數幾位好友。她的事業因此受到打擊，因為她表示：「我是自雇者，保的醫療險很差，所以確診罹癌意味著醫療花費將會很可觀，我的人生——或是說，所剩無幾的人生——快要完蛋了。」

她決定再找她的醫師討論病情。致電腫瘤科醫師辦公室時，對方告訴她，那位醫師請病假，所以將由另一位醫師接手。特麗莎與新指派的醫師見面時，醫師馬上就問她為什麼還沒開始化療。特麗莎表示想尋求其他腫瘤醫師的第二醫療意見。醫師的反應讓特麗莎覺得他很自大：「你的症狀太罕見了，其他醫師也不會比我懂！」[23] 這句話讓特麗莎瞠目結舌，讓她從先前盲目聽從、把思考外包外包給專家的大夢中醒過來了，決定自己深入調查。

同一週的某天，特麗莎與朋友喝多了，透露了自己確診的消息，朋友都嚇呆了。其中一位朋友急著要打電話給一位認識的腫瘤科醫師。這位醫師正巧也在治療一位 SPTCL 病患，表示如果特麗莎有意願，可以掛他的診。

特麗莎預約好要見新的醫師後，馬上就打電話跟先前的醫師要了她的病歷。拿到病歷後，她做了一般人不太會做的事。她並沒有把密封的病歷原封不動交給新的醫師，而是開始翻閱自己的資料，只要遇到任何不懂的單字或觀念，她就上網查。她覺得有必要**主動了解**並**實際閱讀**自己的病歷。[24]

　　她的發現讓她十分在意。兩項檢驗結果的數據顯示：一，病患「最有可能」罹患 SPTCL；二，與 SPTCL「最相符」。兩份檢驗都沒有百分之百確定她罹患的就是 SPTCL。此外，第二份檢驗報告指出，腫塊檢體又送到了另一間檢驗所，要檢驗「同源性」（clonality），意思是要看細胞是否增殖。特麗莎馬上致電第一位腫瘤科醫師的辦公室，要索取那項檢驗結果。院方起初竟然遍尋不著，經過一陣慌亂才找到，而報告顯示細胞並未增殖。這個結果基本上就意味著腫塊並非癌症。

　　特麗莎走進第二位腫瘤科醫師的診間時，覺得充滿力量。雖然仍得依賴專業，但她拿回了一些掌控權，並能自主思考。新的醫師把她的檢體送到美國國家衛生研究院（National Institutes of Health），要證實特麗莎是否像她自己所想的，被誤診了。三週後，檢驗結果顯示：特麗莎只是脂肪細胞發炎了。這個小問題後來完全不構成她的困擾。[25]

　　毫無疑問，這項新發現讓特麗莎如釋重負，但她也感到非常憤怒。她控訴第一間醫院的腫瘤科醫師堅持要她做化療，是為了從她身上賺更多錢。多年後，她依然這麼相信。「我也怪罪他們沒有追蹤同源性檢查的結果，這是很大的疏失，因為那項結果是做出正確診斷的關鍵。」

　　事後，特麗莎仍持續受到那次經驗影響，罹患了創傷後壓力症候群。每當她讀到、看到、聽到有人死於癌症，就會

止不住地大哭。她說：「畢竟，要是我當時做了化療、繼續活下來，醫師就會對從來沒有得癌症的我說，我被治好了。而且，同樣可怕的是，我得知有些人被診斷罹患 SPTCL 後，在化療過程中過世了。結果，驗屍報告顯示他們從未罹患這個癌症。」[26]

特麗莎有宗教信仰，相信任何事的發生都有原因。她因此離開了行銷顧問的工作，開始致力於病人倡議，推動病患賦權運動。「我努力把病患受到誤診的辛酸，轉化成病患賦權的力量。」她也針對這個主題寫了多本書，幫助許多病人拿回他們在醫療關係中的主控權。

超級食物狂熱

對身體不好的人來說，避免像膽固醇之類的有害物質還不夠，飲食中加入健康食物也同樣具吸引力！然而，這也是為什麼許多人十分樂於追隨最新的飲食熱潮，大量攝取羽衣甘藍、藍莓等所謂的「超級食物」，為了變得更健康。這都是我們永無止盡想找到仙丹靈藥，因而過度聚焦產生的症狀。事實上，麥可・凡・史崔唐（Michael van Straten）和芭芭拉・葛里格斯（Barbara Griggs）的暢銷著作《超級食物》（*Superfoods*）在 1990 年出版後 [27]，人們就開始對那些據稱有奇蹟功效的食物

產生極大興趣。在亞馬遜網頁中搜尋超級食物時，會出現將近三千筆產品，從食譜到飲食指南都有。我們常常會看到「你現在就需要的超級食物」這類標題。[28]另外，市面上也出現許多不太知名、還沒被炒紅的超級食物。還有文章標題是：「大吃宣洩沒關係，只要是這些超級食物就行。」[29]

販賣超級食物的公司試圖激起大家對長壽的想望。此外，古文明時期就存在的神奇食物如今又紅回現代，替原本就吸引人的故事增添了一層神秘面紗和想像。藜麥和其近親莧籽最初是受到印加文明馴化、栽種和食用。[30]可可豆與阿茲特克人和馬雅人的關係也很類似。[31]我無意暗指這些食物不健康……它們或許有其營養價值。我的意思單純是這些食物的故事背後的行銷色彩非常濃厚。

這些公司讓你極度聚焦在特定產品的特定好處上，你因此沒有考慮到其他面向。這些公司也開始誇大產品功效。2017年退休的紐約大學營養學、食物研究和公共衛生教授瑪里昂・內斯特（Marion Nestle）表示，水果和蔬菜的生產者會花錢做研究，好把自家產品標榜為超級食物。舉例來說，美國西洋梨子局（Pear Bureau Northwest）就曾花錢做研究，發表關於研究結果的新聞稿，表示「新研究指出，時常攝取新鮮西洋梨，有助患有代謝症候群的中年男性與女性改善血壓。」內斯特點出，如果西洋梨是超級食物，那「**所有水果都是超**

級食物。選自己愛吃的就行。」[32]

生日很自然是反思人生、做出改變的時機。想想以下這名澳洲女性喬‧艾比（Jo Abi）的例子。她在 39 歲生日時決定要進行一項激進的飲食實驗：連續三個星期只吃超級食物。她聽說這些食物有改善健康的神奇特質，興沖沖地開始執行這項計劃。她很明確地說出自己當時的期待：「我預期衣服會感覺鬆一點、皮膚會變得有光澤、臉上總是掛著平靜的微笑。我預期雙眼會變得透亮、雙頰紅潤、頭髮更豐厚、指甲更健康。」[33]

然而，事情的發展並不如意。喬起初覺得蔬菜、堅果、豆類和莓果都很美味，但不久就出現極大不適。她說自己那整整三週一直有點想吐，而且不敢離廁所太遠。起初，喬並沒有太在意，認為會一直跑廁所是因為身體在排毒，但後來發現真的不對勁。她表示：「第三週快結束時，我簡直是一手捧著超柔軟衛生紙，一手舉白旗投降。」對於這個經驗，她直言不諱地以四個字總結：屁股著火。[34]

喬的負面經驗會不會是因為不合理地專注在超級食物所造成的呢？我猜想，她並不是個案。專注可能會搞砸美意。舉藍莓為例，它是超級食物界的第一把交椅，富含維生素、可溶式纖維、植物性化合物和抗氧化劑。藍莓似乎滿足我們對食物的所有期望，有什麼好不愛的？

　　但結果令人驚訝：吃太多藍莓可能會打亂體內抗氧化劑（antioxidant）和促氧化劑（pro-oxidant）的平衡。大衛‧普爾（David C. Poole）教授發現，體內抗氧化劑如果過多，可能有礙肌肉運作，使運動時更容易疲勞。[35] 如果這麼說還無法說服你放下手中的藍莓，那我再告訴你，有些人認為抗氧化劑不但無法預防癌症，而且甚至可能致癌呢？恐怖吧！

　　提出這個說法的可不是什麼科學界的江湖術士，而是發現 DNA 螺旋結構、大名鼎鼎的諾貝爾獎得主詹姆斯‧華生（James Watson）。他表示，人們利用藍莓和綠花椰菜清除在我們身體系統中游移的額外氧分子（也稱自由基）的同時，可能錯失了找到許多癌症治療方式的機會。他認為受到抗氧化劑抑制的自由基可能握有了解癌症的關鍵。[36] 不會吧？！我們拚命攝取大量富含抗氧化劑的食物，就是為了預防癌症，但這麼做反而提高罹癌風險？

超級食物不是對所有人都好

　　舉羽衣甘藍為例，這個綠葉茂盛的蔬菜受各界名人青睞，[37] 開始出現在許多餐廳的菜單上。所以它一定挺不錯的，對吧？這個嘛，有證據顯示，羽衣甘藍可能會對甲狀腺功能造成負面影響。不只如此，因為含有會與鈣質結合的草酸鹽（oxalate），羽衣甘藍可能會導致腎結石。[38] 平心而論，這些

風險很可能只會影響到少數人，但這正是重點所在。

　　奇亞籽看似毫無爭議，對吧？話不能說得太早。事實證明，奇亞籽可能會干擾身體吸收所需的礦物質，傷害消化系統。[39] 枸杞很好吧？不盡然。枸杞富含一種叫膳食皂素（dietary saponins）的化合物，會增加腸道滲透性，造成俗稱的「腸漏症」（leaky gut）。此外，一顆紅蘋果其實就能抵過 13 份枸杞飲的抗氧化劑了。[40]

　　佩脫內菈・雷文席爾（Petronella Ravenshear）曾在 Vogue 雜誌〈超級食物的真相〉（Lifting the Lid on Superfoods）這篇文章中表示，超級食物的狂熱令她感到不自在。她娓娓道來諸如奇亞籽、枸杞、巴西莓（acai）和龍舌蘭等食物的炒作及行銷手法，並建議大家把所謂「不敗」的行銷邏輯放到脈絡裡：「我們真的需要吃遙遠地區出產、鮮為人知的莓果，或是跟古文明人吃一樣的食物，才能維持健康嗎？」即便攝取了超級食物，那些古人仍短命、病痛纏身；阿茲特克人平均只活 37 歲。[41]

　　這樣說不是說吃這些所謂的超級食物沒有任何好處。我單純想表達，如果你想達成長生不老的方式，是每天喝兩杯巴西莓、羽衣甘藍和藜麥打成的果昔，上頭還要淋上有機、無麩質的藍莓醬以及自由生長、公平交易的龍舌蘭醬，那我可能會建議你重新考慮。與其說超級食物有什麼魔力，不如

說大家對這些食物的迷思太深了。

這些所謂具神奇魔力的超級食物之所以大有問題，主要是因為我們太在意這些食物，因而忽視了其他可能很重要的因素。我們過度聚焦在抗氧化劑上，而沒有考慮到抗氧化劑和促氧化劑要保持平衡，也沒有考慮到自由基可能自有功用。超級食物激發了想像，卻偷走了常理，我們因此看不見其他可能了。更糟糕的是，**我們讓這些所謂的好東西佔據了其他事物的空間**。請回想剛剛蘋果和枸杞的例子：一顆蘋果可以抵 13 份枸杞飲！

喬的例子顯示，飲食中加入這些好比「超級英雄」的食物可能會引發連帶問題，產生與我們預期恰恰相反的結果。這些超級英雄不像我們想得那般有神力，這是問題之一；另一個問題是，我們還沒頭沒腦地把注意力放在我們以為是反**派，但其實並不是壞蛋的事物上**，這也使我們變得盲目。

麩質其實沒那麼壞

麩質可說是受到消費者關注的反派角色。如今，無麩質產品得和非基因改造、在地生產和有機的商品競爭，搶奪特定族群的市場。這個族群包含那些具健康意識、不注重價格、追隨潮流的吃貨、雅痞和自封營養學專家的業餘人士。

無麩質產品大為風行，連寵物都搭上這股熱潮，無麩質寵物食品屢破銷售紀錄。就像其他風靡的潮流一樣，這股熱潮連旁觀者都受到吸引而自問：我是否也該加入？《紐約客》雜誌甚至有篇文章正是要幫助讀者回答這個問題，名為〈反麥風潮：該不該吃無麩質食物？〉（Against the Grain: Should You Go Gluten Free?）[42]。此外，相關書籍《無麩質飲食，讓你不生病！》（*Grain Brain*）和《無麩飲食，讓你體態輕盈！》（*Wheat Belly*）都盤踞各暢銷榜數週。[43]

就如金融泡沫一樣，大流行的從眾行為（herd behavior）從不持久。以下明顯對不上的數據展現了問題的本質：大約有1%的人口患有乳糜瀉（celiac disease）*、少於10%有麩質不耐症。但是——精彩的來了——有30%的美國人刻意避免麩質。[44] 消費者想避免麩質的主因之一，是相信無麩質的飲食比較健康。通常並非如此。

現實情況很不給面子。對那90%以上沒有乳糜瀉或麩質不耐症的人來說，許多無麩質的食物其實沒有比較健康。值得一提的是，像是 Glutino 牌推出的無麩質經典紐約貝果（Original New York Style Bagel），和湯瑪士牌的原味貝果（Thomas' Plain Bagel）相比，就多出 26% 的熱量、250% 的

---

* 　譯註：乳糜瀉是對麩質過敏所致，會造成諸如腹瀉、脹腹等腸道症狀。

脂肪、43% 的鈉，少了 50% 的纖維而且糖分加倍，但是價格（在撰寫本書的此刻）卻高了 74%！[45] 此外，因為許多無麩質產品都會使用米穀粉，其中的砷含量也比較容易超過理想或健康範圍。[46] 其他無麩質產品則會使用玉米粉、蜀黍粉、小米粉或莧籽粉——客觀來看，這些並沒有優於小麥粉。

儘管實際情況如上所述，對無麩質飲食的狂熱依然很盛。根據市場研究公司尼爾森（Nielsen）估計，標示無麩質的產品在 2016 年時，銷售額已經超過 250 億美金；而且所有新上市的食品中，超過 10% 都標榜無麩質。[47] 這樣的表現固然可觀，但很大一部分是行銷手段所致。舉例來說，許多本來就不含麩質的產品也開始在包裝上標示無麩質。加個標籤，銷量大增！這讓我想到網路狂熱期，當時公司只要宣布自家網址，市值就能一夕上升。另一個無麩質泡沫化的跡象則是「半吊子」的無麩質飲食者（也就是非乳糜瀉患者）開始招致許多批評。

我無意暗指人們對無麩質產品並沒有真正的需求。其實是有的，我自己就是個例子。2011 年 10 月，醫師告訴我，我的血液檢查報告顯示，我對麩質的敏感度偏高——高到醫師建議我吃無麩質飲食。我抗議，認為他過度診斷、覺得我的飲食習慣不健康。

我問他：「你有沒有想過，我只是得了冰淇淋發炎症？我

很確定我有這種病。」我坦承，自己對那令人置身天堂、綿滑甜膩的冰品重度上癮。我堅持請他替我做基因檢測，確認我是否有乳糜瀉的遺傳標誌。檢驗結果令人遺憾，我確實有那個基因。

我從 2011 年開始採取無麩質飲食後，真的覺得自己變健康了。我的體重下降、精神更好，看起來也更年輕（至少我自己這麼覺得）。我太太似乎沒注意到這點，孩子們則說我看起來更老了，還補充說我看起來更疲倦……但這是我的書，以我說的為準。好，我爆完自己的料了。無論你是乳糜瀉患者、有麩質不耐症，還是只是追流行的人，都請放心：本章經認證，絕不含麩質！其他章節我就不敢說了，本書生產線也製造含麵粉的產品。

我們特別在意「趕走麩質這個壞蛋」這件事非常有害，主要原因在於麩質並非對所有人都有害；而且一旦我們把麩質排除在外，就會產生一個由糖、鹽、脂肪填補的**缺口**，因為包裝食品公司亟於想讓無麩質餅乾、脆餅和其他食品吃起來不要那麼像紙板。我們完全聚焦在無麩質食品上，忽略了額外的熱量、脂肪和糖分。想藉由無麩質飲食減肥……糟糕，反而變重了！

消費者會有這種反應也怪不了他們。即便他們大致上具備不錯的飲食概念，要真正落實也很難，因為選擇排山倒海

而來，但時間和金錢卻有限。很少人有閒情和時間每天瀏覽、挑選、購買、剁碎、調味、烹煮新鮮蔬菜。保存期限更長、價錢更實惠的選擇是什麼呢？義大利麵耐放又便宜，但肯定不比蔬菜健康（而且市面上的義大利麵醬，糖分通常頗高）。那豆類製的義大利麵，配上低糖醬汁如何？確實比較健康，但價錢高出 6 倍！

我有時候會覺得，類似Soylent牌的代餐會成為未來主流：即含有完整營養、味道貧乏、口感像牛奶的配方瓶裝飲。這類食品可說是完美的解方，包含所有人體所需的營養，根本不用煩惱要怎麼選了。就像成人版的嬰兒配方奶。或許有一天，這種代餐會越臻完善，免去我們餐餐都得面對龐大選擇的煩惱。但在那天來臨前，我們必須學習如何在日常生活中做好的決定。

證據排山倒海而來。我們的注意力被熱量、脂肪、膽固醇、麩質、抗氧化劑、羽衣甘藍，和其他微小的個別因素東拉西扯，因此難以從整體的角度看待健康問題。我們庸庸碌碌地尋找開啟健康的鑰匙，但是連鎖頭長怎麼樣都不知道。我們吃的脂肪少了，卻反而變胖；為了預防癌症而攝取更多抗氧化劑，但罹癌機率卻增加了。

露易絲・福克斯考夫特（Louise Foxcroft）在著作《卡路里與束身衣》（*Calories and Corsets*）中，爬梳過去兩千年的

飲食建議，呼籲人們回歸希臘文 diata 的概念。英文單字 diet（飲食）就是源於這個希臘文，這個字的概念「描述了**整個生活方式**，而不僅是……狹隘的減肥法。這個字意味著透過一種涵蓋生理、心理層面的完整生活方式達到健康的狀態。」[48]有沒有可能，我們因為把關注的焦點都放在食物上，因而忽略了真正的關鍵？**不要那麼聚焦、放寬視野**是否對我們有幫助呢？

《紐約時報雜誌》（*The New York Times Magazine*）的文章〈希臘伊卡利亞島居長壽的秘訣〉（The Island Where People Forget to Die）點出了美國人的盲目聚焦對他們如何看待飲食和健康產生負面影響。文章寫道，美國人傾向「注重運動和飲食對健康的影響」，但對希臘伊卡利亞島（Ikaria）的居民來說「飲食只是長壽的部分原因」，而運動「至多也只扮演小角色」。[49]確實，事實證明，**社會結構**的重要性其實不亞於運動和飲食，甚至可能更重要。事實上，可能是因為這些不同的因素互相作用、影響，才使得島上居民普遍長壽。我們稍後會再回頭談這點。

從整體切入的「系統思維」能幫助我們了解過度聚焦可能會忽略的回饋迴路。我們過度聚焦在單一領域時，很容易忽略一點：**我們的行為可能在在導致我們想避免的問題**。我

們必須往後退一步，放寬視野，檢視整個系統而非局部。可惜許多所謂的解決方案都使問題變得更複雜。想想我們目前治療第二型糖尿病患者的機制。醫生時常會開立胰島素給這類糖尿病患者，試圖幫他們降低血糖。然而，這些病人不但血糖高，胰島素也高——這是胰島素阻抗造成的現象。

傑森・方（Jason Fung）醫師指出，開立胰島素可能會增加阻抗的問題。他表示：「事實證明，胰島素會造成胰島素阻抗。任何大量物質進入身體時，身體的反應就是對抗這個物質。」他進而點出，現下的治療方式會產生無意造成的結果：「醫師開立胰島素給病人，但其實病人的問題原本就是胰島素過高……他們使用胰島素後體重會增加，使第二型糖尿病更惡化，然後又需要更多胰島素，產生一個重複的循環。」[50] 這是惡性循環的典型案例。

再舉社群媒體為例。社群媒體設計的用意是要讓我們與親友連絡感情，但卻加劇了本書稍早提到的錯失恐懼症。由於大家傾向呈現好事（與壞事不成比例），社群媒體會讓人們覺得自身的處境比周遭其他人都來得糟。因此，社群媒體時常導致孤單、無助、憂鬱等情緒，而不是拉近用戶間的距離。

以**系統思維**看待事物、看重選擇所伴隨的**回饋迴路**，可能令人獲益良多。系統思維清楚顯示「向後退一步，把視野放寬，檢視事物的全貌」的價值。整體裡不同部分之間的**連**

結很重要；雖然我們得到的建議在「其他因素不變」的情況下都挺精確，但其他因素「很少會不變」。事實上，我們做的任何決定幾乎都會影響到其他因素，所以我們必須時時考量自身行為伴隨的回饋。有鑑於知識深而不廣、關注範圍狹窄的專家難以看到事情的全貌，**以整體脈絡看事情的責任就落到我們身上了。**

05

習得的依賴與盲目的服從

21 世紀的生活有個攤在眼前的現實：**我們跟不上所有資訊**。依賴比我們更博學的人已成為既定模式，但這並不代表我們就得盲目聽從專家、科技或體制規則。重新思考 21 世紀「靠自己」的定義時，我們會發現關鍵是要學習與各領域中比我們更博學的人合作，但過程中不盲目跟隨，或沒頭沒腦地聽命行事。

汽車保養

我每九個月左右就會把車開到經銷商那裡，讓原廠定期「找找收錢的名目」（也就是所謂的定期回廠保養）。是這樣的，保固合約規定車主要遵循車廠嚴格的保養規定，才能維

持保固。所以我每開一萬公里左右，就會把車開到經銷商保養，除了例行的機油更換、輪胎調換，和其他可能必要的項目外，保養時還會衍伸出一串需要處理的問題，簡直像變魔術。

我記得很清楚。某次開車去保養後，接到了維修顧問的電話。對方非常有禮，把傳話者的角色扮演得很好。他表示有好消息和壞消息要告訴我。美哉。我似乎每年都會聽到這一句話，幾乎一字不差。或許他們維修顧問的教戰手冊裡有寫？好消息是我可以如期領車；壞消息是他們發現有幾個零件可能需要更換。聽到這兒，我不算太訝異。但下一句外星語讓我愣住了：如果我授權讓他們更換通量電容器，以及用來讓點火發電機燈絲維持在理想的 17% 怠速狀態的水耕動力發光二極管，那我就可以如期取車。

我沉默了一會兒，接著**假裝有自主權**地說：「好，換掉吧。」太搞笑了。對方知道，他不管說什麼，我八成都會照做。他成功地掌握了我在意的重點：我想把車子修好，當天領回。他也成功框架了我的決定，讓我在「如期把車子打點好開回家」和「車子沒修好，要更久才能取車」兩個選項之間抉擇。在這樣的框架中，答案似乎很明顯（或因為我是受到引導才這樣覺得的）。我沒有詢問那些維修項目是否必要，或是能不能晚點再處理。我忽略了什麼都不做的選項。

老實說，我連他們是否真的有維修都不確定，只知道信用卡帳單上的金額增加了。車子開起來確實很順，這點大概就夠我感恩了。畢竟，當時我還能怎麼做？尋求第二意見會占用寶貴的時間、產生額外的開銷。說到這裡，就又回到「依賴和服從」這個重要的主題了。**我們必須考量「思考外包」這項決定的代價和優點。**若某項決定的後果不重要，尋求第二意見就不太合常理。然而，如果後果很重要，尋求第二意見就合情合理。

相信我，我是專家

透過管理注意力，我們能開始自主行事、自主思考。要做到這點，首先我們必須了解，**盲目服從**的症狀是如何在社會上擴散開來的。所幸，許多科學家都研究過這個主題。搞不好，我們很快就會有這個症狀的疫苗了。

想像一下你來到一間頂尖大學的心理學實驗室，參與一項有關記憶和學習的實驗。抵達時，工作人員告訴你，你將在實驗中扮演老師的角色，而這個實驗是要研究處罰對記憶的影響。接著你與學生角色碰面，彼此寒暄一下後，你就看著他被綁到椅子上，手臂上被貼了電極片。

接著你被帶到另一個房間坐下，眼前是一座可以控制學

生接受到多少電力的控制台。主持實驗的專業人士把一個感應器貼到你手上，接著開啟標示著「45 伏特」的操縱桿。你感覺到了電擊。你前方的控制台開關上標示著「輕微」到「劇烈」。開關範圍從 15 伏特到高達 450 伏特。

實驗開始，學生開始犯錯。研究員要求你，學生每犯一個錯，伏特等級都要上升。隨著電擊程度上升，學生開始咕噥、求饒。你轉頭看實驗主持人，他說你必須繼續。電擊提升到 75 伏特時，學生開始低吟；到 120 伏特時，他開始大聲尖叫；到 150 伏特時，他要求鬆綁。隨著電擊程度升高，他的反抗也越發情緒化。到 285 伏特時，你只聽到他痛苦尖叫。此後，學生安靜了。

你會把電擊開到什麼程度？

其實，1960 年代時，這項實驗確實在新哈芬（New Haven）進行過，由耶魯大學心理學家史丹利・米爾格倫（Stanley Milgram）主導。當時，有 60% 扮演老師的參與者都把電擊強度開到最大。[1] 學生角色其實是演員，並沒有真的受到電擊，但老師角色真的相信他們有受到電擊。其實，這項實驗從來就不是關於學習和記憶，而是設計來研究人們**服從權威**的情況。

米爾格倫馬上招致同事批評，說聽話的耶魯大學生不能代表一般大眾。此後，許多人都複製了這項研究，但招募了

不同背景的參與者。從普林斯頓到慕尼黑、從羅馬到南非的研究都肯定了這項實驗結果，而且令人不安的是，這些實驗結果比原本的實驗結果更驚人——有些結果顯示參與者的服從率高達 85%。[2]

這個令人震驚的發現在心理學界引起軒然大波。米爾格倫在實驗進行之前，詢問同事、學生和一般新哈芬的居民，他們覺得有多少比例的「老師」會採取最大程度的懲罰。實驗前的調查發現，大家預測有 4% 的老師會把電擊調升到 300 伏特，而且只有極少比例的人會把電力調到最高的 450 伏特。[3]

這些實驗讓我更加認識人性。**面對權力和權威時，我們傾向服從**。這是社會普遍重視「專業」、「深度聚焦」時會產生的現象之一。**我們允許專家——或其他任何我們認為具權威性的人或物——掌握我們的注意力**。我們臣服於他們的意思，時常毫無抗拒地讓他們告訴我們什麼重要、什麼不重要。他們框架了我們的選擇。**我們允許他們拿掉檯面上的選項，而且我們原本也完全不知道有那些選項；檯面甚至一開始就是他們架的呢，真要命。**

大多時候，這種服從的現象對整體社會來說不但有幫助，而且也實屬必要。但是這也代表我們在許多情況下被剝奪權利，而且我們幾乎都**不自覺**。

其實，我們會不自覺，是因為注意力被掌控了。假設有

人給你三個選項，說：「好，你可以選一個。」你有多少時候會說「慢著，這些選項我其實都不喜歡，我想要選你沒提出來的第四個選項」或「我什麼都不會做」？我們通常會待在別人替我們打的聚光燈之下。相反地，那些大家順從的人物——像是專家，和較間接的規則制定者、工程師、設計師——被人們賦予了引導我們注意力的權力，進而豎起一道道擋板，**有效限制了我們的視野**。

心房顫動驚魂

每次只要想到米爾格倫的實驗，以及人們如何極度服從穿著白袍的專家，我都會想到我的朋友克雷格・索蘭塔尼（Craig Cerrentani）。克雷格體態很好，曾入選芝加哥小熊隊（Chicago Cubs），打過職業棒球。那是 1970 年代中葉的事了，但他一直保持運動習慣。他定期與醫師會晤，認真遵循醫師建議的任何檢查。然而，2009 年 9 月一次常規年度健檢時，醫師開始擔心他有危險的心律不整問題。他的家庭醫師立刻將他轉診給鄰近醫院的心臟科主任。克雷格抵達後，醫師快速替他做了的檢查，當晚就安排他住院，密切注意他的狀況。

心臟科醫師的結論是克雷格患有心房顫動（atrial

fibrillation，簡稱 A-fib）。美國大約有 2% 到 3% 的人口有這個問題。心房顫動的危險在於，心律不整可能造成血栓，導致中風、危及生命，也可能影響血壓。

克雷格的心臟科醫師資歷十分完美。他曾治療過專業運動員、與當地的頂尖醫學院有合作關係、曾在許多頂尖醫院擔任研修醫師、曾在最具盛名的期刊中發表文章，而且他開設的醫療機構也是大波士頓地區的翹楚。他看來是理想的醫師人選。

醫師替克雷格看診、檢視他的檢驗結果後，開了抗凝血劑給他，要降低血栓造成中風的風險。六週後回診時，克雷格氣色很好，也感覺自己很健康，醫師也這麼覺得。評估過克雷格的狀況後，心臟科醫師跟他說不必再吃抗凝血劑了。

醫師單純是參照醫療體系中最盛行的判斷方式，判定克雷格不必繼續服用這項藥物。雖然聽起來可能很恐怖，但決定病患是否要繼續服用抗凝血劑時，醫生會參照一份列有五個問題、叫做 CHADS2 的檢查表。逐項來看：克雷格小於 75 歲、血壓正常、沒有糖尿病、沒有心臟病或中風病史。這五項問題的檢查表就是醫師請克雷格停藥的依據。

檢查表固然是一項利器，能降低專家過度自信所造成的負面影響。檢查表會逼著我們把注意力放在不會特別注意的事物上，讓我們避免盲目行事，在財經、醫學、飛航等不同

領域皆適用。阿圖‧葛文德（Atul Gawande）在著作《清單革命》（*The Checklist Manifesto*）中點出，過去數十年間醫療高速發展，複雜度必然增加，有個現象也因此浮現：即便是最厲害的醫生，也會無意間略過一些步驟，或忽略潛在病因和治療選項。[4] 面對過度複雜的情況下，連最有經驗的醫師也難免有疏失；這時，檢查表就能發揮修正的效果。醫師所受的訓練使他們有特定的思路；而一個好的檢查表則能防止醫生無意間忽略落在他們思路外的因素。

克雷格的案例中，這項思路外的因素就是家庭病史——它並不在 CHADS2 檢查表之列。現代醫學最關鍵的發現之一就是：家庭病史事關重大。基因的力量本來就強大得令人敬畏，所以這項發現並不令人驚訝。孩子會繼承父母的遺傳物質。這不代表其他因素就不重要，而是家庭病史的影響力確實舉足輕重。

所以，如果你知道克雷格的父親曾在 55 歲時中風，而克雷格當時也 55 歲，你會怎麼想呢？我知道這並不會改變檢查表的答案，但這個事實難道不該使全球最具領導地位的其中一位心臟科醫師自主思考，而非單純把決策工作外包給醫療體系產生的規則嗎？

事實上，許多醫療檢查表和規則都應該**用來輔助決策**，而不是**用來做決策**。為什麼要盲目信任或許有收受酬勞的隨

機病人所參與的複雜科學研究呢？當這些研究結果被奉為圭臬時，醫師會忘記自主思考，沒有考慮到研究的受試者可能與自己的病人來自完全不同的地區和情況，所以研究結果可能無法完全適用於每個人。

各位大概可以猜到故事接著有什麼令人遺憾的發展了吧。

克雷格的醫師要他停止服用抗凝血劑後只過了三個月，克雷格就中風了。他被緊急送醫，而負責的神經科醫師建議仍處於中風狀態的他立即施用胞漿素原活化劑（tPA），那是一種強力的血栓溶解劑，伴隨 6% 的死亡率。這位醫師表示，這是標準的治療程序。當時克雷格連話都說不清楚，但表示同意。

所幸 tPA 奏效了。在加護病房受到密切監控兩天後，克雷格轉到了普通病房。三個月後，他在先前約診的時間，再次見到他的心臟科醫師。他把自己中風的事告訴了醫師，結果這位受人敬重的大醫生變得防衛心十足，表示：「但你的 CHADS2 分數並沒有顯示你有中風風險。」

克雷格提醒醫師，說他父親曾在 55 歲時中風過，先前看診時就提過了⋯⋯而克雷格的中風也發生在 55 歲。

醫師反駁說：「但 CHADS2 檢查表並沒有包含父母或家族中風史。重點是要看你自己是否有中風史。」

就醫師的說詞來看，他很明顯把思考外包給體制規則

了。其實，簡單搜尋 Google 就可以查到這項檢查表的來源。那是一項針對一千七百三十三名 65 至 95 歲、有美國老人醫療照護保險，且未服用血液稀釋劑的心房顫動病人所做的研究。[5]什麼？！請再把那句話讀一遍，並注意病人的年紀範圍。檢查表並沒有涵蓋克雷格這個年紀的人，但他的醫師卻想都沒想，就盲目把這項檢查表應用在完全不同的情況中。

不用說，克雷格找了新的心臟科醫師。這次他決定找專攻心房顫動的專家，相信這麼做能預防後續問題。他最後找到了波士頓一間頂尖醫院的心臟科醫師——他發表過許多文章、具專科醫師認證，並於醫學院任教。除此之外——驚喜來囉——他專精心臟電生理學（cardiac electrophysiology），也就是研究使心臟跳動的電脈衝（electrical impulse）的學問。克雷格跟我說：「他簡直完美，根本完全符合我的需求。我感覺就像中了樂透頭彩。」

於是克雷格去看診了，醫師似乎也馬上就掌握情況。此外，醫師表示，自己下週會主持一場關於心房顫動治療選項的研討會，鼓勵克雷格也參加。克雷格去了，因此得知治療或治癒心房顫動的方法有層級之分。這裡就不談太血淋淋的細節。總之，第一步是藥物治療，第二步是心臟電擊治療（想想醫師雙手各握一個儀器，大聲喊「淨空！」的那種情況）。如果這兩種方式還無法改善心律不整，還可以進行一種

稱作導管消融術（catheter ablation）的微創手術，利用細小的雷射導管燒灼心臟，手動調整心臟的電傳導路徑。若第三步治療無效，第四步，也是最後選項，則是迷宮手術（MAZE）：醫師會將病人的心臟移出體外，在心臟上割出傷口，利用傷口造成的疤痕組織重新導引電脈衝，使心臟正常跳動。任何對於這種手術的形容，都是驚心動魄。

研討會結束後，克雷格又和醫師約診，要再討論他的案例。這次除了他的心臟科醫師，一位看過他病歷的外科醫師也來了。兩位醫師表示，克雷格的心跳始終不穩定，所以前三個治療選項不會有效，建議他進行迷宮手術。他們說：「這是唯一適合你的治療方式。」外科醫師語帶權威地說：「我們太常見到你這種情況了。你是完美的人選。其他治療選項都不會有用的。」

克雷格聽他們說話時，注意到心臟科醫師似乎還有很多疑慮。然而，因為他只是心臟科醫師，在專業和地位上都很難質疑外科醫生。克雷格告訴我：「心臟科醫師顯然不想惹惱外科醫師，不願意直接回答迷宮手術是否適合我……他感覺很猶豫，提出了一些迂迴的解釋；外科醫師則直接了當地說我需要動迷宮手術。」

那次看診後，克雷格回家在 YouTube 上看了迷宮手術過程的影片。他這麼向我形容：「他們會把你接上一部心臟機

器，把你的心臟拿出來割！太瘋狂了。把你跳動的心臟移出體外耶！我好害怕，怕到睡不著覺，太嚇了人。但我怕個屁呀！？他才是專業！那位外科醫師是全球的心房顫動權威。他肯定懂吧？他具備所有技能。他是專家⋯⋯而他建議我做手術。我怎麼能質疑他？我算哪根蔥啊。」

但克雷格還是質疑他了。心臟科醫師不自在的樣子讓克雷格揮之不去，因此他又另尋他人的看法。克雷格既緊張又焦慮──這可能反而增加了心臟病的風險！各位能想像嗎，心臟科醫師導致心臟病！最終，他和朋友談論後，朋友介紹他去找傑瑞米・盧斯金（Jeremy Ruskin）醫師。據克雷德的形容，這位醫師「身高大概只有一百五十出頭，話不多、心思縝密、認真嚴肅」。

兩人一見面沒多久，盧斯金醫師就問他：「你在我診間做什麼？你為什麼會來？」於是，克雷格把他不幸的故事說了一遍，解釋原本的例行健檢為何會鬧到要進行迷宮手術。盧斯金醫師表示，雖然最後可能免不了要進行迷宮手術，但先進行侵略性較低的治療會比較妥當。克雷格馬上對盧斯金醫師感到很放心，並直覺地相信他的建議。他們試了藥物治療和電擊治療後，最終訴諸導管消融術。這項微創手術進行到第七個小時時，克雷格的心臟開始正常跳動了，至今都沒有問題。

　　在很多層面上，克雷格的故事既精彩又令人不安。這個故事顯示，專家具有如上帝般、能控制我們思考的力量。心臟科醫師要克雷格停止服用抗凝血劑時，為何克雷格沒有質疑並詢問：「嘿，醫生，我父親在 55 歲時健康出了大問題，而我現在也正好 55 歲……你確定這樣做是明智的嗎？」他為何沒那麼問？因為醫師最懂！對吧？

　　我推斷我們大多數人都會遵循醫師不適當的判斷，相信迷宮手術既必要又有效。我們會相信藥物和電擊治療都不會有用，因為專科醫師這麼說。然而，提出質疑有多難呢？如果問說：「如果我們試了，結果沒有效，那會怎麼樣？這些療法會有什麼後續的不良影響嗎？」答案其實很可會是：「不會怎樣。」

　　事實上，克雷格的故事得以圓滿收場，要歸功於他對別人的**敏銳觀察**。「外科醫師讓心臟科醫師不自在」的小小觀察就讓克雷格不用承擔開胸手術的風險。克雷格也因為被迷宮手術影片嚇到，開始自主思考。他開始自主思考後，就發現自己的健康已經掌握在專家手裡了。他不只是像飛機處在自動駕駛狀態一般，下意識追隨專家的建議，更像是搭乘了一架受到專家挾持的飛機，而那些專家也只是下意識聽從自動化的決策流程。

　　克雷格的經歷有一項重要的啟示：明星醫生不總是最理想

的選擇。事實上，頂尖醫師或許反而對你的健康有害。何以見得？2015 年一篇刊在《美國醫學會內科醫學期刊》（*JAMA Internal Medicine*）的文章顯示：在審視了超過十年、涵蓋數萬名患有急性、致命的心臟病病人後，研究員發現了違背直覺，但與克雷格故事呼應的結果。[6] 資深的心臟科醫師因為到出遠門而無法看診時，病人的狀況改善了！數據顯示，頂尖醫師到外地參加全國性心臟科會議時，心臟衰竭和心臟驟停的高風險病患存活率提升了高達 30%。我們對明星醫師、科主任、專科專家、醫學博士等頭銜的極度信任，是否太偏執了？我們固然需要仰賴專家，這無可厚非，但我們是否過度依賴而變得盲目服從了呢？

日本陷入的險境

一旦員工欣然臣服於階級制度，過度聚焦的系統造成的問題就越發明顯。日本社會長期奉效率為圭臬，但這麼做也伴隨許多風險。人們把團體看得比個人更重要；員工不斷被訓練成「上級未正式允許或授權之前，絕不會自己做決定」。這個思維在社會各個層面幾乎都澆熄了獨立思考的可能。許多日本人都刻意被教導成不自主思考。

2011 年 3 月 11 號的下午，日本團體至上、尊崇權威、機

械性服從職場規定的思維差點讓一場天災演變成天大的核電廠人禍。事件始於當天下午 2 點 46 分，東京東北部 230 英里（約 370 公里）外的海域發生規模九的大地震。[7] 福島縣機敏的漁夫感覺到大難臨頭，和往常遭遇類似情況的反應一樣，快速開船出海。他們知道乘著湧浪出海，會比留在岸邊遭大浪襲捲來得好。有些居民想到先前的地震曾引發大浪，紛紛朝內陸山上移動。[8]

但在福島第一核電廠，一切似乎安然無恙——至少一開始是如此。當時電廠的六個反應爐中，有三個因為正在進行常規養護而關閉，其他三個則因為地基震盪而正常自動關閉。地震過後不久，廠內電燈再度亮起，密切監控情勢的主管、管制員和監管員都鬆了一口氣。但反應爐內的工作人員感覺一切都不對勁。[9]

第一核電廠的美國技術員卡爾・皮里泰利（Carl Pillitteri）表示：「我聽說地震持續了 6 分鐘。但對我來說，那彷彿一輩子般漫長。腳下感受得到那一大座建築整個都在晃動。許多東西都被震落，整個電廠的燈幾乎全部熄滅，頭頂的結構鋼持續位移，到處都有燈具掉落……轉瞬間，整個樓層陷入黑暗……地震兩三分鐘內，我就感覺到事態非同小可。」[10]

皮里泰利和他的組員從廠內逃出來後，第一道海嘯就打在距他們約三十公尺外的地方：「那不像一道浪，更像是一大

片浮起的海面⋯⋯海水直接灌了進來，包圍建築物，接著又退離。」他朝租的車走去——他把車停在山坡上，好在晴朗的美麗早晨走一小段路上班。第一道大浪退去的同時：「一大道黑冷、不祥的鋒面降下山坡」，接著開始下雪。當時是下午 3點 27 分。[11]

第一道大浪退去後 8 分鐘，又一道大浪來襲。這道約有十二公尺高的海浪更大，衝進了十公尺高、用來防範颱風的電廠水泥牆，反應爐和發電機頓時受到海水侵襲。卡車、轎車、大型機具彷彿暴風中的羽毛般被大浪翻來覆去。下午 3點 37 分，大浪侵襲後 2 分鐘，控制室停電了。[12]

對核能電廠來說，電力極為必須，因為要用來冷卻放射性燃料棒。一旦放射性燃料沒有持續注水冷卻，就可能會熔掉燃料棒的護套，最終讓周遭的水汽化。接著，空氣中的蒸氣會與燃料棒混合，形成充滿氫的可燃環境。最終，壓力會產生爆炸，並可能衝破圍阻體＊，使放射性同位素釋放到空氣中。[13]

所以，斷電的情況就好比炸彈的引信被點燃，情況立刻變得十分危急，需要馬上處理。凌晨 3 點時，日本政府和核電廠擁有者暨經營者的東京電力公司（TEPCO）的高層都明

＊　編按：圍阻體是反應爐最重要的外層防線，防止放射性物質外釋。

白其中的危險，認為**打開反應爐的通風口**，藉由降低壓力把爆炸的風險降到最低，才是謹慎之舉。打開通風口會釋出一些放射性物質，但是比爆炸所釋放的量低太多了。所有涉入人員都明白這是**防範徹底熔毀的必要之惡**。[14]

但是到了清晨 7 點，通風口仍未打開。廠內主管遵循既定流程，要確認所有居民皆已撤離。直到首相菅直人搭直升機到電廠上空巡視，並要求東京電力公司開啟通風口時，才有人正視近在眼前的危機。結果證明，開啟通風口抑制了更糟的災難，但簡直千鈞一髮。**廠內人員太在意不讓輻射外洩，卻忽視了大規模熔毀及爆炸會釋放更多輻射的可能**。[15]

於是，廠長集結了他所謂的「自殺隊」去開啟通風口。上午 9 點時，他集結了三隊兩人一組的人馬執行任務。第一組勉強稍微開啟了通風口，第二組則被開口所釋放的輻射壓逼退，而第三組放棄執行任務。[16]

3 月 12 號下午 3 點 36 分，也就是第二道海嘯導致核電廠控制室斷電後的 24 小時，第一號反應爐爆炸，打亂了其他反應爐復電的一切工作。此時輻射量之高，無法進行搶救工作，而且接下來的幾天內，其他兩個反應爐也不幸發生爆炸並釋出輻射。情況非常糟。[17]

然而，若決定引進海水冷卻反應爐，就會使造價數十億美元的反應爐直接報廢，這是個艱難的決定。但在另一方

面，海水有機會防止核熔毀。此外，任何關注情況的人都知
道，情勢快發展到難以掌控的地步了。[18]

有鑑於此，東京電力公司高層肯定是經過認真考慮後，才
在爆炸後四小時開始將海水注入廠內。但他們並沒有先有徵詢
首相的意見。其實，當日下午，首相正與日本原子力安全委員
會會長班目春樹討論是否引進海水。他們兩人考慮到「再臨
界」（re-criticality）的問題。再臨界發生的機率極低，指的是燃
料棒在水裡時再度進行核分裂，加速熱產生（heat generation）。
首相被警告說，發生再臨界狀況的可能性「不是零」。

東京電力公司在首相辦公室的聯絡人向公司回報，府方
似乎反對注入海水的對策。於是，東京電力公司的經理便下
令，要求核電廠廠長吉田昌郎中止注入海水的行動。事後被
問及為何下達這項指令時，東京電力公司的副社長武藤榮表
示，聯絡人員說首相辦公室**「氛圍是如此」**。連內閣安全保障
室的前室長佐佐淳行都認為此說法十分惱人：「氛圍？這是在
開玩笑嗎？做決策是根據心情的嗎？」[19]

所幸，即便身處日本僵硬的社會體制下，吉田昌郎仍不
理會命令繼續引入海水，此舉令人讚嘆。他違抗上級命令、
自主思考，而不像機器人似地跟隨指令。**首相辦公室十分在
意可能性極低的再臨界狀況，而吉田則關注：不利用海水冷
卻燃料棒的立即危險。**[20]

回顧當時，專家都同意注入海水是唯一冷卻反應爐的辦法；不這麼做的話，可能造成更危險的熔毀並釋放更多輻射。反應爐爆炸的數個月後，吉田昌郎向一位記者解釋他為何違抗上級指示時，他表示如果不注入海水，原本糟糕的情況會更嚴重。對廠內員工、周遭居民，或甚至可能是東京居民來說，「停止注入海水可能代表死亡」。我們幾乎可以肯定，他的作為讓東京一千三百萬居民免於撤離。[21]

如果你認為吉田昌郎和你我有所不同，請再思考看看。就外表看來，他就是個正常人。反應爐爆炸當年，他 56 歲，愛抽菸喝酒，喜歡煮義式料理。[22] 他對工作有一股榮譽心，明白自己在危機當下肩負重任。他眼裡的工作，不只是執行東京下達的命令，而是要拯救廠內員工及周遭居民的生命。**他看見了大局，拒絕因為聚焦於階級制度和體制規則而變得盲目。他看重任務整體而不是單一工作項目。而且最重要的是，他相信自己。**吉田昌郎這位拯救許多生命的英雄當時並未受到表揚。某些人認為，如果不是他違背上級指令，就無法防止反應爐熔毀，而且輻射外洩會完全失控，影響的很可能不僅是東京，而是日本大部分區域。

你可能會認為吉田昌郎應該成了國家英雄，對吧？可能會獲得與美國國家榮譽勳章（Congressional Medal of Honor）同等級的獎章？並沒有。

　　他英勇的作為換來的是東京電力公司管理階層以違抗命令為由的口頭訓誡。吉田昌郎在 2011 年末診斷出罹患食道癌後，從東京電力公司提早退休，於 2012 去世。一般認為他的癌症與他在電廠的工作無關。[23]

　　很不幸的是，吉田昌郎這類人在日本並不普遍——在東京電力公司不是、在任何今日的大型機構也不是。核電廠事故發生後不久，日本政府史上頭一遭，下令要獨立調查事發經過。[24] 負責調查的委員會在 2012 年 7 月公布了一份嚴厲批評的報告。[25] 這項調查的主持人是黑川清，他在著名的東京大學醫學院擔任醫學系教授。針對這起事故的事發原因，他下了一針見血、毫不留情的結論：「導致意外的根本原因是……**反射性服從、不願意質疑權威、追崇『照著計劃走』、群體主義，和視野思想的狹隘。**」[26]

　　在宣布調查結果的記者會上，黑川清告誡：「換作其他任何日本人扮演事件中承擔責任的角色，結果很可能都會一樣。」[27] 但我反對此說。如果沒有吉田昌郎掌舵，結果恐怕會糟得多。此外，我懷疑這個問題並非日本獨有。確實，日本文化的同質性高、社會重視團體勝於個人的現象或許加劇了問題；但平心而論，我認為黑川清對日本的見解也適用於其他地方，而且適用程度遠超乎他的認知。畢竟，我們大多數人不都盲目聽從體制規則、專家意見和權威看法嗎？

　　黑川清指出的會不會是更**普世**的問題呢？我每次讀到這份調查報告的「反射性服從、不願意質疑權威、追崇『照著計劃走』……」段落時，都覺得內容廣泛適用於其他國家。我們不都曾經反射性地服從醫師的指示、不願意質疑治療方式背後的思維，或追崇醫療專家的權威性嗎？另舉一例：當技師表示你的愛車急需更換刹車，有誰膽敢提出質疑？

　　不太有人知道福島第一核電廠附近有另一座發電廠，福島第二核電廠。這座發電廠對海嘯的反應更好，有一部分也得歸功於這座電廠領導人自主思考的能力。人稱「鐵心增田」的廠長增田尚宏做出了違背下屬和上級直覺的困難決定，最終拯救了電廠。

　　即便當時情況明顯很危及，他仍下令所有員工都得待在廠內。他明白士氣和效率同等重要，而團結就會提高士氣。此外，他還多次違抗總部指示。他的上級雖然掌權卻也很無知，實則令人無奈。上級要求增田尚宏關掉監測反應爐所需的電力時，他直接了當地拒絕。[28] 另一次，增田尚宏需要4000噸的水，東京的主管卻只給他4000公升。[29] 所幸，增田尚宏能夠自主思考，並沒有接受大打折扣的資源分配，而是再度要求調派更多水。他一度要求廠內同事：「別靠別人了。我們照自己的方式做事吧。」[30] 此舉在其他情況下肯定會被視為煽動叛亂。

如同他在第一核電廠的同事，增田尚宏也是一位未受表揚的危機英雄。他自主思考的能力拯救了電廠。福島第二核電廠據信沒有任何輻射外流。[31] 我們有多少人敢直接違背老闆的指示，而非盲目地說「我不過是員工罷了」或「我只是照上面說的做而已」，並把這些話當擋箭牌？不幸的是，會這麼做的人不夠多。

「把自主權交給比我們更博學的人」這件事自有吸引力，但也令人不安。我們該如何看待？這牽涉到很大的環境因素。若必須在極複雜的環境下頻繁做出重大決策，我們會招架不住。所以在你保有自主權的領域中，將許多這類的決定外包或許能提升任務的成功率。**決策外包固然有其代價，但也有好處。**

畢竟，把時間和精力花在了解車子的技術細節上，並不算是善用時間的行為；同理，學習拉管線或鑽研人體的運作也不盡然符合效益。如果我們想在這個高度複雜的世界生活，就必須學習依靠別人。到頭來，所有人多少都必須仰賴他人，這在現代生活中無可避免。但是**依賴不必等同於盲目服從。我們尋求他人幫助時，必須明白他們觀點的限制，並尋覓、欣賞其他觀點。**

第3部
重拾自主權

盲目服從專業的問題在於，這個行為已經成為既定模式。若要重拾自主、自決的能力，我們就必須自主思考。首先，我們必須理解我們尋求的專業協助本身有哪些限制。意識到自己「如何運用自身很有限的注意力」是件極為重要的事。這種意識的前提是：我們必須了解什麼人或物框架了我們的決策。然而，我們仍然要保持目標導向的做法，並理解：具備深度知識的人可以協助我們處理單一事項，但是朝大方向邁進的責任仍然落在我們身上。我們必須反抗強加在我們身上、但不適用於我們個別情況的「傳統智慧」。我們不可能精通所有領域的知識，所以尋求不同觀點是好事；然而，我們應該讓專家隨侍在側，而非讓他們主掌大權。深度的專業必須與寬廣的視野達到平衡。

06

有意識地管理注意力

自主思考有個很重要的練習：**有意識地**去注意「控制我們注意力並不斷影響我們的人事物」。我們的決策受到誰的框架？別人用聚光燈引導我們的視線時，沒被照到的陰影中藏有哪些選項呢？我們必須謹慎管理，知道我們將焦點放在哪裡，並明白哪些事物值得我們關注。

變魔術一般

多年前，我出席了一場研討會晚宴，剛入座後就發現有名男子四處走動，隨意和眾人打招呼，最後才往講台上走。接著，主持人介紹他是「紳士神偷阿波羅・羅賓斯（Apollo Robbins）」。

羅賓斯很可能是全球最鑽研注意力的人了。他是控制注意力的大師，手法不著痕跡，能在對方毫不察覺的情況下，偷走他們口袋裡的所有東西；他也是掌控感知的專家，能透過精巧的手法分散對方的注意力，讓對方自己騙自己。各類公司、政府機關和組織都尋求他的建言和專業。

羅賓斯曾經成功執行扒竊界史上最大膽的行動，一舉成名。2001 年，他偶然在美國前總統吉米・卡特（Jimmy Carter）的用餐地點，遇到卡特的特勤隨扈。《紐約客》雜誌如此描述那次偶遇：

> 羅賓斯與數名吉米・卡特的特勤隨扈搭上了話。幾分鐘內，他就清空了隨扈的口袋，只差沒動到槍。接著，羅賓斯手裡晃著卡特的行程表。隨扈伸手搶回行程表時，羅賓斯說：「你沒被授權，不准看！」隨扈摸找特勤徽章時，羅賓斯把徽章拿了出來並交還給他。接著，他轉向特勤隨扈組長，交還他的手錶、徽章和卡特車隊的鑰匙。[1]

羅賓斯擔任全職表演者多年來，成功了取走（並歸還）演員珍妮佛・嘉納（Jennifer Garner）當時的男友班・艾佛列克（Ben Affleck）的訂婚戒、NBA 球星查爾斯・巴克利（Charles

Barkley）口袋內的一大疊現金，以及證券公司貝爾斯登（Bear Stearns）前董事長艾倫・格林伯格（Ace Greenberg）手腕上的百達翡麗腕錶。一次表演中，他取出一名男子皮夾內的駕照，把皮夾歸位，再把駕照放到男子太太皮包內未開封的 M&M 巧克力袋中。

羅賓斯並不只把才能運用在娛樂大眾上，他還是一位活躍的教育工作者，時常與觀眾、客戶甚至大眾，分享他控制「感知」的見解。他製作並搭檔主持了國家地理頻道（National Geographic）的電視節目《腦力大挑戰》（Brain Games）。TED 演講的多位籌辦人都對他讚譽有加，說他的演講是人類感知缺陷的啟示。此外，他也成立了教育和訓練公司，提供以沉浸式訓練為輔的體驗式學習（experiential learning）。

看到這裡，讀者應該明白了：說到扒竊和障眼法，羅賓斯簡直像有超能力。我親眼見證過他的能耐，所以能很肯定地說，他確實令人嘆為觀止。不過，你可能和我當時一樣，比較有興趣知道他是如何辦到這些事的。他有什麼祕密？

某次電話中，羅賓斯告訴我，關鍵在於**控制注意力**。[2] 羅賓斯總是不斷思考人們把注意力放在哪裡。他天生明白人的注意力有限，並善用這點達到目的。描述自己的手法時，他也提及類似的概念。羅賓斯向我解釋他的技法時說：「我把注

意力看作水流，觀察它流動的方向，並和它同前退。」[3] 他甚至談及分割、切割「**注意力大餅**」的概念。聽起來很熟悉嗎？羅賓斯主動誤導我們極有限的注意力，使我們忽視他的動作，成功拿走我們的錢包、解開我們的手錶，或清空我們口袋。

羅賓斯不僅誤導我們的視覺注意力，也利用觸覺和聽覺使我們分心。他表示：「視覺、聽覺等一切感知會同時進入你的認知系統，你必須在它們之間取捨。有鑑於此，如果我能駭入你判斷優先順序的系統，就能**讓特定感知浮上檯面，進而讓你忽視其他感知。**」[4]

請各位再讀一遍前句話。羅賓斯想的是我們忽略了什麼，並運用一切技巧達成目的，而這些技巧可能包括觸碰對方手腕、輕點對方肩膀、左移對方身體、注視對方的雙眼。關鍵在於注意與忽略。而由於對方知道羅賓斯想扒走自己的東西，所以會感到焦慮，這對羅賓斯更有利。這樣對方就會把精力花在注意羅賓斯刻意觸碰的地方、刻意說的話、刻意做的動作上。

而提高注意力的強度就會產生更大的盲點。換個方式想，這就像有人請你同時計算：（1）籃球左傳右的次數，與（2）籃球右向左空中傳球（非地板傳球）的次數；當這兩項任務逐漸瓜分掉你的注意力大餅，你看到第三章提到的大猩

猩的可能性也會隨之降低。羅賓斯攻陷了你的感知系統，掌控你的注意力。**專注是極為費勁的工作，會使你沒有餘力注意到意料之外的發展。**

　　一旦羅賓斯控制了我們的觸覺、視覺、聽覺，我們等於喪失了這些感知能力。羅賓斯的例子展現了「對注意力的意識」有多麼重要。專注在什麼事物上，就會意識到什麼；不專注在什麼事物上，就無法意識到什麼。羅賓斯提醒我們要專注於注意力。**注意力就像時間和金錢一樣，需要我們主動管理。**一如本書眾多例子所示，若無法做到這點，我們就可能自食惡果。關注自己的注意力時，我們就會知道自己忽略了什麼；如此一來，一旦注意力造成風險，或使我們忽略某些機會時，至少我們會有所準備。

　　蘇珊娜・馬蒂內茲－康德（Susana Martinez-Conde）是美國亞利桑那州視覺神經科學實驗室（Laboratory of Visual Neuroscience）的研究員，也是《別睜大眼睛看魔術》（*Sleights of Mind: What the Neuroscience of Magic Reveals About Our Everyday Deceptions*）一書的共同作者。她花了很多時間研究羅賓斯運用注意力的方式。她的研究證實，我們日常生活中充滿「大猩猩」，而羅賓斯正是製造大猩猩的大師，「阿波羅一上台，就開始引導來賓看東看西、跟他們說話，並不時碰觸他們的身體；他會非常靠近來賓、引起對方的情緒反應……

來賓的注意力會完全超載」。[5]

注意力超載？還記得嗎，「注意力」只是硬幣的其中一面，另一面是「忽視」。在這個例子中，「注意力」和「忽視」兩個詞幾乎可以相互替換了，因為羅賓斯有效地製造了「忽視超載」的狀態。他使我們的感知系統超載，讓我們的大腦和身體像被分離似的，這就是為什麼許多人與他互動時，都會感到無計可施、全然困惑。

替《紐約時報》撰稿的科學作家喬治・約翰遜（George Johnson）於 2007 年寫道：「阿波羅的一個眼神、一個手部動作，都讓我的注意力有如鵝頸檯燈一般隨他轉動，所以總是轉到錯誤的方向。他的手看似要伸進我的左邊口袋時，他其實正是在偷拿我右邊口袋的東西。」[6]

讓注意力像鵝頸檯燈般轉動？這樣敘述阿波羅・羅賓斯的精髓再貼切不過了！阿波羅本領高超，所以後來華納兄弟公司請他擔任電影《決勝焦點》（*Focus*）的顧問並不令人驚訝。這部電影於 2015 年上映，由威爾・史密斯（Will Smith）飾演老練的詐騙高手尼基（Nicky）；瑪格・羅比（Margot Robbie）則飾演向他學習詐騙技巧的潔絲（Jess），後來兩人愛上對方。

有一幕，尼基和潔絲踏出門外，走到鋪滿白雪的草地上。尼基脫下外套，簡單教了一下潔絲。他說：「到頭來，這

是一場注意力的遊戲。」[7] 此時，尼基表示他已經偷偷取下她的戒指了。

接著，尼基一邊把潔絲像芭蕾舞者一樣轉圈，一邊說：「注意力就是聚光燈，而我們的職責就是要在黑暗中跳舞。」他接著拿出從她手腕上取下的手錶。

潔絲欽佩不已，但她太天真了。正當她利用自己有限的注意力，想要弄清楚尼基是怎麼取走手錶時，尼基已經朝下個目標下手了。

他接著說：「人類大腦不太靈光，無法一心多用。」然後拿出潔絲被偷了第二次的戒指。

尼基告訴潔絲，她必須從下手對象的角度看事情，並解釋：「人類行為很容易預測。如果我盯著自己的手看，你的視線自然會被吸引過去，這時我就能靠進你。但當我抬頭注視著你，你也會直視我。」尼基此時拿出了從她身上偷來的太陽眼鏡。

他接著展示了對感知的注意力有什麼樣強大的力量。視線聚焦在某個事物上時，可能讓我們連在眼前的東西都視而不見；同理，**我們關注身體某個部位的感受時，對其他部位的感覺會變得麻木**。尼基觸碰潔絲肩膀後說：「我碰這裡，但從這裡下手。」接著歸還原本在她口袋裡的手機。他又拍了她身體左側，並表示：「我碰這裡，但從這裡下手。」接著拿出

從她右邊口袋取出的鑰匙。

最後，尼基下了結論：「掌控對方的注意力後，取走任何東西都不是問題。」接著把偷了第三次的戒指還給潔絲。她大笑，接著微笑著搖搖頭。

我第一次看《決勝焦點》時，馬上就想到阿波羅・羅賓斯，後來才知道原來他是製片人的顧問。事實上，羅賓斯訓練了威爾・史密斯和瑪格・羅比三個月，真的教他們怎麼做。史密斯說他從羅賓斯身上學到，所謂的誤導不是要讓對方看甲地，然後再對乙地下手，而是：「事情可能直接在眼前發生，但如果你的心神不在這件事上面，大腦就不會處理而直接忽視。」[8] 這就和大猩猩實驗有異曲同工之妙，對吧？

狗兒未吠

讓我們來看看著名的福爾摩斯故事〈銀斑駒〉（Silver Blaze）[9]，一同解開意料外的謎底吧。銀斑是一頭珍稀的賽馬，在一場重要賽事的前夕失蹤了。馴馬師則在翌早被發現身亡。夏洛克・福爾摩斯前往現場調查。他一抵達，就排除了警務督察葛雷格（Gregory）和警方偵辦的對象，也就是嫌疑重大的費茲羅伊・辛普森（Fitzroy Simpson）犯案的可能。

雖然辛普森在事發當晚曾出現在馬廄附近，並詢問馬匹

的狀況（隔天的比賽他有下注），而且他的外套和圍巾在馴馬師的屍體附近被發現，但福爾摩斯注意到了一點：辛普森大可在馬兒還在柵欄內時，就出手傷害或殺害馬兒；他沒有理由把馬兒帶到草原上再下手。況且，此時馬兒仍無處可尋，無法佐證辛普森犯案之說。他會把馬藏在哪裡？又為何而藏？

警方搜查了周遭所有的馬廄，仍遍尋不著。最後是福爾摩斯在鄰近馬廄找到的，牠額上的白斑被染料遮掉。葛雷格督察和警員太專注在找額頭上有白色斑點的馬，而沒有注意到這匹馬其他顯著的特徵。以大猩猩研究做比喻，尋找白斑的過程就像計算傳球數，而馬兒則是被忽略的大猩猩。

福爾摩斯轉而調查馴馬師的死因。當天負責顧馬的男孩晚餐被摻了鴉片粉。他當晚吃的咖哩羊肉因為味道很重，掩蓋了鴉片味。由於辛普森不可能決定男孩當天吃什麼，所以福爾摩斯很快就把嫌疑轉向馴馬師與他的妻子。

但還有其他異常的線索。福爾摩斯沒有過度聚焦在馴馬師的死，而是把視野放寬。他發現馴馬師生前生活奢侈、口袋裡有一把手術刀，還有一件看似不相關的事：這幾週以來，有三頭羊跛腳了。

然而，福爾摩斯口中的「深夜小狗離奇事件」[10] 最終成了他破案的關鍵。是這樣的，所有人都忽略了小狗在半夜沒有

吠的這件事。葛雷格督察和警員都把焦點放在不尋常的事件上，而忽視了尋常事件的重要性。狗沒有吠，肯定是因為把銀斑帶離馬廄的是馴馬師，不然小狗絕對會發出聲音。

福爾摩斯得出結論，推斷馴馬師計劃要用手術刀割裂馬兒的肌肉，藉此減損牠的賽跑能力，但又不至於被旁人發現。馴馬師肯定先拿了那三隻羊來練習，所以牠們才跛腳了。而他的妻子衣裝華貴，與他們家的收入不成比例。馴馬師半夜要下手時，驚動了馬，被馬在頭上一踢後當場死亡。

這則短篇故事是藉由好好管理注意力而解開謎題的好例子。警方因為太專注於特定事物而破不了案。他們沒有剩餘的注意力去探究羊為何會跛腳、馴馬師之妻何以衣裝華貴、小狗半夜為什麼沒有吠。警方把注意力放在別的地方，而對這些線索視而不見。換句話說，他們看不見大猩猩。

一個**獨立、跳脫框架，且*沒那麼集中的視野***，才有辦法**將個別事件連結起來**，得出結論。事實上，故事自始至終，福爾摩斯都稱讚警務督察辦案有方，但是**沒有想像力**。若想像力是一種思考得夠廣、讓心思馳騁，並創造可能情境的能力，那麼說福爾摩斯其實是在批評葛雷格督察過度聚焦，或許並不為過。葛雷格督察忙著把既有線索越掘越深，希望藉此發現新線索，沒有大格局連結視野外的線索。他應該做的是放寬視野，不要那麼集中注意力，以更開闊的視野包納全

局。

　　葛雷格督察把注意力都放在辛普森、馴馬師頭部致命的一擊、失蹤馬匹的白斑上，以至於沒有餘力去想跛腳的羊、咖哩羊肉，或沒有吠的狗——他因為專注而變得盲目了。

轉換焦點

　　我們其實無意間透露了許多自己的資訊而不自知。事實上，我們因為不斷釋出時而隱晦、時而互相矛盾的線索，向外界揭露了大量和自己有關的訊息。扒手喜歡聚集在「小心扒手」的標示附近。為什麼呢？因為多數人看到這類標示後，都會檢查自己的貴重物品是否仍在身邊，讓扒手一目了然。這又是一個專注使人盲目的例子。人們全然專注在檢查自己的隨身物品，沒察覺到自己正在傳遞一項訊息：「我的隨身物品都在這裡！在上方口袋裡！」

　　我滿幸運的，多年來有許多朋友都曾進入情報機構工作。他們明白一般人會在無意間釋出什麼樣的訊息。多年前，在我造訪一些不那麼安全的新興市場國家前，一位任職中情局的大學朋友就建議我不要僱用保鑣。原因很簡單：那

樣很惹眼。他也建議我，若只是短程旅遊，不要向美國大使館註冊資料。為什麼呢？他說那些名單上的人時常成為下手目標。

他反而建議我：「抵達時穿破牛仔褲，物品都放後背包、穿輕便的棉質長袖上衣和運動鞋。此外，如果有安排接送，請對方別開顯眼的車，搭車時要坐在駕駛旁的前坐位置。」我認為，透過把焦點從自身安全轉移到潛在歹徒的觀點上，我降低了在這些治安較差的地區活動的風險；我在亞洲、非洲、拉丁美洲、東歐和中東等地進行商業活動時，因而更加安全。

被注意力挾持

控管注意力不論在什麼時候都很重要，但是碰上攸關生死的情況時，更是關鍵。以下舉人質談判為例。除了專業扒手以外，最需要在工作上精通「控制別人注意力」技巧的，大概就是人質談判專家了。有些談判人員會將視野放寬，將解除危機、解救人質視為首要任務；有些談判人員則機械式地遵從教科書上的步驟，進行釋放人質的談判時，過度聚焦在既有的程序上。

　　麥可・史奈德（Michael Schneider）是美國加州安條克警局（Antioch Police Department）的人質談判專家。1993 年 7 月，有歹徒持槍挾持了自己的兩名孩子，史奈德受指派進行談判。史奈德和歹徒談了數小時，說服對方交出槍枝，並脫掉上衣以示投降。他下定決心，無論耗時多久，都要讓孩子獲釋。然而，史奈德的隊長卻過度在意時間。他向史奈德施壓，要他向歹徒提出投降期限。[11]

　　史奈德試著說服隊長再給他多一點時間，但隊長因為太在意時間而否決了，並下了十分鐘的最後通牒。九分鐘後，歹徒殺了兩個孩子，接著自殺身亡。歹徒遺體被發現時，上衣是脫掉的，顯示他本來已經決定投降，但是在時間壓力下改變了心意。隊長太執著要控制情況，強加了嚴格的期限；而史奈德則是下定決心，無論花多少時間都要和平解決。時間導向的狹隘視野可能導致了不必要的憾事。[12]

　　另一起美國近年來廣為人知的人質談判案件也發生類似的狀況。1993 年，聯邦調查局（FBI）人質談判員蓋瑞・諾斯納（Gary Noesner）接獲呼叫器通知，在德州韋科（Waco）偏遠的一座住宅群發生了人質劫持案。此處為地下宗教組織大衛教（Branch Davidians）的基地，教主為獨裁的大衛・考雷什（David Koresh）。調查指出，大衛教在這座住宅群內持有非法火力，並有虐待兒童之嫌。美國菸酒槍炮及爆裂物管理

局（Bureau of Alcohol, Tobacco, and Firearms，簡稱 ATF）的探員認為，大衛教成員在安息日（Sabbath）會將武器收起來上鎖保管，所以那天突襲較容易成功。然而，一名新聞記者在問路時，不慎把消息走漏給考雷什的姻親，搞砸了突襲計劃。[13]

好在考雷什的姻親趕回來通報突襲消息時，一名在大衛教基地臥底的探員剛好在場，ATF 才知道計劃走漏了。即便知道大衛教成員已進入備戰狀態，ATF 的高層仍執意採用原本的計畫，而不是因應新情勢另想法子。不意外地，突襲行動引發火力交鋒，雙方皆有人陣亡。大動干戈後，才積極展開談判。

當天傍晚，諾斯納開始與考雷什談判。他馬上試著了解考雷什的觀點。諾斯納想取得考雷什的信任，而他達成目的的方式，一部分是利用考雷什對 ATF 探員很火大，但對諾斯納任職的聯調局沒那麼惱怒這點。諾斯納很有耐心地與考雷什交涉，而且言談真誠。他試著對考雷什發揮同理心。當他發現對方「乖乖就範」的機會渺茫，就把焦點轉向說服對方逐一釋放孩童，最後也釋放大人。他把這稱作「滴，流，湧」策略。此舉奏效了。採用這項策略的五天內，就有 21 名孩童獲釋。

然而，因為諾斯納所屬的談判團隊與營救團隊兩者各自

獨立，所以他無法掌控另一個團隊採取較具侵略性的行為。大衛教的火力強大，這點驚動了營救團隊，營救團隊因此希望透過展現武力，讓大衛教成員意識到自己是甕中之鱉。對此，諾斯納表示：「正當談判人員試著展現同理心、與對方達成共識時，營救團隊卻表現出好戰的樣子，讓情勢變得緊繃。無論我方在電話中傳達多大的同理心，也敵不過對方親眼看到我們好鬥的強烈印象。」[14]

諾斯納的職責是要掌控考雷什的注意力，但營救團隊的行為卻破壞了他的努力。諾斯納變得很難控制大衛教成員的注意力，因為營救團隊的裝甲車把注意力吸走了。最後，考雷什答應投降，但條件是要讓他在電視上播放一場他佈道畫面。談判員同意後，考雷什開始拖延，最後又反悔不投降了，表示上帝要他再等等。

諾斯納表示，不屬於談判團隊的上級迪克・羅傑斯（Dick Rogers）和傑夫・賈馬爾（Jeff Jamar）認為考雷什是刻意耍人，十分不滿，決定要給他點顏色瞧瞧。諾斯納表示，這種報復心態違反了「FBI 談判程序的核心原則：『報復』和『達標』是兩件不得混為一談的事。」[15] 結果，裝甲車出動，朝大衛教基地前進。

這讓大衛教成員大為不滿，認為自己沒有打破任何承諾。他們心裡其實仍打算要投降，只不過是先照上帝說的，

要再等等而已。因為具備同理心，諾斯納明白，考雷什的說詞雖然擺明是以自身利益為考量，但基地裡的人可能都真心相信考雷什的話。一味認為教徒的作為是出自惡意，只會使事情更混亂。雖然情勢不利，諾斯納仍運用同理心與考雷什交涉。因此，當諾斯納在收音機上聽到太空觀測站發現一團吉他形狀的星雲時，他對會彈吉他的考雷什說，那或許是要他走出基地的徵兆。

接著，正當諾斯納的交涉開始有進展，剛把大衛教成員亟需的牛奶送進去基地時，令人費解的事發生了：營救團隊切斷基地所有的電源。停電的情況下，牛奶送達不久就酸掉了。這種模式不斷重複。每當諾斯納在對方的情緒面上取得進展，就會遭到營救團隊強勢的行動破壞。他們每隔一段時間就切斷基地的電源、用刺眼的強光直射基地、播放震耳欲聾的音樂。這些行動都致力於加速情勢發展、引起對立；而諾斯納則是致力於運用同理心。

在這樣的模式下，發生了最慘烈的情況。賈馬爾再度下令裝甲車朝基地前進，結果意外截斷談判人員與對方交涉的電話線。接著，有進展壓力的營救團隊進而下令移除基地附近的大型機具。換句話說，正當談判員試著與對方建立信任感時，營救團隊卻在破壞對方的財物。

在那不久，諾斯納被撤下。情勢接著快速惡化。接手諾

斯納的是一名虔誠的基督徒，他試著跟考雷什辯論神學，而不是試圖了解對方的觀點。沒過多久，諾斯納的前上級開始進攻基地，對基地釋放催淚瓦斯，並在牆上敲出讓人逃脫的開口。不消幾分鐘，大衛教教徒就對基地放火，集體自殺。76 人喪命。

諾斯納與賈馬爾、羅傑斯關注的焦點可謂天差地別。雖然他們都希望結束僵持，但後者把重點放在引起對方反應和製造衝突上，並把「迅速終結僵持」當作首要目標。相較之下，諾斯納試圖了解地下組織的成員，不帶偏見地聆聽對方的說法，並相信緩慢而穩定的策略可以使無辜者逐一獲釋。他著重以和平方式使衝突逐漸降溫，進而讓人質離開基地。雖然我們無從得知諾斯納的策略最終是否會奏效，但他確實有所進展。把焦點放在時間上是否是導致數十人喪命的部分原因呢？

破碎的理論

政策領域中，放寬視野的力量也有助於我們理解哪些政策造就了哪些特定行為。可以把控管注意力看成一種不斷重複的過程，每次新循環都會產生越來越全面的洞見。現在，我們來談談犯罪和警務政策。

　　許多人都認為 1990 年代初期的紐約市在在體現了典型都市犯罪的問題。我是在離紐約不遠的紐澤西長大的。成長過程中，我都認為紐約不安全，晚上最好別去。因此，當我在高中取得特殊機會，得以至著名（也聲名狼藉）的紐約投資銀行貝爾斯登（Bear Stearns）工作時，我的父母有點擔心。雖然他們有些擔憂，我仍說服他們讓我接下那份實習工作。通勤來回要各兩小時，我必須搭公車進紐約，再沿著第 42 街走到公園大道（Park Avenue）。

　　如果爸媽當時知道我最後要走那段路，肯定不會讓我接下工作。那段 20 分鐘的路程會經過無數成人商店、至少五到十個街頭毒販，以及多家我至今仍相信是用來掩護組織犯罪的便利商店。現在回想起 1990 年代的第 42 街，我腦海浮現的形容詞是亂七八糟。你不會想把市郊來的 16 歲少年留在那裡的。但總之，我是活下來了。

　　記得 1993 年我還在讀大學，當時的紐約市長候選人魯迪・朱利安尼（Rudy Giuliani）競選時提出要讓紐約市變安全的政見。檢察官出身的朱利安尼把犯罪當作競選的主打議題，而他似乎也具備打擊都市犯罪的資歷。如今或許難以想像，但 1990 年初期的紐約像是個被罪犯、毒販、娼妓和其他不法份子圍攻的城市。這不僅是主觀印象，而是有數據佐證的事實：1960 年代到 1990 年代初期，強暴案件數上升了

400%；凶殺案數上升 500%；而搶案數飆升了 14 倍。[16] 在這種氛圍下，強調打擊犯罪的魯迪・朱利安尼打贏了選戰。

　　勝選不久，朱利安尼就安排波士頓警察局長比爾・布拉頓（Bill Bratton）出任紐約警長局長。布拉頓和朱利安尼強力施行「破窗」警政（broken windows policing）。這項打擊犯罪的策略是根據詹姆斯・威爾遜（James Q Wilson）和喬治・凱林（George Kelling）一篇 1982 年 3 月刊於《大西洋》雜誌（*Atlantic*）的文章所描述的理論。[17] 這項策略後來在麥爾坎・葛拉威爾（Malcolm Gladwell）的著作《引爆趨勢》（*Tipping Point*）有更多著墨，開始廣為人知。[18] 這項策略著重於阻止情節輕微的犯罪，營造一種即使稍有違法也會受罰的環境，藉此對潛在的罪犯釋出警告訊息：警方不會容忍任何形式的犯罪。如果大家把破掉的窗戶修補好，就會傳遞出「社群在乎治安」的訊息。換句話說，若能遏止輕微的犯罪，重大的犯罪就不會發生。

　　除了懲罰搶匪和暴徒，布拉頓也帶頭掃蕩地鐵站內無票乘車和行乞的人、街上的醉鬼和毒販，甚至也懲辦擅自清潔路過車輛車窗並討取小費的人。犯罪率急速下降。

　　1993 至 1996 年，紐約的強暴案數降了 17%；傷害案數降了 27%；強盜案數降了 42%；凶殺案數降了將近 50%。[19] 朱利安尼和布拉頓實行的破窗警政似乎奏效了。大成功，對

吧？

這個嘛，其實答案並不是很清楚。光就一點來看，雜誌
《瓊斯夫人》（*Mother Jones*）文章指出，紐約的暴力犯罪在
1990 年達到最高峰，而那是在朱利安尼和布拉頓團隊上任前
好幾年的事了。這篇文章接著指出：「令人困惑的是……眾多
城市的犯罪率皆在 90 年代初期達到高峰後，就穩定且大幅下
降了。」[20] 許多其他沒有施行破窗警政的城市，犯罪率也跟紐
約一樣驟降。就暴力犯罪率來看，華盛頓哥倫比亞特區
（Washington, DC）降了超過一半；達拉斯（Dallas）降了
70%；紐瓦克（Newark）降了將近 75%；洛杉磯（Los
Angeles）降了 78%。[21]

針對這個現象出現許多其他理論。有經濟學解釋，1990
年代的經濟榮景創造了新的工作機會，犯罪動機因此下降；
也有人口學解釋，年輕男人少，犯罪就少。針對暴力犯罪下
降，《蘋果橘子經濟學》（*Freakonomics*）的作者史帝文・李維
特（Steven Levitt）和史帝芬・杜伯納（Stephen Dubner）提出
了著名的解釋：犯罪率下降可能和墮胎合法化有關，因為墮
胎合法化避免了本來不打算生下來的嬰兒在缺乏關注和榜樣
的環境下長大。[22]1973 年的羅伊訴韋德案（Roe v. Wade）是墮
胎合法化的指標性判決，這之後的 17 到 20 年之間犯罪率下
降，是很自然的發展，對吧？然而，這一切都同時發生，令

人難以辨清其中的因果關係。

凱文‧德魯姆（Kevin Drum）在一篇具說服力的調查報導中，分析了所有與暴力犯罪下降有關的研究和理論。[23] 他連結的線索和我前面提到的解釋完全不同。為了解開犯罪與犯罪起因盤根錯節的關係，他找上了北卡羅來納大學教堂山分校（The University of North Carolina at Chapel Hill）研究流行病學的教授卡爾‧史密斯（Karl Smith）。史密斯對流行病學的經驗之談，德魯姆做了以下摘要：

> 若是透過人與人之間的交流散佈的，起因就是資訊——試想偶像狂熱。若是透過主要交通路線散佈的，起因就是微生物——試想流感。若是如同風扇般散佈的，起因就是昆蟲——試想瘧疾。然而，若某個現象同一時間之內隨處可見——如同 1960 和 1970 年代的犯罪率攀升，和 1990 年代的犯罪率下降——那起因就是分子。[24]

什麼？！分子？是的。事實上，德魯姆檢視的大量研究都指出，有項物質——鉛——與暴力犯罪、智商降低，甚至注意力缺陷過動症（ADHD）的流行都特別有關。德魯姆表示，美國住房及城市發展部（Department of Housing and Urban

Development）的顧問瑞克・內文（Rick Nevin）曾以數據指出，鉛害導致了孩童的各種問題，並指出美國犯罪率的變化有九成都可以透過汽車排放的鉛量解釋。1970 年美國空氣清潔法案（Clean Air Act）原本只是為了改善環境而制定，有沒有可能使得原本使用含鉛燃料的汽車製造商轉而使用無鉛燃料，因此無意間大大影響了犯罪率？

雖然我們無法清楚確認這些線索是否真的有關聯，但追溯我們理解事物的軌跡後，我們會發現，「**連結線索**」可以、**也應該是一項重複且不斷改善的過程。一而再再而三地多方檢核、連結，就會產生更好的洞見。**就犯罪議題來看，政策制定者要掌握的關鍵在於：要連結健康研究、社會研究和經濟計量學的分析，以跨領域的思維理解事物。

公牛隊的魔法

我們必須了解我們已知的事，但更重要的是，**我們也要了解我們不知道的事。**我們醒著的時候，很大一部分的時間都花在工作上。我們生活中的滿足感，最重要的來源是有意義的人際關係，再來就是我們的工作。而謹慎控管注意力是我們的工作是否會成功的重要因素。話雖如此，很少人會刻意花腦筋思考：**過度聚焦會如何妨礙工作，而主動控管注意**

力又能如何使我們發揮潛力、獲得成功。

籃球史上最受人敬重的其中一位教練菲爾‧傑克森（Phil Jackson）是注意力控管大師。他曾帶領芝加哥公牛隊（Chicago Bulls）在 1990 年代拿下 6 次 NBA 總冠軍，並帶領洛杉磯湖人隊（Los Angeles Lakers）在 2000 年代拿下 5 次 NBA 總冠軍。他的教練生涯如此成功，很大一部分要歸功於他引導注意力的能力——不管是引導自己還是球員的注意力，他的方法其他教練都無法企及。

傑克森在著作《領導禪》（*Eleven Rings*）中，描述了自己如何以縝密且直接的方式管理球員，避免他們的視野變得狹隘。[25] 他以寬廣的視野帶領球員，幫助他們發展出以任務為導向、綜觀全局的態度，使他們明白自身行為在整體脈絡下的意義。相較於別隊的球員，他們更能適應職籃界的成敗起伏。傑克森教他們要把視野放寬。

為了達到這點，傑克森要求自己要具備比敵隊教練更寬廣的視野。大多數競爭者都注重實際戰略，但傑克森卻注重微調球員的心理狀態，在他們的心中建立起他所謂的「比賽的靈性本質」。[26] 他教導選手要有**覺察**的能力。

大多數教練都會試圖在比賽前來場激動人心的演說替球員打氣，但是傑克森認為這個方式會使球員喪失對注意力的控制。他反其道而行，「發展出一系列幫助球員靜下心、建立

覺察意識的策略，使他們在場上能**更沉著、穩定**」。[27] 這包含在上場前，要求球員進行十分鐘冥想。透過幫助球員「**處在當下**」，並**有意識地**注意自己的思緒，他引導球員把自我中心的態度，轉為團隊中心的態度。對於有許多明星球員的隊伍來說，這項轉變帶來很大的影響。

傑克森沒有要求球員過度聚焦；他很清楚過度聚焦會帶來盲目。對此，他這麼說：

> 強化球員的覺察意識時，我喜歡讓他們不斷猜測下一步的發展。某次練球時，球員顯得無精打采，我因而決定把燈關掉，讓他們在黑暗中打球——要在黑暗中接到麥可‧喬丹（Michael Jordan）的強傳可不是件易事。另一回，某次慘敗後，我要求他們在練球時全程不說一句話。其他教練都覺得我在發神經。但是對我來說，讓球員「**醒來**」是很重要的，即便只有短短一瞬間，都要看見、聽見平常忽視的事物。[28]

傑克森也會安排球員接觸多元觀點。舉例來說，他會「邀請專家教球員瑜珈、太極和其他身心協調的技巧。」但是吸收外部觀點的方法不限於東方的正念練習。他也會邀請各

式講者來演講，提供新的觀點，「營養師、臥底刑警和獄警」皆曾受邀。[29]

他也會送書給球員，藉此拓展他們的視野。他根據對球員的個別了解，挑選適合每個人的書。他某一年的書單包括：給喬丹的《所羅門之歌》（*Song of Solomon*）、給比爾‧卡特萊特（Bill Cartwright）的《生命中不可承受之重》（*Things Fall Apart*）、給約翰‧帕克森（John Paxson）的《萬里任禪遊》（*Zen and the Art of Motorcycle Maintenance*）、給史考提‧皮朋（Scottie Pippen）的《白人的行徑》（*The Ways of White Folks*）、給霍雷斯‧格蘭特（Horace Grant）的《約書亞：給現代人的寓言》（*Joshua: A Parable for Today*）、給 BJ 阿姆斯壯（B.J. Armstrong）的《禪者的初心》（*Zen Mind, Beginner's Mind*）、給克雷格‧霍奇斯（Craig Hodges）的《深夜加油站遇見蘇格拉底》（*Way of the Peaceful Warrior*）、給威爾‧普度（Will Perdue）的《在路上》（*On the Road*），以及給斯泰西‧金恩（Stacey King）的《癟四與大頭蛋：這本書爛斃了》（*Beavis and Butt-Head: This Book Sucks*）。[30]

傑克森也善用隊伍時常需要旅行這點，讓隊員接觸新思維。他們的旅程較短時（例如從休士頓到聖安東尼奧），他會安排球員搭巴士，讓他們從窗外看世界，而不總是關在候機室裡。有一次在季後賽中大敗給尼克隊（Knicks）後，傑克森

給了球員一個驚喜：帶他們搭渡輪到史坦頓島（Staten Island），而不是讓他們接受又一輪的媒體訪談。[31]

傑克森幫助球員拓展觀點的努力不只限於觀光而已。他堅持讓球員接觸各行各業的人，並學習欣賞他們的特質。傑克森有次帶隊員到美國參議員比爾·布萊德利（Bill Bradley）在華盛頓哥倫比亞特區的辦公室拜訪他。[32] 布萊德利曾是職籃球員。和球員會晤前，布萊德利才剛在參議院針對羅德尼·金（Rodney King）暴動事件，慷慨激昂地發表演說。他和球員分享了自己對種族、政治、籃球議題的想法。他還向球員展示了辦公室裡的一張照片。那是他在 1971 年 NBA 東區聯盟第七場比賽時跳投未進的畫面；那次沒進球，基本上就宣告他所屬的尼克隊與當年的總冠軍無緣了。對此，傑克森表示：「比爾把照片放在辦公室內，是要提醒自己並非完人。」[33] 這件事所傳遞的訊息，球員都接收到了。

傑克森深知，充滿自信的球員在過度聚焦又具個人企圖心的狀態下，就會變得驕傲自大、思想狹隘，這是很有害的。試想，如果傑克森自己過度注重一個又一個數據、一心想打破一個又一個紀錄，會是什麼樣的光景？然而，傑克森明白個人主義作法的風險。簡單來說就是：個人主義無法帶領球隊拿到總冠軍。

　　「利用外在協助做決定」——無論提供協助的是專家、科技演算法或體制規則——根本的問題在於，我們很容易**不經思考就聽從外部指引、讓注意力任由他們擺布**，而這會以微妙且時常令人無法察覺的方式，使我們不再自主思考。要能好好控管注意力，**我們必須刻意、自覺地注意我們依賴的專家有哪些限制。**

　　想像你身處在一條伸手不見五指的街道上，完全迷失方向。你在那裡遇到了專家和科技。他們握有你亟需的手電筒——但只有他們能控制。手電筒照亮了街道，這樣或許能幫助你找到路。但控制光源的專家和科技能決定我們的焦點——這本身不是壞事。然而，如果盲目認定光亮處就是最佳的選項，我們就可能會受到誤導。

你關注的主題是否正確？

想想你的注意力：科技和專家可能以什麼方式影響你的注意力？你的關注焦點是否體現你的利益、符合你的最終目標？

如果你把聚光燈移往別處，你可能會看到什麼？

除了檯面上的選項，你還有什麼選擇？請記得，人的注意力有限，而專注也等於篩選與忽略。篩選時要謹慎，別篩掉最有用的可能選項。

專家和科技不理解（或無法理解）哪些可能會改變你注意力的脈絡？

我們先前提過，專家和科技的特徵是只會關注他們所屬的領域，看不見我們所處的脈絡。這樣的限制會如何讓專家和科技立意良善的指引有所偏頗呢？

你的視野縮放得恰當嗎？

我們的視野有可能時常不是最佳視野。面對眼前的挑戰時，我們可以考慮把視野放得更寬，尋找正確分析的觀點。

以任務為導向

　　針對一場場「戰役」（battle）擬定的戰術和針對**整個**「戰爭」（war）制定的策略兩者並不相同。打贏一場又一場戰役很重要，但更重要的是這些戰功最後有助於打贏整個戰爭。要在 21 世紀成功自主思考的關鍵在於，**我們必須運用注意力達成最終目標，而且不被過程中的許多場「戰役」分心。**生活在 21 世紀，我們必須與專家和行家合作。但這麼做也伴隨著風險：我們可能付出慘痛的代價、得不償失，而且達不到最終目的。要降低這種風險，我們必須隨時**以任務為導向**行事。

紀律性不服從

軍事策略專家的警世名言是：別贏了戰役、輸了戰爭。21 世紀戰爭的面貌越發模糊、分散、充滿不確定性。在不遠的將來，士兵的任務很可能是要在未受監督的情況下，快速做出與上級戰略目標一致的高風險決定。美國陸軍的「**任務式指揮**」（mission command）概念背後就是這個邏輯，讓團隊領導者在能自主思考的情況下，朝最終目標前進。[1]

美國陸軍上將馬克‧麥利（Mark Milley）擔任陸軍參謀長時曾說，美國陸軍變得「過度中心化、過度官僚化、過度厭惡風險」，導致「與未來趨勢相違」的文化。他甚至倡導「**紀律性不服從**」（disciplined disobedience）這個看似與軍事文化完全相左的概念。更具體來說，他表示：「下屬要了解，為了達成目標，他們有自由和權利不服從特定命令或任務。」麥利解釋說，這不代表可以肆無忌憚，而是必須為了達成更高的目標。這個概念要能成立，其中一個關鍵在於上級下達命令時，必須告訴下屬這些命令的**目的**。[2] 這麼做的用意可說是要鼓勵下屬行事時，注重以任務為導向。

被逮個正著的天主教女孩

安妮・瑪莉・墨菲（Anne Marie Murphy）來自距離愛爾蘭都柏林（Dublin）11 公里、篤信天主教的小鎮丹勞費爾（Dun Laoghaire）。她在公宅裡長大，父親是清潔員，母親則是家庭主婦。母親在 13 年內生了 10 個孩子，墨菲排行老五。她生性害羞，長得很美。[3]

墨菲在天主教學校就學至 14 歲，之後就到服飾品牌格倫艾比（Glen Abbey）的製襪廠工作。在無窗的工作間裡，從早上 8 點工作到下午 5 點，週薪折合美金每週 60 元。工廠內的單身女孩每天要縫製一千五百雙褲襪，是個苦活兒。後來工廠裁員時，墨菲已在這樣的環境下工作了 10 年，於是很樂意接受工廠的資遣安排。

其他同事大多都是因為結婚或懷孕而離職，但墨菲當時仍單身。其實墨菲外貌出眾、個性甜美，但卻很神祕地連男友都沒有。接下來五年，墨菲都沒有找到穩定的工作……不過後來情況快速好轉。

她的朋友泰瑞莎・雷諾（Theresa Leonard）幫她們找到了在倫敦公園巷希爾頓飯店（Park Lane Hilton）的房務工作。泰瑞莎工作數週後，開始與一名叫卡里・哈西（Khalid Hassi）的約旦男子交往。哈西有個樣貌帥氣、嗜抽煙斗的記者室

友，叫內扎爾・辛達維（Nezar Hindawi）。

　　墨菲則開始和辛達維交往，並在數個月後懷孕了。不幸的是，未婚的小倆口因為流產失去寶寶，加上男方時常出遠門，雙方不常見面，導致兩人的關係頗為緊繃。兩人後來終於又排出時間相處，六個月後，墨菲再度懷孕。

　　辛達維擔心自己國際記者的工作會讓養育孩子變得困難重重，但還是在數個月後答應要娶墨菲。辛達維提議兩人飛往以色列聖地結婚，這樣墨菲還能與他的家人見面。兩人決定後就開始計畫這趟旅行。辛達維給了墨菲買飛往特拉維夫（Tel Aviv）的機票錢，又給她折合美金 150 元的錢辦護照和買幾套衣服。辛達維表示自己不會和她搭同一班飛機，因為他的公司提供了另一家航空公司的機票。

　　經過幾週的計畫後，辛達維清晨 7 點 30 分與墨菲碰面，要帶她去倫敦希斯洛機場（Heathrow Airport）搭以色列航空（El Al，以下簡稱以航）的 16 號班機。他最後也幫墨菲打包，用的是他為了這趟旅行，送給墨菲的一個全新輕型滾輪行李袋。這個行李袋能讓她在轉機時不用扛著行李。他並交代墨菲，在機場時不要提及他們的關係，以免把事情弄得太複雜。他說會在特拉維夫與她會合。兩人接著前往機場，辛達維陪著墨菲到安檢入口，親吻她兩頰後才離開。

　　希斯洛機場的安檢有些耗時，但墨菲最後順利通過了。

懷胎六個月的她上了廁所後朝登機門走去，當時離登機門關閉還有 40 分鐘。以航照例進行額外的安檢。墨菲表示，自己會入住希爾頓飯店，並且是獨自旅行。但是安檢人員注意到她身上沒什麼現金，也沒有信用卡。因為資訊有所衝突，疑惑的安檢人員便安排了更徹底的搜查。懷胎六個月、獨自旅行卻未攜帶足夠財物，而且表明是要度假──這些資訊湊不出一個正常的解釋，令安檢人員感到不解。

安檢人員掃描了墨菲的托運行李，貼妥標示後，便允許行李上飛機。現場人員接著請她淨空登機行李。她很配合地照做，行李也通過檢查。然而，檢查這位孕婦的登機行李時，以航安檢人員發現她的行李袋「明顯比一般行李重得多」。[4] 一檢查後，發現行李底部的拉鍊夾層裡有將近 1.4 公斤的塑膠炸藥塞姆汀（Semtex）。炸藥也設定好了，當在這架載有 395 名乘客的波音 747 班機航行到希臘上方三萬九千英呎（約 12 公里）的高空中，炸彈就會引爆。墨菲當場遭到逮捕並接受訊問。過程中很快就揭露了辛達維與恐怖分子的關係。

這起失敗的恐怖行動發生在 1986 年 4 月 17 日，之後被稱作「辛達維事件」（Hindawi affair）。

自從 1968 年遇上第一起劫機事件後，以航便成了以色列傑出維安態度的代表。我刻意用**態度**這個詞，是因為以航之

所以與眾不同，靠的不是一套既定程序，而是一套管理注意力的哲學。

911 事件後，《財星》雜誌的一篇文章將以航形容成「對全球恐怖份來說，最誘人的下手目標」*[5] 雖然具備這樣的特質，但以航一向都成功阻止了恐怖攻擊。這很大一部份要歸功於他們**處理不確定性的態度**。

辛達維事件中，希斯洛機場的安檢並沒有揪出墨菲夾帶爆裂物。為何如此？因為她「外表看上去很無辜」嗎？因為她拿的是愛爾蘭護照？因為她懷有身孕？還是因為 1986 年 4 月 17 日早晨的希斯洛機場安檢人員自認為能分辨恐怖分子的行為，或認為他們會持特定護照、有特定身形或特定性別？安檢人員是否自認掌握了充分資訊，看得出哪些人是壞人？

反觀以航的維安有什麼特別之處，使他們的安檢人員發現爆裂物，因而拯救了 395 名乘客和機組人員？是因為這家公司以更寬廣的視野看待風險嗎？還是因為這家公司認知到，與恐怖份子之間的鬥智，發展總是出乎意料，因為不可能事先知道要防範什麼，**索性就把視野放到最寬、什麼都注意**？或許，看重許多看似不相關的線索，像拼湊出馬賽克圖

※　編按：這篇文章的主題是在談論美國在 911 事件後，如何向以色列學習。文中提到，因為以航是以色列國有的航空公司，可說是最具吸引力的恐攻目標。並接著說，但以航將這項缺點轉化成優勢。

案一般推敲出全貌，其實更有效率。

以航前執行長約爾‧菲爾德舒（Joel Feldschuh）表示，以航「不僅致力於找出炸彈，更致力於揪出恐怖分子」。這意味著以航對於「針對乘客進行身分分析（profiling）」這件事並不感到抱歉。面對反對這種作法、擁護公民自由的人士，菲爾德舒表示：「美國的銀行和信用卡公司都會進行身分分析……這不該是個忌諱。」[6]身分分析很難甩掉種族歧視的意涵。確實，以航就曾多次因為歧視阿拉伯籍乘客被告上法院。**身分分析是引導注意力的工具**，可以被訓練成鎖定「特定膚色」這類狹隘的因素——這在現代化、自由的社會中遭到撻伐很正常。但是將較不明顯的因素納入身分分析的考量，對於揪出恐怖分子可能極有幫助。

曾擔任空中警察和以航飛安經理的濟夫‧費德曼（Zeev Friedman）表示，身分分析不該只鎖定種族，也要考慮：「機票是否以現金購買、機票是否為單程票、旅程安排是否明明可以更簡單，卻停留多個地點、旅客是否較晚才抵達登機門。」他接著表示：「這些線索個別來看都不代表什麼，只意味著我們必須把這些乘客圈出來，要求他們澄清一些事情。」[7]

此外，曾經受過嚴格訓練的面試官都會和每一位以航乘客面談，藉此看他們的反應、看他們說的話是否屬實。費德曼表示，以航的提問都經過特別設計，要讓乘客難以用一兩

個字的回答矇混，而是需要回答更多細節，不像一般問題可能是：「這個行李袋是你自己打包的嗎？」或「有沒有人拿東西請你帶上機？」以航乘客必須以完整句子回答像是「計劃要住在哪裡？」、「機票以什麼方式、在什麼時候、什麼地方購買的？」這些問題。費德曼表示：「別人問你是怎麼去機場的、計劃住在哪裡、在哪裡買機票、以什麼方式付費這類問題時，你比較難說謊。」[8]

很多時候，面試官問這些問題時，其實手邊都有答案了，只是要觀察乘客的反應。如果乘客看起來很緊張，或答案與現實情況不符，就像安妮・瑪莉・墨菲的情況，面試官就會詢問更多問題，並徹底搜查乘客的行李。

以航的安檢不只如此，還會進行多層額外檢查。這都在在顯示以航的處世之道：這家公司明白自己「不可能預知所有事情」。所有托運行李都透過 X 光掃描，若檢查到可疑物品，就會將物品放入一間能承受炸彈爆炸威力的減壓艙裡，模擬可能引爆炸彈的低壓環境。以航每架班機上都有便衣和武裝的空中警察；少數情況下，身分可疑的乘客若通過了面試、行李也通過檢查後還是能登機，不過安檢人員就會向空中警察通報，告知可疑乘客的座位號碼。[9]此外，以航的駕駛艙門是強化門，提供了另一層安全保障。再來，某些以航班機備有紅外線反飛彈系統「飛行衛士」（Flight Guard）。這個

系統在飛機起降時會釋放誘敵的信號，能避免追熱飛彈追擊飛機引擎。[10]

以航致力於揪出恐不分子，而非揪出炸彈，而且面對不確定性及欺騙隱瞞時，整體飛安系統的做法是把視野放寬。這套處事態度是建立在一個信念之上：多層檢查可以提高揪出狡猾邪惡計劃的機會。沒錯，他們的程序很繁複、系統很有韌性。但不只如此——**每當恐怖分子計劃失敗，以航就會從中精進**（正是因為 2002 年歹徒使用肩射追熱飛彈攻擊以色列班機未遂，才促成飛行衛士的出現[11]）。以航會追查異狀，而非等閒視之。以航維安系統具備了「**反脆弱**」（antifragile）的特質，這個詞是由黎巴嫩裔美籍風險分析師納希姆·塔雷伯（Nassim Taleb）所創，他在 2012 年出版的一本書就叫《反脆弱》（*Antifragile: Things That Gain from Disorder*）。塔雷伯表示：若某些人事物經歷劇變、波動、無常、混亂或壓力後，還能從中**受惠、得利**，就代表其具備反脆弱的特質。[12]

藍色寶地

暢銷書《藍色寶地：解開長壽真相，延續美好人生》（*The Blue Zones: Lessons for Living Longer From the People Who've Lived the Longest*）的作者丹·布特納（Dan Buettner）就是個

以任務導向的思維行事的人。[13] 大多數健康書籍作家都習慣把焦點放在心臟健康或體重之類的單一細節上，但是布特納反其道而行，選擇研究世上最長壽的族群，探討他們長壽的原因。畢竟，健康與生活方式脫不了關係；而像膽固醇和血糖這些主題目前會這麼吸引人，只因為這些因素正巧影響了人的生活品質和壽命。

布特納的研究過程與他的研究發現同樣發人省思。他不透過科學研究去了解健康，而是從世上最長壽的族群身上，探究怎麼吃才能健康、長壽。他從健康著手，試著了解讓人健康的原因；然而，他起初也過度聚焦在飲食上了。大多數的人，就連布特納也不例外，都假定飲食是影響健康和壽命最重要的因素之一。

的確，地中海飲食之所以流行，就是因為有人口學研究發現，義大利薩丁尼亞島（Sardinia）努奧羅省（Nuoro）的百歲人瑞密度比其他地方高出很多。後來的研究也陸續發現特定地區的人特別長壽。因為研究壽命的學者會在地圖上畫出藍色同心圓圈標示這些地區，大家開始稱這些地區為「藍色寶地」。

除了薩丁尼亞島之外，布特納也在書中剖析另外 4 個長壽地區，包含日本的沖繩縣、哥斯大黎加的尼科雅（Nicoya）、希臘的伊卡利亞島，以及——令許多美國人震驚

的——加州的羅馬琳達（Loma Linda）。布特納接觸並觀察藍色寶地居民超過十年，他表示：「飲食時常是通往健康的入口。」[14] 但他的發現不僅止於此。

世上竟然有所謂藍色寶地，實在很奇特。地理與飲食、長壽有什麼關係？說到這裡，我們就必須稍微放寬視野，並看看脈絡了。原來，社群和人際網路是理解藍色寶地的關鍵。

事實證明，**人際網絡**可以解釋各種現象，包括肥胖蔓延的現象。尼可拉斯·克里斯塔基斯（Nicholas Christakis）教授和研究夥伴詹姆斯·福勒（James Fowler）的研究顯示，如果身邊有肥胖的朋友，自己的肥胖風險會增加45%。若朋友有肥胖的朋友，也會使這種風險增加25%。若朋友的朋友有肥胖的朋友，風險則會增加10%。如果你的朋友變胖，你在同時間變胖的可能會增加57%。[15] 有趣的是，克里斯塔基斯表示，《紐約時報》報導這項結果下的標題是：「你噸位變大了嗎？怪你的胖朋友吧」；而歐洲報紙報導的標題則是：「你的朋友變胖了嗎？可能是你害的」。[16] 美國人的個人主義顯露無疑呀。

克里斯塔基斯和福勒也發現，吸菸、飲酒、投票等行為也有類似的現象。連肥胖這種事都能透過人際網路像流感那樣蔓延，這點提醒了我們：若過度在意飲食選擇，可能會使我們忽略至少一部分的其他因素。[17] **飲食只是拼出全貌的一片**

拼圖，而過度聚焦會使我們忽視其他許多片拼圖。

所以，之所以會有藍色寶地，或許是因為居民都吃得很健康？那麼，只要周遭的人飲食都很健康，我們也會變健康嗎？人際網路的角色固然重要，但這種社群力量無法完整解釋特別長壽的現象。因為不斷思考有哪些因素造就了藍色寶地，布特納才明白情況有多複雜。他持續把注意力放在最終任務上，也就是要了解造成長壽的因素。也因為他具備以任務為導向的思維，才能有後來的研究成果。

布特納最後指出：「有十多種強大的因素悄悄運作，相輔相成，且無所不在。」[18] 這些因素包括充足的睡眠、規律適量的性生活、緊密的家庭、每日適度飲酒、非刻意的規律運動。此外，再加上強烈的社群意識和人生目標，就調配出了藍色寶地的長壽配方。這些因素容易形容，但很難複製，而這就是關鍵：**健康不取決於特定食物、特定活動，甚至不取決於環境——而是取決於所有這些因素。**布特納表示：「讓我茅塞頓開的是，這些長壽的因素長久下來會互相強化……我開始相信，如果人們想擁有健康的生活型態，就必須生活在能促成那種型態的環境中。」[19] 事實證明，健康沒有單一靈藥。

瞄準目標

把注意力引導到正確的方向也對我們的財務健康有益。很多人都接觸過股票市場，有些是透過退休帳戶，有些則是直接透過證券經紀商或財務顧問帳戶。帳戶餘額隨著時間有高有低，而我們的心情也會隨之起伏。

然而，許多投資經理人會說，我們不該以這樣的心態看股票，因為我們無法預測特定投資類別的投資報酬是多少，無論是股票、債券、商品或其他資產皆如此。所以若要檢視投資經理人的表現，就要看相對報酬。實際報酬不重要，重要的是跟市場比較，看這些投資的報酬表現如何——至少經理人是這麼說的。實際套用這個邏輯來看，若特定資產類別的指數一年中上漲了 40%，而你只獲得 30% 的收益，投資表現就很糟糕；然而，如果指數在一年中下滑了 40%，你卻只有 30% 的虧損，投資表現就很好。我們停下來想想以上敘述：我們若有 30% 獲利率應該難過，而有 30% 損失卻應該高興？不是吧？！

這個現象背後有個原因：市面上的投資基金多到數不清，所以大家都把焦點放在讓報酬最大化上。這儼然是**現代投資界的錯失恐懼症**。此外，幾乎所有證據都指向令人不安的結論：大多投資經理人的表現都比用來比較績效的投資標竿差。

何以如此？以最簡明的話來說就是：經理人的費用。這項服務費是經理人表現較指標差的一大原因。

耶魯大學的首席投資長大衛・史雲生（David Swensen）在《紐約時報》中寫道，管理共同基金的公司面對了一項衝突：既要讓公司擁有人賺錢，又要替投資人帶來報酬。共同基金要花錢做市場行銷來籌募資金。幾十年來，共同基金投資人普遍的報酬都比市場表現差，而公司擁有人卻能享受優於市場表現的獲利。史雲生對此提出批評：「比起履行服務投資人的義務，公司把獲利看得更重。」[20]

幾十年來，大家都知道共同基金對投資經理人和他所屬的公司有利，而非利於投資人。但為什麼大批投資人仍持續找上表現欠佳的投資經理人呢？會對這個現象感到困惑很合理。為了要解開「為何這類欠佳的投資表現得以持續存在」的謎題，我讀了一篇我的好友、同事兼教學搭檔查爾斯・艾利斯（Charles D. Ellis）的文章〈東方快車謀殺案：表現欠佳的秘密〉（Murder on the Orient Express: The Mystery of Underperformance）。[21] 我承認自己和艾利斯的私交可能會讓我有些偏頗，但我確實認為他的文章針對「投資表現欠佳」這個普遍現象，提供了最佳解釋。這篇文章饒富趣味地模仿推理作家阿嘉莎・克莉絲蒂（Agatha Christie）的筆法解謎，評估 4 位造成投資表現欠佳的嫌犯：投資經理、基金操盤手、

投資顧問、投資委員會，最後的結論是大家都有罪。這是否讓你聯想到藍色寶地的邏輯呢？**只看一個個部分就會忽視全貌。**

艾利斯主張，各個部分緊密連結成的整體投資產業本身極度聚焦、太過狹隘，因此看不見應該重視的全貌。如果不把焦點從特定投資管理「工作」，轉到產生報酬的終極「任務」，情況不太可能會好轉：「每個參與者都問心無愧、認真工作，誠心相信自己的清白……若他們沒有檢視證據並意識到自己是共犯（即便是無心的），這項『投資表現欠佳』的犯罪行為就會持續下去。」[22]

艾利斯說的沒錯，投資產業中的要角因為太過專注於單一工作項目，扼殺了以任務為導向的可能。但如果把這個邏輯再向外推展，情況會如何？我們對報酬最大化的專注會不會使我們變得盲目？或許「越多越好」的基本假設正誤導著我們？我們有沒有可能重新建立對於「投資任務」的看法？有沒有一個「夠好」的辦法？我們投資時，是否能追求「合理滿意」就好？

事實上，行為學在經濟和金融領域裡越來越有份量的同時，我們看到了一項轉變：人們將關注的焦點從最大化變成稍早提到的合理滿意。回想先前提到的，諾貝爾獎得主賀伯・賽門認為，有鑑於人類只具備「有限理性」，我們不可能

真正達到最大化。因此，我們應該轉而試著達成自己設定的目標。在投資領域中，**這種「合理滿意」的應用稱作目標導向投資**。我知道各位可能在想：哪種投資會完全沒有目標？畢竟大家投資都有動機，例如為退休做準備、替小孩準備大學基金、為了買新房。

這麼說是沒錯，但目標導向投資的目的更明確。舉例來說，1980 年代老式旅遊俱樂部的興起，靠的就是儲蓄和借貸產業。當時的人會特地將固定金額分別存入不同的帳戶，累積到一筆足夠的金額，就可以達成特定目標。這種作法比「為退休做準備、替小孩準備大學基金、為了買新房」這些籠統的目標更具體。例如，這種具體目標可以是：先投入五萬美元資金，接著每個月投入 500 美元，目標是在 10 年內累積到 21 萬美元，當作一個孩子的大學教育費。

就聚焦層面上來說，設定具體目標的作法，與傳統缺乏具體目標的大學教育費儲蓄計劃大相逕庭。**開放式目標致力於最大化，而具體目標強調達成任務**。我稍後會再進一步解釋。現在，我們先退一步，了解一下投資現況的來龍去脈。

現代投資組合理論（modern portfolio theory）的基本概念是投資界沒有白吃的午餐。也就是說，在任何特定風險下，都存在一個能產生最大報酬的最佳投資組合架構。若想要得到更高的報酬，就必須承擔更高的風險；反過來說，只承擔

較小的風險，就應該預期較低的報酬。針要對現代投資組合理論下一個非常粗略的總結，那就是風險和報酬之間一定會有取捨。這一切都很合理，但我們別忘了，這項理論的邏輯來自：在能容忍特定風險的情況下，將報酬最大化的概念。

目標導向投資源於退休金產業。為了能在未來支付退休人士退休金，各機構因此會制定特定目標。即便退休基金經理操盤的投資獲利超出退休金的需要，他們通常也不會因此賺得比較多。所以，有些退休基金經理會轉而想辦法提高「達到目標收益」的可能性，即便可能因此降低「表現大幅優於預期」的可能性。也就是說，雖然「合理滿足」可能意味著要捨去意料之外的獲利，但這麼做最有可能達成原本設定的目標。

多年前，我在一次機緣下，聽見諾貝爾獎得主羅勃·默頓（Robert Merton）替目標導向投資辯護。[23] 他論點的核心是轉移焦點——從「最大化」轉至「達成目標的可能性」。假設有位客戶的明確目標，就像我稍早提到的，是要替孩子存到21萬美元當作大學教育費，而且真心不在乎能否多賺一毛錢，那麼她就可以透過捨去多餘獲利，實質降低風險，同時增加達成目標的機會。

對這個假想的客戶來說，最重要的是在需要時，有能力負擔孩子的教育費。目標導向投資正視了「人們對不同的目

標有不同風險和報酬偏好」這件事，不追求涵蓋生活所有面向的計劃。對這位客戶來說，孩子的大學教育非常重要，所以必須把負擔不起的可能性降到最低。但如果今天的投資目標是要買車，這位客戶可能會願意冒比較大的風險；畢竟，如果投資不如預期，買較平價的車也沒什麼關係。目標導向投資把人們的焦點從「打贏一場場戰役」轉移到「打贏整場戰爭」上，不鼓勵人們貪心，也不煽動恐懼（害怕錯失虛無縹緲、超乎預期的高獲利），而是把注意力引導到我們最終的任務上。

足球、足跡和未來

不懂艱深會計知識的人可能會認為「成本」屬於單一類別。但是其實成本有很多種。創業初期會有的多筆單次開銷，像是買地、蓋房舍、添購專業機具，這些開銷叫**資金成本**（capital cost）。資金成本不只涉及實體財產，如土地；公司為了營運順暢而研發的內部軟體，或為了研發創新產品所做的研究，這些活動產生的開銷也是資金成本。

公司系統上軌道後，每日營運也會產生各種開銷。這些開銷叫作**營運成本**（operating cost），可能包括定期開銷，如房租，或變動開銷，如薪資。這些開銷是公司能持續營運的

基本因素。

此外，人們也越來越注重自身活動所產生的**環境成本**（environmental cost）了。大多數注意環境成本的人都很容易過度聚焦在設備所產生的環境成本。我們會思考車子用的是什麼燃料、電子裝置會耗多少電，或產品的包裝是否可回收。我們認真看待運作成本的同時，很容易會忽略「製造裝置本身」所產生、較不明顯的環境成本。

舉 iPhone 為例。我們每天看著手機電量減少時，就會想到自己為了滿足上推特、傳簡訊、用軟體的渴望，浪費了多少能源。大家都有急著衝進咖啡店替手機充電的經驗吧？但如果只在意日常的電力消耗，我們就很容易忽略整體成本。

想知道一項裝置從製造、使用到最後丟棄對環境造成的整體影響，可以透過一項叫**生命週期評析**（lifecycle assessment，簡稱 **LCA**）的分析法計算。藉此，我們能得知 iPhone 生命週期中產生的溫室氣體中，61% 是來自原物料採集或是設計和製造過程，5% 來自包裝和全球物流，只有 30% 來自日常使用，剩下的比例則是丟棄時產生。[24] 沒錯，你的智慧型手機每日的耗電量換算成溫室氣體，只佔整體比例不到三分之一。

若 iPhone 影響環境的因素讓你感到震驚，你肯定會不敢相信汽車的情況是怎麼樣。車輛是我們最重要的運輸工具，而把汽車的能源從不環保的汽油改成看似環保的電力能源，

似乎對環境有利。但是過度聚焦在**車輛的廢氣排放量**這項環境運作成本，會使我們忽略更大的問題——**車輛製造**對環境的傷害。

創業家凱文・辛格（Kevin Czinger）正努力要讓環保人士看得更廣，讓他們脫離只看車輛運作成本的狹隘視野。凱文2013 年成立的公司 Divergent3D 不把關注的焦點放在車輛的立即廢氣排放量，而是利用 LCA 分析車輛從製造到除役對整體環境的影響。[25] 這家公司將車輛製造和使用時會產生的碳足跡（carbon footprint）納入考量，而不是只在意使用時的碳足跡。辛格發現「製造一台車（從採集原物料、處理、製造到丟棄）所需的原料和能源產生的碳足跡，整體所占的比例遠遠高於車輛運作時產生的碳足跡。」凱文的總結是：「和用什**麼燃料作為車輛的動力**相比，**怎麼製造車輛**對環境的影響更大。」[26]

多數環保人士都因為過度聚焦於車輛的廢氣排放量而變得盲目；對此，凱文有切身的體會。他原本也是其中一員。凱文曾當過耶魯大學的美式足球後衛、海軍陸戰隊預備軍、唱片公司創辦人、投資銀行家、1990 年代末期電商 Webvan的管理高層，後來懷抱野心，想藉由改善汽車燃料拯救環境，投身環保科技領域。

他在 2009 年成立了電動車公司 Coda。回憶當初，他表

示：「我們以為自己在拯救世界。」[27] 然而，實際目睹汽車生
產過程的經驗大大地**拓寬了他的視野**。他訪視生產自家電動
車的中國工廠時，發現工廠四周汙染嚴重，於是他開始研究
車輛生產的前後端。有了這個新觀點後，他意識到汽車行駛
時產生的環境成本只是露出水面的冰山一角而已，製造過程
的影響藏在水面下。雖然降低汽車廢氣排放量是美事一樁，
但他的終極目標改變了：**他希望把車輛製造和使用過程產生
的碳足跡都降到最低**。凱文不想贏了「車輛行駛時的碳排放
量」這一仗，卻輸了保護環境的整場戰爭。

Divergent3D 正在推動「**去物質化**」（dematerialization），
也就是致力於降低製造車輛時所需的材料和能源。這家公司
試圖打亂傳統資本密集的汽車製造工廠模式，正在發展利用
3D 列印技術製造車輛的方法。凱文相信，自家公司的作法可
以降低 70% 製造車輛時對環境造成的傷害。這事關重大，因
為將來 40 年內生產的車輛，將會超過過去 115 年來所累積的
數量。Divergent3D 的科技也能讓小型、多元、充滿彈性的團
隊有機會以更低的資金門檻設計自己的車輛。以凱文自己的
話來說，這個發展會導致「車輛製造的民主化。」[28]

凱文的故事告訴我們，即便是最聰明絕頂的創新者，也
可能會因為過度聚焦於狹隘的科技解決方案而作繭自縛，無
法以更寬廣的視野思考系統性的問題。如果首要目標是要降

低交通運輸系統的碳足跡,何不把視野放寬、以目標為導向,把整個系統的碳足跡都納入考量?透過管理自己的注意力、採取任務為導向的做法,凱文很可能會改寫未來的製造業。

有意識地**把焦點放在目標**的做法(而不是**籠統地追求最大化**)與傳統思維背道而馳。論及醫療照護、航空安全或金錢管理,相對的主流思維都是:阻止疾病、揪出炸彈、追求最大化報酬。然而,這些行為都是以「單一工作項目」為導向。這種做法用「系統思維者」的話來說,會不會反而產生了阻礙達成目標的「回饋迴路」?「製造電動車」這項行為本身是否反而加劇了氣候變遷?

每天面臨不同選擇、決策時,我們許多人多採取以單一工作項目為導向、充滿侷限的策略,而這麼做會使我們誤入歧途。停下來重新思考**為了什麼而努力**是件極為重要的事。要自問:**我為什麼在做這件事?**同樣地,在特定領域中積極採取「合理滿意」的策略,對我們可能更有幫助。切記:**我們要贏的是整個戰爭,而非一場場戰役。**

你的目標是什麼？你的行為或決策使你離目標越近還是越遠？

先前說過，專家和科技無法看見你人生的全貌，所以可能無法了解你的最終目標。請致力於打贏戰爭，而非戰役。

專家或科技是否試圖把你的注意力導向「單一工作項目」而非「最終目標」？

你可以考慮與專家直球對決，直接了當地討論你的目標、談談如何提高達成目標的可能性。專家可能會預設你想追求「最佳化」，但你或許只是想提高「達成合理目標」的可能。

你是否需要「紀律性不服從」？

一旦注意到專家或科技產生的決定並不是以目標為導向時，你可以考慮主動否決他們的決定，好重新把焦點放回最終目標上。

08

自主思考

　　前面的章節清楚展現了，**有意識地管理自身的注意力**，對財富、健康和幸福都很重要。專家的建議和篩選注意力的機制實屬必要：因為世界實在太複雜了，我們只能專注在某些事上，並其他事物置之不理。但是，若我們任由專家操縱聚光燈，就容易忽略陰影中的事物。醫生的專業意見有這樣的效果，透過程式設計師所寫的演算法篩選出來的資訊也是如此。若想在 21 世紀中重新靠自己，學習獨立思考是很重要的一步；這點顯而易見，卻格外重要。

　　1972 年的諾貝爾獎得主肯尼斯・阿羅（Kenneth Arrow）在超過半個世紀之前，就曾清楚解釋：「醫學知識非常複雜，論及治療選項和其影響，醫師的資訊肯定會比病患豐富許多——至少醫病雙方都這麼相信。」[1]以經濟學的話來說，這

種知識的不平衡叫做資訊不對稱（information asymmetry）。
更簡單講，阿羅的意思是醫病雙方都相信醫生懂得比較多，
所以醫師的意見一定最正確。病人會認為自己無法像醫生一
樣分辨不同治療選項的差別，所以「病患必須把自己大部分
的選擇自由交給醫生」。[2]

　　想想你和白袍人士之間的權力關係。你必須等待看診，
因為醫師是重要人物，他們診間牆上掛的學歷證明和執照，
在在提醒你們之間的資訊不對稱。大家都很需要醫師，不然
你何必等？於是，大多數人都相信醫生最正確。這並不令人
訝異。雖然這個說法大致沒錯，但我們可以、也應該成為更
主動的病人。畢竟，有誰比你更懂你的身體？

　　我有個特別憤世忌俗的朋友說，有些醫生會故意讓病人
等待──就像許多夜店的做法一樣：讓急著玩樂的客人在店外
大排長龍，藉此營造自家夜店受歡迎的形象。這背後的邏輯
是：「不然怎麼會有這麼多人排隊等待上小時？」潛在客戶看
到夜店大排長龍，會認為這家店很受歡迎、人們搶著要去。
當然，有些夜店可能是真的客滿了，但不太可能每間都這樣。

　　每當我們尋求醫生、金融專家的意見，或甚至要在工作
上做出高風險決策時，自主思考都至關重要。**別讓資訊不對
稱把你嚇到腦袋關機了**。知識不平衡的權力關係可能顯而易
見，但並不會改變「只有你才能全盤了解自身所處的脈絡」

這個事實。他人給予的建議和指引都只是你用來創作馬賽克作品的磁磚而已——是你做決定的材料，僅此而已。

魔法師與大騙子

投資界充斥著思考外包。2009 年，喬恩·史都華（Jon Stewart）在他主持的《每日秀》（*Daily Show*）中，與吉姆·克瑞莫（Jim Cramer）的訪談極度令人印象深刻。過程中，史都華揭示了「讓別人操控我們的投資注意力」是多麼危險的事。克瑞莫是黃金時段財經指南節目《瘋狂錢潮》（*Mad Money*）主持人，當時是《每日秀》那為期一週、討論金融市場和金融危機系列單元的來賓。

半小時的訪談中，史都華批評克瑞莫和整個金融新聞界誤導了想尋求金融建議的觀眾。史都華友善地開開玩笑後，開始解釋為何美國人對金融圈——特別是金融媒體——感到很挫折。史都華指出「美國全國廣播公司財經頻道（CNBC）自我營造的形象與事實是有差距的，但觀眾無從識破這點。」[3]

為了更清楚解釋這點，史都華播放了《瘋狂錢潮》的節目廣告。畫面閃過繫著領帶、表情嚴肅的克瑞莫，同時，一個似乎充滿智慧的聲音低吼：「經濟直直落，投資岌岌可危。感到無所適從時，別擔心，有克瑞莫罩你！」這時，畫面上

出現模仿一元美鈔標語「我們信仰上帝」的節目口號──「我們信仰克瑞莫（IN CRAMER WE TRUST）」。觀眾看得咯咯笑，接著史都華對著克瑞莫說：「某種程度上，我們倆都是賣蛇油的郎中＊，但本節目不諱言自己就是賣蛇油的。如果把蛇油當作維生素補品來賣，不是很有問題嗎？」

在史都華眼裡，克瑞莫就是在誤導觀眾。他說克瑞莫希望能娛樂觀眾，但過程中模糊了投資的嚴肅性質。平時搞笑的史都華明顯變得嚴肅，表示：「我無法接受你對市場運作有獨到的見解和豐富的知識，但卻在每晚的節目中滿嘴狗屁……我知道你想讓財經議題更有娛樂性，但我們談的可不是什麼該死的遊戲耶。」

我最近讀《綠野仙蹤》（*The Wonderful Wizard of Oz*）給孩子聽時，不禁注意到克瑞莫和故事裡的大騙子（the Great Humbug）有許多相似處。（會這麼聯想，或許是因為我最近讀到有人分析說《綠野仙蹤》能當作寓言故事來看，講的是貨幣背後沒有硬資產支撐的危險！）[4] 但在兒童版的故事裡，桃樂絲發現魔法師其實沒有魔法，自己、獅子、錫人和稻草人都被誤導了，她不客氣地問他：「你不是大魔法師嗎？」而他回答：「完全不是，親愛的，我只是一個凡人。」[5]

＊　編按：英文裡 snake oil salesman（蛇油推銷員）是個俚語，意指江湖騙子、賣狗皮膏藥的人。

　　魔法師說自己「想不當騙子也很難……這些人都希望我辦到眾所皆知不可能辦到的事。」⁶我對孩子念到這句話時，想到克瑞莫其實是「CNBC的魔法師」——現代投資娛樂產業的大騙子。

　　史都華也拿了類似的比喻來形容。他點出克瑞莫使用兩面手法，為了吸引注意力，不但沒有幫助投資者，還誤導了他們。克瑞莫同意「節目應該要揭露『世上沒有輕鬆賺到錢』的事實」。但史都華沒有放過他，接著說：「CNBC有節目開宗明義就叫《熱錢》（Fast Money）呢。」對此，克瑞莫窘迫地回應：「市場有需求，我們只是迎合。」很像奧茲魔法師說的話，對吧？克瑞莫會不會如同拿米糠、別針、縫針修補稻草人大腦的奧茲魔法師一樣，只是一介凡人呢？

　　問題終究在於注意力。我們永無止盡地尋找仙丹妙藥，並願意相信有人能提供解決我們不幸的投資妙方。我們因而受到誤導。克瑞莫、CNBC和大多數財經媒體都把我們的注意力導向個股和金融市場每日的變動。然而，作為散戶的我們應該把焦點放在長期投資上，而不是看到克瑞莫講到某檔股票時反應是大叫「買買買！」並瘋狂朝鏡頭丟一隻公牛布偶，就隨之起舞。我們不該聚焦於股市每日的動盪。除了日日夜夜都在研究市場的專業人士，一般人最好以低成本、有多種投資組合來分散風險的方式投資。但或許連這種方式都

在改變，我接下來會談到。

傑克幫助了我（和其他百萬人）

我認識傑克很久了，我的成就很大部分要歸功於他。1987
年，我在紐澤西西北部的阿林頓山公立學校（Mt. Arlington
Public School）讀八年級時，聽說位於紐澤西蘭丁（Landing）
的我家正西邊有間寄宿學校提供獎學金。我從來沒想過要讀
私立學校，因為簡單說，我們家付不起。

獎學金的前景很吸引人，所以各位應該可以想見我當時
獲頒獎學金和額外補助時有多麼開心。我在 1988 年秋天成了
布萊爾學院（Blair Academy）的新生，展開了四年的高中生
活，在那裡受到激勵、補足了欠缺的自信心。我有機會到那
裡唸書，全要感謝小名傑克（Jack）的約翰‧柏格（John C.
Bogle）慷慨的贊助。他是大家口中的被動指數型基金之父，
也是先鋒集團（Vanguard）的創辦人。那時連共同基金是什麼
都不曉得的我很榮幸能認識傑克。他為我開啟了機會之門，
改變了我的人生。

這個關於傑克的故事最棒的是，我只是被他改變人生的
數百萬人之一。他改變了美國人投資心法的關注焦點，守住
了許多人的退休生活與未來。下一段我會簡短介紹他的生

涯，並說明他如何改變了眾人關注的焦點。

1949 年末，還在普林斯頓大學（Princeton University）念大學的傑克在《財星》雜誌中讀到一篇文章後，開始對共同基金產生興趣。讀經濟學的他決定以共同基金當作學士論文主題。[7] 傑克畢業後開始在威靈頓基金（Wellington Fund）工作，最後一路當到了董事長。後來他因為監督的併購案失利，1974 年被迫離開公司，後來自己創立新的投資管理公司，取名為先鋒，以英國海軍將領霍雷肖・納爾遜（Horatio Nelson）指揮的 74 門炮軍艦先鋒號（HMS Vanguard）命名。[8]

傑克堅持要先鋒公司的共同基金投資者共同擁有公司，也就是每一位基金的投資人都是基金的股東、公司的所有權屬於把錢委託給公司代操的人，如此一來，基金投資人和公司的利益變得一致，這也使公司能致力於降低成本，例如少收顧問費用。在新公司的架構下，傑克開始經營第一檔貨真價實的指數型基金，追蹤標普 500 指數（S&P 500）——此基金的創立靈感來自著名經濟學家保羅・薩謬爾森（Paul Samuelson）1974 年一篇呼籲創立指數型基金的文章。此外，傑克自己的研究發現，多數主動型基金表現都不如標普 500 指數。

為此，傑克展現了他「以任務為導向」的思維。他的目標是要提供多元、低成本、以長期投資為目標的基金。起

初，因為基金公開發行的規模比預期小了 93%，承銷商想取消交易時，傑克並沒有被「以單一工作為導向的思維」轉移了注意力，反而回應說：「我們可不會取消！你難道沒有意識到，這是全球史上第一檔指數型基金嗎？」憶起當時，傑克說他的基金被稱作「柏格的蠢事（Bogle's Folly）」。[9]

這檔基金最終表現得有聲有色，要部分歸功於薩謬爾森和其他人的支持。如今，先鋒集團掌控了多檔全球最大的股權基金，管理美國數兆美金的資產。傑克對投資界至少有三項主要貢獻。第一，他發明了指數型基金。第二，他降低了那些基金的成本。第三，他證明了「摒除共同基金公司那種有悖常理的誘因」有多麼重要。傑克透過以上這些做法，有意義地把很多投資人的目標從追求「**打敗市場報酬（打敗大盤）**」——這個著名投顧查爾斯‧艾利斯（Charley Ellis）稱為「輸家遊戲」的目標——轉為「**賺取市場報酬**」。[10] 傑克藉由幫助投資人「**不輸**」，使他們獲勝。

傑克的邏輯很合理：不看 CNBC 節目、專注於資產配置、投資先鋒集團低成本的被動指數型基金，你就能避免許多投資圈套。（我保證先鋒集團沒有請我打廣告！）

然而，我得提出一個（重大）警告。被動投資背後的邏輯仰賴兩件事：（1）價位精確、（2）擁有一切。但這兩點並不總是穩固。傑克在 2019 年 1 月不幸過世前，逐漸對一項可

被動投資的商品感到緊張，那就是指數股票型基金（exchange-traded fund），又稱 ETF。傑克在一次與投資媒體《思考顧問》（*Think Advisor*）的訪談中表示，於 1993 年問世的 ETF「如今已經成為行銷和推銷的遊戲了。」[11] 我的朋友葛蘭‧威廉斯（Grant Williams）在金融界打滾了三十多年，他在自己的電子報《啟人疑竇》（*Things That Make You Go Hmmm*）2017 年 7 月 2 日那期裡，寫了一篇名為〈被動蕭條〉（Passive Regression）的文章，引用了傑克的話：

> 直至 2015 年 9 月，總市值 1.5 兆美元的百大 ETF 這一年的成交值為 14 兆美元，周轉率達 864%。相較之下，總市值 12 兆美元的百大個股同期的成交值則是 15 兆美元，周轉率為 117%。換言之，百大 ETF 的買賣占了這類股票買賣的 89%（15 年前僅占 7%）。檢視這些有力的數據後，如果說現今的 ETF 投資（整體來說）是股票市場的投機方式，完全不為過。[12]

被動投資是不錯的通才邏輯。如果無法了解一切，何不直接擁有一切？但是隨著指數種類爆增，且各指數涵蓋面向越發窄化，這樣的邏輯就崩解了。假設某檔指數只追蹤新興

市場小型生技股，排除國有企業或是大公司，這樣還能真的帶來被動投資的好處嗎？現在甚至出現稱作 SLIM 的「肥胖 ETF」（Obesity ETF），這檔 ET 追蹤提供肥胖者服務或產品而獲利的公司，超過 40% 的資金都投注在兩間公司上。這類投資範圍狹隘的 ETF 可能很適合用來投機，但說不上是好的被動指數型投資。

諷刺的是，被動投資原本的邏輯是好的，但太多人投入後，邏輯就崩塌了。這值得深思。想像一下一個所有人都投入被動投資的世界。所有股票的漲跌都端看資金的流入和流出。公司不論好壞，資金流入時都會上漲，資金流出時會下跌。被動投資的基礎：「價位精準」因此崩解。對此，系統思維者並不會感到震驚。

所有人都被動投資時，價位就會失去基礎。殘酷的現實是：被動投資涉及**不考慮價位**的股票買賣。請停下來思考前一句話。那合理嗎？你真的會希望不考慮價位就買賣證券嗎？主動投資的整體比例正在下降，我認為這是令人憂心的趨勢。我們當然希望大家聚焦於股價呀！事實上，主動投資這方是把價格推到合理位置的力量。若沒有主動投資人，價格發現的過程就會崩解。

我朋友葛蘭・威廉斯以近年竄起的固定收益 ETF 來形容這個現象，表示：「從前需要受到謹慎信用查核的資產……如

今輕鬆就能通過查核。在波動性持續穩定下降的同時，將債券納入 ETF 的品管也變得寬鬆。」[13] 回顧 2010 年，先鋒集團指數型基金裡，持股比例較高（即持股 5% 或以上）的標普 500 公司只佔 20%；從那時起，不管是先鋒集團，或同業貝萊德（BlackRock）和道富（State Street）的投資組合中，持股比例較高的公司數量都持續上升。[14] 越來越少人主動選擇要投資哪些公司，這讓我擔憂市場的波動會越來越大。如同報告所示，具最高被動持有率的那些股票更容易受到價格波動的傷害，因為可供買賣的股份更少了。

從許多方面來看，成功的長期投資仰賴的是「自主思考和忽略雜音」的能力。你必須要逆勢而行，並了解大多數的人都沒在自主思考，只是讓財經媒體控制了他們的注意力。我們必須抵擋熱門股票的誘惑，不受《瘋狂錢潮》節目帶起的財經娛樂產業吸引……**自主思考，評估個人的風險容忍度和個人目標後，再做決定。**

「長官，我們該怎麼做？」

決策和自主思考的能力對反恐工作的重要性，可說是遠勝於其他領域。荷西・羅德里奎茲（Jose Rodriguez）曾於 2002 到 2004 年期間擔任美國國家反恐中心（US

Counterterrorism Center）主任。他後來造訪巴基斯坦時，面對了或許是他人生中風險最大的決定。[15] 在敘述他接到某通電話的故事之前，我得先交代一下時空背景。

那時正值 911 事件後的緊繃時期，美國情報機關監控著源源不絕衝著美國來的恐攻計畫。許多美國盟友，如英國，都會分享情報並共同協調人力。到了 2006 年，一項恐怖計劃正以驚人的速度發酵。

以下是事發經過。

英國情報單位已經追蹤一名叫拉希德・羅夫（Rashid Rauf）的男子一段時間了。他據信與巴基斯坦的蓋達組織高層有來往。當時有跡象顯示，這名來自英國伯明罕的男子正是一項大規模恐攻計劃的首腦。

艾哈邁德・阿里（Ahmed Ali）是羅夫眾多同夥中的一員。在他某次從巴基斯坦回國時，調查人員碰巧有機會悄悄打開他的行李。他的行李裝有大量電池和一些柳橙飲料粉。由於這些物品極為可疑，英國展開了當時全國最大的跟監行動，動用數百名人力，跟監數十名目標。這項行動發現了多項令人憂心的情況，其一是：有一名相關人士丟棄了大量過氧化氫空瓶。跟監團隊在跟蹤他時，注意到他與另一個人碰面。經過祕密搜查後，發現那個人的公寓根本就是間炸藥工廠。英國情報單位 M15 在他的公寓內安裝了錄影和傳輸裝

置，看到有數人利用各式飲料瓶製作爆炸裝置。其中一名男子後來被看到在網咖裡花了兩小時研究飛機班次。[16]

從那時候起，這項恐攻計劃就被稱作廣體飛機計劃（widebody plot）。這項計劃由拉希德・羅夫為首的蓋達組織小組主導，似乎是要同時攻擊大量飛往北美的班機。由於計畫明確，美國和英國的情報單位也越來越擔心。某些報導指出，英國 M15 已派遣一名臥底探員滲透這個組織，發現恐攻在即的證據越來越明確。

在一部美國情報單位的紀錄片《間諜大師》（Spymasters）中，前中情局局長麥可・海登（Michael Hayden）表示，美英兩方分析威脅的方式有些不同：「英方希望取得越多實體證物越好……我們主張『他們持有過氧化氫了』……他們則會說『我們需要更多證據』……。」海登接著說：「他們囤積了大量過氧化氫，還握有自製炸藥的配方，要將爆裂物裝入運動飲料瓶中……在大西洋另一邊的我方很擔心。」

海登的下屬羅德里奎茲表示，當時威脅程度與日俱增，「密謀者已經選定十架要引爆的班機了……我心想：『這迫在眉睫啊！』」2006 年 8 月初，海登與時任國家秘密行動處（National Clandestine Service）處長的羅德里奎茲兩人在巴基斯坦。羅夫正巧也在巴基斯坦。羅德里奎茲接到通知，要與巴基斯坦情報單位的首長開會，並得知他們當天傍晚有機會

在警察檢查站逮補羅夫。

當天稍早，中情局總部人員已明確向英方高層保證美方不會捉拿羅夫。此外，羅德里奎茲表示，當時「我得知英國首相布萊爾（Tony Blair）和總統小布希（George Bush）兩人當天有談過，他們決定行動要再緩緩。」

當天傍晚，羅德里奎茲與中情局駐巴基斯坦的首長同行時，這位首長接到巴基斯坦主管機關的電話，表示載著羅夫的巴士正在接近警察檢查站。巴國希望獲得授權，能捉拿羅夫。於是，駐巴首長轉向羅德里奎茲問道：「長官，我們該怎麼做？」

若是你會怎麼做？別忘了，這個決定事關重大，攸關許多人的性命。但另一方面，美國總統答應英國首相不會捉拿羅夫。海登將軍在紀錄片中表示，這件事的癥結在於：「**荷西（羅德里奎茲）必須在很短的時間內，做出很重大的決定。**」海登後來表示，假設當時羅德里奎茲多花時間打電話他，或尋求中情局總部的許可：「那就代表答案會是**不能行動**。」

羅德里奎茲冒著傷害個人職涯發展、名譽，以及英美情報單位互信的極大風險下，授權巴國單位捉拿羅夫。雖然體制規則明訂要遵守指揮鏈，但是羅德里奎茲決定自主思考。誠如海登後來所說：「**他的決定是『我不能錯失逮到拉希德·羅夫的機會』，所以就行動了。**」這項恐攻計劃因而失敗，數

百條生命獲救，也阻止了恐慌蔓延全球。

數週後，《紐約時報》揭露，英方突擊時，發現了 7 卷恐怖分子為恐攻所拍的殉道影片。[17] 此外，數位鑑識也發現，有檔案顯示聯合航空、美國航空和加拿大航空的航班受到鎖定。那些航班全都是要由倫敦希斯洛機場出發，並且和情報單位猜測的一樣，是要飛往多個北美城市，包括舊金山、多倫多、蒙特婁、芝加哥、華盛頓、華盛頓特區，和紐約市等等。[18]

審理數名涉案人時，這些英方突擊、瓦解這個組織時獲得的資訊一一被揭露，證實了情報單位先前的猜測。涉案者計劃在登機後用過氧化氫混合物製作炸藥，並利用電池引爆炸彈。這就是美國客機禁止乘客在手提行李中攜帶超過 100 毫升液體的原因。

我們怎麼思考，決定我們要付出多大的代價——這點羅德里奎茲有切身之感。如果他當初沒有自主思考，或決定採取「取得上級授權再行事」的策略，後果可能不堪設想。若恐怖攻擊成功，造成的恐慌和經濟影響肯定不亞於 911 事件，甚至更糟。恐攻所幸沒有成真，但可謂千鈞一髮。憾事得以避免，大部分得歸功於羅德里奎這名自主思考的官員。

史雲生效應

當年三十多歲的金融從業員大衛・史雲生（David Swensen）完全沒有財務管理的經驗，但他的論文指導教授、諾貝爾獎得主詹姆士・托賓（James Tobin）說服他從華爾街回到母校耶魯大學，管理學校的捐贈基金。史雲生接手時，並沒有採取別人的既有做法，而是**從零開始**。他**回歸基本原則**，發現耶魯大學投資期限長、有稅金減免，而且可以承擔低流動性資產的風險。結果，相較於其他類似的機構，他的投資組合更偏重另類資產（alternative assets），諸如私募股權、創業投資與避險基金的投資。他發展出自己的方針，不依賴其他人的思維，設計了自己認為合理的投資策略。史雲生沒有追求外部認可。他不組焦點團體（focus group），不遵從傳統邏輯，只仰賴獨立思考。

史雲生的投資策略**很健全、很無聊**——我這麼說是誇獎！這項策略的基礎認知是任何投資組合的報酬來源都有三種：市場時機、選股策略、資產配置。市場時機是指買賣的時間點，選股策略是指個別投資規劃，資產配置則是指把投資分散於不同投資類別，例如股票、債券、現金等。[19]

相較於選股策略和巿場時機，資產配置——也就是在不同投資類別中，投入不同比例資金的策略——決定了 90% 到超

過 100% 之間的投資報酬。可能超出 100% 是因為主動買賣的時間點和選股可能會導致金錢損失（例如：買高賣低，或得支付投資費用和稅款時）。[20] 史雲生造訪我的班級時，向學生解釋：「對我們投資人來說，資產配置是最最重要的一項投資工具。」

史雲生自主思考的成果不言自明：耶魯大學投資辦公室（Yale Investment Office）的長期投資成果斐然，在捐贈基金投資管理界數一數二。史雲生不但是資產管理的能手，他在教室和辦公室裡也是很棒的老師。之前和他在耶魯大學投資辦公室共事的同事，如今都在麻省理工學院（MIT）、鮑登學院（Bowdoin）、賓州大學（University of Pennsylvania）、史丹佛大學（Stanford University）、普林斯頓大學（Princeton University）、衛斯理大學（Wesleyan University），以及其他許多捐贈基金機構或基金會做投資管理。雖然某些機構的短期表現曾超越史雲生主掌的耶魯大學投資辦公室，但沒有人能超過耶魯大學投資辦公室的長期投資成果。優秀的投資表現替耶魯大學賺進了數十億美元，得以用來改善學校設施、進行開創性研究、從世界各地招募最傑出的學生，無論學生是否有能力支付學費。簡而言之，**若沒有史雲生的自主思考，耶魯大學不會有今日的成就**。

這個顯而易見的事實，對不看重**新穎特異的觀點**、不注

重獨立思考和的人來說，似乎難以了解。珊卓・尤里（Sandra Urie）曾任劍橋聯合公司（Cambridge Associate）的執行長，這家公司是全球具領導地位的投顧公司，提供大型捐贈基金和其他基金投資顧問的服務。某次我和尤里喝咖啡時，她說了一個故事，在在說明了我這裡要傳達的重點。她回想起，有個大客戶想招募新的首席投資長，為此來尋求她的協助。客戶直接表明要找「像大衛・史雲生的人」。尤里的回應是：「好，你的意思是說要找三十多歲，然後沒有財務管理經驗的人？」至於這個故事接下來如何發展，各位應該猜想得到。

　　請回想一下第四章特麗莎・托里的故事。面對那樣複雜的情勢時，只有特麗莎具備綜觀問題全貌的視野。如果她當時沒有主動介入，很可能會莫名其妙被送去治療她根本沒有罹患的疾病。不過，她的故事仍有許多令人失望的部分。為何外科醫師會認為光看檢驗報告就能做出診斷？難道醫生忙到沒時間思考或評估報告的含義嗎？況且，他為什麼沒有查看能診斷惡性腫瘤的細胞是否增殖的檢驗報告？或許是因為病患得知診斷後的生活與他無關，他只管把病人轉給腫瘤科醫師就行了的緣故？回顧特麗莎的故事，家庭醫師將她轉給外科醫師，外科醫師再將她轉給腫瘤科醫師。每一步都涉及狹窄的視野，焦點越來越集中，進而增加了盲目的可能性。

可以想見，這樣的狀況會一環扣一環地繼續下去。**若沒有可以連結獨立領域的觀點，並從多元視角看待問題，處理方式會越走越窄。**

不幸的是，特麗莎的情形並不罕見。醫療誤診的頻率比我們認為的還普遍。根據認知心理學家亞瑟‧艾斯坦（Arthur Elstein）的估計，醫師的誤診率落在 10% 到 15% 之間[21]，這不令人驚恐都難。我們無論如何都要掌控自己的健康，並自主思考。

當我們相信自己行事很縝密時，通常容易落入一個陷阱，但特麗莎並沒有落入。與其再徵詢**另一個一樣的第一意見**，特麗莎選擇尋求**真正不帶偏見、獨立的第二意見**。那是她故事的關鍵轉折，而會有這樣的轉折，是因為她自主思考。

以上這些故事和許多其他的故事都有個顯而易見的啟示：**偉大的突破很少來自效法他人既有的思維。**假設大衛‧史雲生接掌耶魯的捐贈基金時，效法當時全球最會管理捐贈基金的人（或甚至修改對方的策略），而非回歸基本原則，他可能不會發展出創新且成功的模式。史雲生沒有研讀哈佛商學院針對成功的捐贈基金管理所進行的個案研究，而是反而成為哈佛商學院研究的對象。雖然自主思考有難度，我們仍然可以、也應該花時間自主思考。

如果你是初學者，而且沒有背景知識，你會採取什麼策略面對情勢？

試著從零開始看待事情，而不是盲目仰賴傳統或現有的最佳模式。回歸基本原則，根據你的目標，從頭開始擬定理想的策略。

專家是在幫助還是阻礙你思考？

從吉姆‧克瑞莫和他的娛樂性資訊節目《瘋狂錢潮》的例子中，我們可以看到，與其說某些專家是具備深厚知識的菁英，不如說是賣蛇油的郎中。我們要隨時問自己：對我們自己的個別情境來說，這些人是否能有幫助。

你採取了嶄新的思考方式，還是只是跟隨既有邏輯？

想想特麗莎是如何尋求真正的第二意見，而非另一個第一意見。以既有結論為基礎展開分析，本質上不算是自主思考。

連結多元觀點

　　資訊爆炸促成了今日專業化的大行其道，而資訊爆炸這個狀態本身也沒有緩和的跡象。如果不想過度聚焦，其中一項解藥就是採取**通才策略**。這項策略**連結多元觀點**，藉此提煉出獨特的洞見。一旦明白所有觀點本質上都不完整時，我們就能以**更寬廣的視野、更充滿彈性的思維、更寬大的心胸**同理他人。這樣的態度也能幫助我們在這個充斥不確定性的世界裡，找到自己的路。

多元觀點的力量

　　2008 年由佛瑞斯特・懷特克（Forest Whitaker）和雪歌妮・薇佛（Sigourney Weaver）演出的電影《刺殺據點》

（*Vantage Point*）[1]，以不同視角重播歹徒試圖刺殺美國總統並進行恐怖攻擊的二十分鐘過程。每次倒帶都是不同的觀點。這些觀點來自一台電視台採訪車、一位特勤探員、一位當地警察、一位美國遊客、美國總統，以及涉案的恐怖份子團體。觀眾會發現**每個觀點都有其限制**，並在所有故事線最後匯集時才完全明白哪些人做了哪些事。這顯示出每個觀點的不完整。如果還沒看過這部電影，我十分推薦各位去看，因為這部片展現了每個觀點是多麼受限。

其他影視節目也曾採取相同的敘事手法。舉例來說，電視影集《星艦迷航記》（*Star Trek*）1990 年播出的〈各說各話〉（A Matter of Perspective）那集。故事圍繞一名科學家的兇殺案，並探討企業號（Enterprise）上的成員對現實的詮釋以及對事件的記憶有何不同。此外，比較近期的例子還有網飛的科幻影集《超感 8 人組》（*Sense8*）。「同理心」這個主題在這個影集中被帶到新的高度。身在全球不同地方的 8 位陌生人他們的心智突然被連結在一起，能感受到彼此的情緒、看見彼此眼前的事物，進而讓觀眾真切地體會到各個觀點所受的限制。

對我來說，運用同理心、以更廣的脈絡看待自身處境很有幫助。這個心態使我在極度順心時不驕矜自滿，使我身處困難時得以我振作。我在一段尋覓新工作的期間，有段難以

忘懷的經歷。當時我太太也剛離職，想要自己創業，而我們
18個月大的女兒突然需要看急診……但她沒有任何健康保
險。人生頓時感覺有點糟。帶著年幼的孩子就醫本身就令人
焦慮，我同時也擔心家裡的經濟狀況。醫療費可能十分可
觀。不過我也明白壞事總會過去，所以我們撐過去了。後來
我們讀到，根據《統一綜合預算調節法》（COBRA）的規
定，失業者仍可在一段期間內受健康保險保障，我們的醫療
費因此得以獲得保險給付。

觀點互換

　　2013年年初，我和太太克里斯汀決定要賣掉我們在麻州
布魯克萊恩（Brookline）的公寓。我們賣房的交涉過程很成
功，最後賣到了滿意的價格。我們接著開始看房，最後也找
到了期待能當作新家的地方。然而，我們完全沒有料到銀行
業的規則泥淖會差點毀了我們縝密的計劃。終於找到想買的
房子時，我是處於自雇狀態。我馬上向美國銀行（Bank of
America）申請貸款。我當時在這間銀行就有個人支票帳戶、
商業支票帳戶和貸款。我的信用近乎完美，長期以來都按時
繳納款項。此外，我和克里斯汀還計劃支付超過一半房價的
頭期款。我推測美國銀行想都不用想就會開心核准貸款。

　　我簡直大錯特錯。我和這家銀行的貸款專員談了二十分鐘左右，對方就說我大概不會符合資格。

　　專員不假辭色地解釋：「你沒有固定的工作。」這點我接受。然而，我的收入雖然來自顧問工作和演講，但比以前有固定工作時還高。

　　他補充道：「你的收入不穩定。」是，從他的觀點來看，這是合理的批評。但我出示了顧問工作的合約，其中載明僱方會支付每月聘僱費和年度承付款項。

　　他說：「那些合約可能會被終止。」對，沒錯。但是有固定工作的人難道就不會被解僱嗎？我向他解釋，事實上，我要丟工作需要十多個人同意，而傳統僱員只要一人點頭就可能被炒。

　　他強調我自僱的時間少於兩年。這點不可否認。但我在很短的時間內就有進帳，某些顧問工作還加薪了，而且下一年的狀況很可能會更好。

　　長話短說，專員並不在乎。他最後表示：「我很遺憾，但是經過金融危機後，我們無權決定這些事，規定就是規定。」我到每間銀行都碰到幾乎一模一樣的狀況，貸款專員都搬出借貸方針，並盲目遵從。在傳統的銀行專員眼中，我就是所謂的不受歡迎人物。他們極度聚焦在錢上面，擔心把錢借給我可能有去無回。

　　所幸，經人介紹，我找上了第一共和銀行（First Republic Bank）。這家銀行與美國銀行、其他傳統銀行關注的焦點不同，思考方式讓人覺得耳目一新。與我接洽的行員花時間了解我的狀況，向我詢問了很多資訊，我也很樂意回答。整個過程中，我都感受到他的思維不同於其他人。當他明確指出「我的潛在損失比銀行大」時，他獨特的思維更展露無疑。

　　「你是教金融、寫金融的學者，跟哈佛、耶魯都有合作關係，太太又是波士頓優秀的創業家。當然了，你要買新房子，銀行會要你提供抵押品來自保；但老實說，最好的抵押品就是你的聲譽。你通過申請了。」我們在 2013 年秋天搬進了現在的家，而第一共和銀行因為**真心把關注的焦點放在我身上**（以及我可能必須承擔的損失上），後來幾乎贏得每一次和我做生意的機會。他們**翻轉觀點**，謹慎思考我潛在的損失。從那時候起，我就把美國銀行的商業、個人、貸款帳戶都停用了，需要銀行服務時大多都找第一共和銀行。

隨時隨地向任何人學習

　　多年前，內布拉斯加州（Nebraska）奧馬哈市（Omaha）有幾個團體邀請我去當地分享對於全球經濟的看法。身為印度移民之子、在美國東岸出生長大的我，不意外地從來沒到

過內布拉斯加州，所以能有這個機會造訪時，我二話不說就答應了。我之前就研究過全球農業市場，並特別關注動物性蛋白質產業。我聯絡了在聯準會（Federal Reserve）的朋友，請他們介紹當地的牧牛業者。

「你一定得會會詹姆士・提姆曼（James Timmerman）……他是堪薩斯聯邦準備銀行（Federal Reserve Bank of Kansas City）奧馬哈分部的主席，經營很大的牧牛公司。我很確定吉姆（詹姆士）一定會很樂意帶你四處看看。」

於是我致電吉姆。我跟他說自己來自波士頓，即將造訪當地，並表明自己是耶魯大學的講師，希望能更認識牧牛產業。他和哥哥傑洛（Gerald）提議我們共進早餐，接著帶我參觀他們在春田鎮（Springfield）的畜牧場。我高興得不得了。我穿著前一晚買的、剛剪掉吊牌的牛仔靴，和傑洛和吉米簡單吃點東西後就去參觀畜牧場。接著我們回到他們簡樸的辦公室。在那裡，發生了美妙的事。

就像我對他們很感興趣一樣，吉姆和傑洛也很想了解我以及我的世界觀。我們馬上就開始分享自己對各種主題的想法，從如何察覺金融泡沫，談到飼養牲畜的理想環境。我們雖然來自很不一樣的世界，但都很看重不同觀點的價值以及互相學習的機會。我們因此成為好友。

我從吉姆和傑洛身上學到了許多關於人生、做生意和畜

牧業的道理。數年後，我邀請他們到我的班上分享。那時我在哈佛開了一門叫「人類及其挑戰」（Humanity and Its Challenges）的課程，那學期專題討論的其中一個主題是「食物系統的永續性」。吉姆和傑洛帶領學生探討因全球中產階級崛起、攝取越來越多動物性蛋白質，進而導致的社會、科技和環境挑戰。我們討論了人口發展趨勢、消費者偏好、水資源生態，和新科技的發展，例如人造肉議題。學生都非常喜歡他們。

但這個故事還有個最有趣、而且可供我們向提姆曼兄弟學習的地方。課堂尾聲，學生開始把筆電收進包包時，傑洛站了起來。他接下來做的事，在在展現了他們兄弟倆成功的要素——**如海綿般的學習態度**。他說：「如果各位不介意，能不能也與我們分享你們的看法呢？雖然我們剛才與各位分享了自己的想法和經驗，但老實說，你們才是未來的主人翁。你們對於肉品未來的看法是什麼呢？如果站在我們的立場，你們會怎麼做？」

接下來的十分鐘，學生發表意見時，兄弟倆都認真做筆記。課後學生也圍著他們問問題。**他們兄弟倆翻轉角色，並對事物真心感到好奇，這樣的特質讓他們發展出了隨時隨地都能向任何人學習的能力。**

孟買慘案

組織內的規範和控管促使獨立分化的崛起。獨立分化使團隊成員能各自聚焦於系統中的一部份,而不必處理無法掌控的整體系統。然而,這種因為**專業化**和**強調聚焦**而產生的處理機制卻導致了新的衝突和風險。組織內的獨立分化是要讓團隊成員有共同關注的焦點。然而,這卻會**妨礙跨領域間的激盪、連結,以及不同觀點的整合**。

2008 年 11 月,發生在孟買的恐怖攻擊事件使 166 人喪命,超過 300 人受傷。雖然追究情報單位的疏失並不恰當,但老實說,事發前確實出現了不少線索和警訊。孟買慘案在人們心中留下難以抹滅的傷痛,時常被稱為印度的 911 事件。歹徒計劃好連日攻擊孟買數個西方人常造訪的熱門景點。2019 年的電影《失控危城》(*Hotel Mumbai*)真實反映了那次恐攻對這座城市和遊客來說,是多麼駭人的經歷。《紐約時報》有篇詳細的報導,名為〈2008 年孟買攻擊:成堆的間諜資料未拼湊出的全貌〉(In 2008 Mumbai Attacks, Piles of Spy Data, but an Uncompleted Puzzle),以下整理其中的內容[2]。

三個不同情報單位雖然事發前已經監視相關恐怖份子數個月,但是印度的金融重鎮孟買仍遭歹徒圍攻 4 天,飯店、車站、咖啡店以及其他公共場所皆遭大規模射擊。事發前,

英國情報單位已掌握首腦的網路瀏覽紀錄，取得了恐攻在即的可信證據。印度情報單位在 2008 年初也攔截到了孟買可能會發生恐攻的確切談話。此外，美國的中情局從 2008 年春季就警告，泰姬瑪哈飯店（Taj Mahal Palace Hotel）可能會成為恐攻目標。

美方情報單位發言人布萊恩·海爾（Brian Hale）解釋：「資訊顯示，孟買多處可能成為恐攻目標，但我們不知道攻擊的時間點和方式。」[3] 美方情報社群也向英國情報單位提出警告。2008 年 11 月發動孟買攻擊的恐怖組織分別在那年 9 月底和 10 月試圖利用充氣船，透過海路讓攻擊者抵達孟買，但都搞砸了。最後，中情局曾在恐攻發生前不到兩週的 11 月 18 日警告印度當局，與恐怖分子有關聯的船隻正停靠在孟買沿岸，那裡離恐攻地點不遠。[4]

所以哪個環節出差錯了？回顧過去，我們很容易就能將資訊拼湊起來，但當時情報系統中的雜訊排山倒海而來，蓋掉了主要訊息。我們來看看情報單位在悲劇發生前就得知的資訊：根據《紐約時報》報導，英國和印度的情報機構監看指揮恐攻數位工作的扎拉爾·沙汗（Zarrar Shah）的電腦後，發現他對於「小規模戰爭、秘密通訊、印度觀光與軍事地點、極端意識形態和孟買」很感興趣。[5] 沙汗在恐攻前，很顯然曾瀏覽孟買歐貝羅伊飯店（Oberoi Hotel）的照片，也同樣

搜尋過泰姬瑪哈飯店，以及後來在圍城中遭攻擊的猶太人中心（Chabad House）。

這些線索顯然沒有被連結起來。但為什麼沒有呢？因為線索實在太多了嗎？畢竟，情報數據量之大，相關單位怎麼可能從大量雜音中辨識有用的訊號和模式？這能歸咎於獨立分化的趨勢嗎？或許。但話說回來，印度對美國分享的情報確實似乎充耳不聞。

然而，美國也難辭其咎。官方有注意到一名協助計劃這起恐怖攻擊的巴基斯坦裔美國人行跡可疑。大衛・柯曼・黑德利（David Coleman Headley）是恐攻計劃的一員，曾在孟買勘查攻擊目標。他鬱鬱寡歡的妻子曾向反恐單位舉報丈夫是恐怖分子，並且正在孟買執行秘密任務。但相關單位什麼事也沒做。

有件事是肯定的：線索並不少。然而，**線索之間缺乏有意義的連結。善用不同資源、連結各項線索，進而提煉出獨特的洞見**，是一項我們都應該學習的關鍵技能。雖然我們無法得知此法用在孟買恐攻事件中是否能扭轉局勢，但這項技能至少能幫助情報單位在充斥雜訊的環境下鎖定有用的訊息。

重視他人，如同他們重視他們自己

過去五十年裡，只要鮑布（Bob）來電，美國總統大多都會接起來。無論是民主黨還是共和黨的總統皆然。《每日電訊報》（*Telegraph*）的一篇文章這麼說：「柯林頓、小布希（四次）和歐巴馬都認為，將美國最著名的調查記者攬進圈內而非排除在外，是個比較安全的做法。」[6]

這樣你就知道，鮑布‧伍華德（Bob Woodward）是全世界最有影響力的調查記者（investigative journalist），誰也沒得爭。在這個推特發文有140個字元限制*、新聞壽命只有幾分鐘的速食時代，他是一位深刻的思考者。大部分的新聞都傾向被動地報導、分析新聞事件，但鮑布走的是另一條路。

我在 2016 年教的一門課中，要求學生在最後一堂課前廣泛閱讀多位調查記者的文章。我請他們讀的內容包含水門案、五角大廈文件，以及那些揭露事實、使大眾輿論和判斷發揮重大影響力的調查報導。在學生不知情的狀況下，我請了鮑布到班上，而且因為大多數的學生都太年輕了，認不出他來，所以我一開始只是單純向學生介紹鮑布是我的朋友，來校園走走、想來班上旁聽。

---

* 編按：推特已放寬限制至 280 字元。

課堂首先討論了調查記者的貢獻——好幾位學生認為調查記者的努力充滿正義感但太過天真，有些學生則認為他們是民主社會中不可或缺的角色。接著談到水門案時，鮑布開始參與談話，大家都很驚訝。課堂進行了大約五分鐘後，學生才終於把線索連結起來，意識到那個人是鮑布·伍華德。

學生像看到崇拜的大明星一樣，聽著鮑布描述自己的動機：「我每天起床，就想知道有哪些壞人正躲在暗處。」為什麼？鮑布小時候翻閱過他父親法律工作的檔案時，曾讀到社區中看似完美的家庭其實隱藏了骯髒的秘密。他因此意識到，**故事背後通常還有故事——事情不全都如表面所見**。鮑布解釋：「直到今天，每次聽別人說話，我都還是會試著相信他們所言不假；但同時，我也會思考故事是否有更真實的一面、他們與他們的行為是否有更黑暗的一面。」[7]

這樣的哲學在他調查水門案時十分受用。遙想當時，他告訴我：「很多事情顯然被隱藏了。我們登門造訪某些人時，對方會直接把門甩上……所有專家都沒給我們好臉色看。」但是鮑布仍持續調查。他努力的結果是：美國總統換人做，新聞界善用自身力量幫忙維護了司法正義。事實上，我曾和某國總統談及水門案，而這位總統對我說，伍德華和同事伯恩斯坦（Bernstein）向世界展現了，在美國，沒人能凌駕法律，而「《華盛頓郵報》對美國聲望的貢獻，比任何一位美國總統

的言行都更大」。

　　鮑布的工作沒有止於水門案。事實上，他仍持續工作，在這個充滿雜音的世界中，善用數據尋找真相。調查記者必須深入調查上位者，並引起大眾對某些事件的關注，但鮑布並沒有因此感到不安。他窮追猛打世界上最有權力的人，並不放過任何線索，全力以赴。自始至終，他（不意外地）都秉持一種**深刻的懷疑態度**：「有時官方說法沒有錯……雖然通常並非如此，但有時確實沒有錯。」

　　鮑布說：「**我試著讓對方知道，我重視他們，如同他們重視他們自己。**」[8] 他在訪談前的準備工作很驚人。某天我們在他華盛頓特區的家吃過午飯後[9]，他把 2010 年 4 月時寄給歐巴馬的一連串訪談問題拿給我看。當時他為了撰寫《歐巴馬的戰爭》（*Obama's Wars*）這本書，要訪問歐巴馬。他在教了很多年的一門課上，都會拿這些問題當教材。

　　這份二十多頁的問題問得極為詳盡，不僅展現出鮑布的準備有多麼充分，也展現了他搜集資料的傑出能力。以下的節錄或許能一窺鮑布如何以細膩的問題向歐巴馬總統展示，自己試圖從他的觀點看事情。

　　　　2009 年 3 月 18 日：您在空軍一號飛往加州途中，
　　　　讀了您的政策顧問布魯斯・瑞戴爾（Bruce Riedel）

44頁厚的策略報告。當中寫道：「美國的核心目標是要打亂、打擊，最終打敗蓋達組織及其極端主義黨羽。」

提問：針對這份報告，您整體的反應為何？上述目標在當時看起來是否過於籠統？尤其「打敗極端主義黨羽」這句話似乎在暗指塔利班組織？

瑞戴爾的報告中提及了「反恐升級」的策略選項，將反恐部隊成員維持在兩萬五千至四萬人之間。

提問：您為什麼拒絕採用這項策略？

第二個選項是，在「普什圖族地區（Pashtun）南邊和東邊全面挹注軍民合作的反暴亂策略」，要特別把軍隊人數維持在六萬八千人，且之後「在秋季時評估情況後」，可能再增員一萬名。

提問：您為何選擇這個選項？您對反暴亂策略起初的想法為何？是否有人向你解釋，若選擇全面挹注反暴亂策略（反暴亂部隊人數與人口比例約為1:50），六萬八千人的部隊並不足夠嗎？

在空軍一號上，瑞戴爾表示，這份報告是為了反映跨部門合作、無可避免的官僚文件；但他會替總統詮釋報告字裡行間的意涵。這份文件重點就是：賓拉登和蓋達組織現在的威脅程度，就和他們在911

事件前一樣大。蓋達組織高層持續招募、訓練新成員，積極地密謀和溝通。

提問：您的反應為何？您為何批准在阿富汗全面押注反暴亂計劃？您在 3 月 27 號公布實施這項計劃時，並沒有提及「反暴亂」這個字眼，為什麼？

鮑布也十分慷慨，向我分享他與歐巴馬總統談話的文字記錄，以及他從中得到的洞見。事實上，透過試著理解歐巴馬總統的觀點，鮑布不僅贏得了與總統面談的機會，兩人還展開互動式討論，期間他甚至拿出了讓總統如坐針氈的證據。那次訪談結束後，歐巴馬總統開玩笑地問鮑布，他曾否想過要來擔任中情局局長，笑稱鮑布的消息比自己更靈通。

這個故事告訴我們，鮑布的成就部分要歸功於他在訪問時會以受訪者的觀點看事情。他把已知的事實攤在檯面上，拼湊出受訪者可能面臨的處境。此外，對方回應時，他則會運用同理心，而不是妄加論斷。因此，在他揭發水門案五十多年後的今日，他仍是全世界最受景仰的記者之一。

魔鬼思考

若想真正了解一個議題的複雜性，我們可以運用一個非

常有效的方法：**花時間了解每個決定的利弊**。長期擔任通用汽車（General Motors）總裁的艾佛雷德·史隆（Alfred Sloan）有句常被引用的話正捕捉了這個方法的精髓。在一次高層會議即將結束時，史隆總結說：「我想我們都完全同意這個決定，對吧。」眼看大家都肯定地點頭後，史隆說：「那麼，我提議延後相關討論。給自己時間想想反方意見，這樣或許能更明白這項決定真正的意義。」[10]

管理學理論家彼得·杜拉克（Peter Drucker）也提過**意見不合**的重要性：「反對意見本身就能產生不同選項。無論思考過程多麼縝密，在沒有其他選項下做的決定，就像賭客的孤注一擲。」[11] 追根究底，關鍵就是要讓自己身旁圍繞著能提出反對意見的人。這些人在面對其他人都認同的數據資料時，能以不同的觀點看待，並提出不同的結論。

來看看天主教會的典故。教會在封死者為聖時，一位教會法律師（canon lawyer）必須擔任**魔鬼代言人**（Promoter of the Faith），又稱助信者。除了魔鬼代言人，也有上帝代言人（Promoter of the Cause）。上帝代言人要提供死者足以封聖的證據，而魔鬼代言人則要抱持懷疑的態度，針對死者這些可能是神聖的行為，提出其他解釋。助信者這個職位要追溯回西元 16 世紀，但這個稱號常以拉丁文 *advocatus diabolic*（字面意思為魔鬼代言人，the devil's advocate）呈現，用於非宗

教的脈絡中。

　　魔鬼代言人基本上就是：**一個為了拋出反方論點而站在不同立場的人。**這個人或許不會認同自己採取的立場，但這個角色的價值在於提供反對意見和不同的詮釋。做出重大決策前先諮詢魔鬼代言人，或許能使大家都受益。我們都應該深刻地思考不同觀點，不是嗎？

　　要推舉某人接下特定職務時，選擇與我們意見南轅北轍的人，情況會如何呢？何不推舉不認同我們的人，或甚至多位互相不認同的人呢？林肯總統就曾延攬主要幾位政敵加入執政團隊；我們如果也採取這樣的策略，或許也能受益？

　　《無敵：林肯不以任何人為敵人，創造了連政敵都同心效力的團隊》（*Team of Rivals: The Political Genius of Abraham Lincoln*）一書中，作者桃莉絲・基恩斯・古德溫（Doris Kearns Goodwin）追溯了林肯執政時期共和黨內的鬥爭，探究了 1860 年代的內閣生態。林肯的內閣由許多不同色彩的政治人物組成，黨內成員數年前可能都還是輝格黨（Whig Party）、民主黨（Democratic Party）、自由土地黨（Free Soil Party）或一無所知黨（Know Nothing Party）成員。[12]古德溫特別點出以下這些人的互動：時任紐約參議員、後來擔任國務卿的威廉・西華德（William H. Seward）；時任俄亥俄州參議員、後來擔任財政部長、接著又擔任最高法院首席大法官

的薩蒙・蔡斯（Salmon P. Chase）；來自密蘇里州、時任司法部長的艾德華・貝茲（Edward Bates）。在選舉前的辯論中，這些人都堅定展現出各自的主張，而且他們的主張時常與林肯的看法有強烈衝突。林肯無意創造同溫層、組成一群意見相同的幕僚顧問團。他不僅把這些人延攬進執政團隊，還把他們安排到關鍵職位。各位或許會想說，刻意集結意見相左的人會造成混亂、癱瘓有效的決策過程。

然而，在那段很可能是美國早年歷史中最混亂且充斥不確定性的時期，政府的決策卻反而格外縝密。如果林肯當初沒有集結互為政敵的人一同執政，今日的美國法律是否還可能允許蓄奴呢？林肯直接延攬對他抱持懷疑態度的人進入執政團隊，這在許多層面上都是很天才的舉動——在政治層面上肯定如此。在其他層面上，這個舉動也使他具備了**多元觀點**，能了解一個年輕的國家所面對的複雜情勢。

在《序言雜誌》（*Prologue Magazine*）簡短的訪談中，古德溫被問到為何林肯要讓內閣充滿敵人時，她回答：「林肯主張，國家在險峻的時刻需要最厲害的人才，而他不能不讓這些人才為國家效力……透過將政敵攬進內閣，林肯得以獲取多元的意見。此外，他意識到這麼做可以**強化他自己的思考**。」[13]

透過與意見不同的人交涉來強化自己的思考，是一個**克**

服團體迷思（groupthink，又稱團體盲思）的有效方法，而且還能**化解**我們在討論重大決定時不知不覺中帶入的偏見。

多年前，我受邀對聯合技術公司（United Technologies）的管理高層發表演說。這家公司是全球最大的公司之一，當時旗下有許多代表性的品牌和事業，包括電梯與電扶梯公司奧的斯（Otis）、國際空調公司開利（Carrier），和飛機引擎全球領導製造商普惠（Pratt & Whitney）。我為了準備這場演說，讀了所有我找得到的、關於這家公司的文章，也讀了公司董事長暨執行長古格里・海斯（Greg Hayes）給股東的年度信件。我發現資料中大多都有談到主導公司相關策略的大趨勢：都市化與全球中產階級的崛起。

於是，我在演說前一晚的雞尾酒會上，把古格里拉到一邊，問他有沒有考慮過進軍農業。他一臉狐疑地問我，為何會認為一家科技密集的製造商會想那麼做。（我猜他當下應該也開始懷疑，請我這個外部講者在他的會議時間發表演說是否為明智之舉！）我說明都市化和全球中產階級的崛起會增加蛋白質的需求。他說從未有人建議他們公司進軍農業，而且他們大概也不會那麼做，但還是謝謝我提供點子，接著就去找其他人聊天了。

接下來一年左右，我和古格里有時會見面討論全球動態，以及這些變化對聯合技術公司的影響。某次，他說他和

董事會想做一個很有趣的決定，希望我能提供意見——他們想要分拆聯合技術公司。古格里解釋，他和董事會希望尋求一名中間人的誠實意見，不偏不倚地全面思考他們為什麼不應該分拆公司，因為公司的正式顧問都有支持分拆的誘因。我很榮幸受邀擔任魔鬼代言人的角色，**撇開我的個人看法，擬出反對這家公司分拆的論點**。

最後，古格里和董事會決定把他們的事業分拆成三個公司，但我相信，在請了至少我這麼一人提出反對意見後，他們下決定時一定更有信心。事實上，古格里後來又請我幫忙，思考為何不該與雷神公司（Raytheon）合併。這次結果也一樣。雖然我盡了最大的努力（無關乎我個人觀點），說服他和董事會不要合併，他們還是合併了。但同樣地，我相信他們因為認真考慮過其他選項，所以最後決策時更胸有成竹。

我認為，古格里和聯合技術公司的董事會之所以能長期在變動極大的環境中致勝，原因之一是他們不僅心態開放，還會主動尋求艾佛雷德‧史隆和彼得‧杜拉克所說的反對意見。要有明智的決策和有效的領導，反對意見的存在非常關鍵。

我替古格里分析時，使用了一項工具：「**預想的後見之明**」（prospective hindsight），以更口語的話來說，就是**事前剖析法**（premortem analysis）。一項由德波拉‧米契（Deborah

Mitchell）、傑伊・羅梭（Jay Russo）和南西・潘尼頓（Nancy Pennington）所做的研究發現，練習「事先思考計劃會如何失敗」，對預測可能的情勢發展，能提高大約 30% 的準確率。[14]事前剖析法就是用來考慮今天的決定在未來是否會看起來很蠢，也就是要事先預想未來可能失敗的情境，然後再全盤思考失敗的原因可能有哪些。這個方法與魔鬼代言人相輔相成。誠如格里・克萊因（Gary Klein）在《哈佛商業評論》中提出的有力結論：「到頭來，要避免痛苦的事後檢討，最好的辦法就是事前剖析。」[15]

　　所有觀點都有偏見，而且不完整。有鑑於此，做決策時，何必安於只以自己預設的觀點看事情？尋求、欣賞並發展多元觀點，可以幫助我們更透徹地了解眼前的事物。這個做法的關鍵在於連結多元觀點，提煉出一種詮釋現實的新洞見。想想我申請貸款的遭遇。第一共和銀行接受了我的確也有偏見的觀點，也就是貸款給我是一件不必考慮的事，因此換來和我做生意的機會，以及我對他們公司的忠誠。另一方面，鮑布・伍德華重視世上最位高權重者的程度，就像那些人重視他們自己那般。他透過深入研究相關資料，重建訪談對象的觀點，這樣的處世之道讓他的職涯大放異彩。再者，還記得提姆曼兄弟的故事嗎？他們不論何時、何地都不放過

與任何人學習的機會。

藉由尋找其他觀點，我們都可以產生新洞見。數百年來，天主教會都任命魔鬼代言人提出反對某人封聖的主張，即便證據顯示有充分理由封聖。或許，我們身邊都應該要有個魔鬼代言人，在我們碰到艱難決定時，替我們指引方向。

在充滿專家、科技、極大量數據和資訊的 21 世紀，自主思考是一件頗困難的事。若想在這股洪流中保有自主性，一個做法是連結多元觀點，進而提煉出獨特的洞見。很多獨立的概念都散落在世界各處，而且我們每天都在製造更多這類獨立的概念。對我們真正有用且持久的做法，就是**發展出連結這些獨立概念的能力**。我們要抬起頭來注意脈絡，並隨時質疑既有的假設。我們應該自主思考，而不是盲目地依賴他人的意見。

⑦ 問問自己

那些觀點不同的人會怎麼看待你的決定？

我們必須了解每個觀點都有偏見，而且不完整。想像工人、消費者、供應商、伴侶或朋友等人會怎麼看待你的決定。我們不該放過任何可以向不同背景的人學習的機會。

你思考問題的視野夠寬廣嗎？你是否正確地界定問題？

許多專家都極度專業化，在他們的領域中極度聚焦在特定的事物上。然而，我們手邊的問題或許需要連結不同專家的洞見。世上充滿獨立的概念，或許要連結這些概念才能找到價值。

針對你的決定或行事方法，魔鬼代言人會指出什麼樣的錯誤？

請人擔任反對者的角色，認真反對你的決定。在這一道心理安全網上，這位魔鬼代言人不用擔心反對會讓自己惹上什麼麻煩，你們就能好好討論某項重大決定的缺點。

你的決定可能會如何招致失敗？

請多練習「預想的後見之明（事前剖析）」。想像一下，如果你選擇的方法最後招致失敗，未來人們會如何評價。

10

專家為輔不為主

　　成功的領導者具備許多特質，使他們有別於其他數以百萬計、較不成功的領導者。其中一項特質是，**他們知道自己掌握到的知識很有限**。他們明白自己經具備哪些知識，也知道自己**缺乏哪些知識**。對於「**自己不知道自己（其實）不知道的事**」，他們的心態也很健康，秉持著尊重的態度。簡而言之，他們具備了「關於知識的知識」（metaknowledge），也稱作後設知識。

　　我們可以把「具備後設知識」視為一種**不自傲**的狀態，或一種**智識上的謙卑**。這些看待事情不那麼武斷、保留餘地和其他可能性的人，因為傾向擁抱不確定性，似乎更擅長在不穩定的環境中生存。他們了解自己對任何事物都不是百分百的理解。因此，他們也會以開放的心態看待與自己的觀點

截然不同的事物。

我們第一章提到的心理學家康納曼和特沃斯基曾提出充滿說服力的主張，認為人類並不像過去許多經濟學家想的那樣，人類並不理性、不是永遠都在追求最佳化。他們其中一項關鍵的發現是：**人類總是過度自信**。這意味著人類通常都缺乏後設知識。他們的研究結果十分完備，其他數十個研究也得到相同的結論。[1] 不幸的現實就是，人類傾向於認為自己了解的比實際了解的更多。這個現象的直接結果則是，我們通常不知道自己不了解什麼。

我的經驗告訴我，在充斥不確定性的時空下預測，專家的精準度都很差。他們時常認為自己懂的比實際懂的還多，所以會不合理地過度自信。自滿的態度容易影響他們的客觀程度，尤其當他們成為困惑的人尋求協助的必找對象時，情況更是嚴重。這樣的結果就是：非常多檯面上的專家都曾做出錯得令人尷尬的預測。

這些專家之中，很多人都是只從自己的領域出發，推導出這些見解。他們在自身的專業領域中確實知識深厚，但使他們預測失準的通常是在他們專業之外的情勢。他們聚焦於自身領域，讓深度完全凌駕廣度。這就是與專家合作時的根本問題。有時，專家的協助至關重要；但有時，專家不是解決我們困境的解藥。這讓我想到了一個極為明顯且至關重要

的問題：**我們究竟要如何判斷何時該找專家，何時又不該找專家呢？**幸好，我們身處的脈絡是關鍵（順帶一提，這個脈絡只有自己才知道），可以幫助我們決定要以何種方式、在何時尋找求專家的建議。

庫尼文架構：對象與時機

所幸，身為顧問的大衛・史諾頓（David Snowden）和瑪麗・布恩（Mary Boone）等人發展出了一個能回答上述關鍵問題的架構。他們運用了「複雜科學」（complexity science）這個領域的洞見，認為**脈絡**是不可或缺的要素。《哈佛商業評論》2007 年 11 月的文章〈決策於渾沌之中〉（A Leader's Framework for Decision Making）中，史諾頓和布恩指出，不同情況需要不同的處理方式。我們需要考量的重要變數是面對決策時所處的環境，也就是**決策的脈絡**。[2]

他們發展出的**庫尼文架構**（Cynefin framework）區分了 4 種我們可能身處的脈絡：（1）**簡單**（simple）、（2）**繁雜**（complicated）、（3）**錯綜複雜**（complex）、（4）**混亂**（chaotic）。庫尼文（Cynefin）是威爾斯語，意指棲地。史諾頓與布恩認為這個字捕捉到了在我們的環境和經驗中，以錯綜複雜且相互連結的方式影響我們的多種因素。[3]

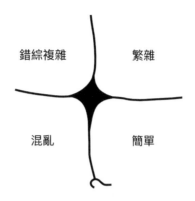

錯綜複雜　　　　繁雜

混亂　　　　　　簡單

　　簡單脈絡的特徵是穩定、具備清楚的因果關係、可簡單管理和監控，處理方式很少會出現歧異。在這樣的脈絡中，運用自動化模式或遵循體制規則和既有做法，效果通常不錯。重視過程、程序的情境通常屬於簡單脈絡。舉例來說，銀行如何計算要向消費者收取多少信用卡利息呢？當然了，可以請人計算日消費額，再乘以利率去收費。但也可以把基本規則寫入軟體中，讓軟體計算利息金額。無論是誰做決定，情況都很穩定，而且有標準答案。

　　相較之下，**繁雜脈絡**可能存在多個正確答案。在這個脈絡中，通常有清楚的因果關係，但大多數人很難看見或理解其中眾多連結之間的微妙關係或機制。各個部份高度相互連結的技術產品就屬於複雜脈絡。舉汽車為例，若你的汽車故障或拋錨了，「什麼零件壞掉、什麼需要修理」的問題或許有

正確答案。但問題是，對非專家來說，答案不會很明顯，我們需要專家辨認問題所在並提出解方。答案是存在的，但埋藏在層層交織的結構中。繁雜的環境正是專家最能大顯身手的地方。

　　錯綜複雜的脈絡則面貌模糊、難以定義，這個脈絡的特點是解決的契機或方法可能會在過程中浮現出來。這樣的脈絡很難預測，因為情況會不斷變化、發展，其中牽扯的相互關係也會改變。理解錯綜複雜脈絡最好的方式，就是將這種情況視為隨機發生且無法解決的現象——答案不存在。面對錯綜複雜的脈絡時，只能期許自己能了解其中某些運作模式、密切監控情勢，並在有新資訊浮出時調整因應方式。在這個脈絡下，所有事物都和回饋迴路緊密互動。舉例來說，想像一下這個情境：我們要試著了解某個新科技的問世對未來的社會走向有何影響。我們必須思考的層面有很多，例如：這項新科技多快會被社會接納？這項科技會排擠到什麼事物呢？經濟、就業或其他科技會受到什麼影響呢？可能的互動關係多到難以計算，使得「預測」變成只是沒有充分根據的「臆測」而已。史諾頓和布恩等人主張，要在錯綜複雜的脈絡中找到出口，正確的方法是要耐心等待可行的方法浮現，而非沉不住氣、強行採取行動。過程中有幾個關鍵動作，包括探查、感受和反應。這是一個連結概念、而不是製造概念的

過程。

　　至於在**混亂脈絡**中，要尋求正確答案是徒勞無功的。因果關係不停變化，我們無法掌握其中的模式，因此也無法提出有用的分析。史諾頓和布恩表示，這種脈絡鮮少出現，而且通常是暫時的。要能有效處裡這種脈絡，我們可以採取任何能建立秩序、重拾穩定的方式——即便只能針對脈絡中的一部分狀況這麼做，也行得通。[4] 以下是混亂脈絡的好例子：

　　某個週六早晨八點左右，我的兩個小孩正坐在沙發上看電視，小狗則趴在沙發前的地板上。在這個暫時平靜且令人醉心的時刻裡，我和克里斯汀開始聊起天來，談時事、談彼此上週的工作情況，甚至聊到即將到來的假期。但突然之間，毫無來由、邏輯地，整個家陷入混亂，充斥尖叫聲、狗叫聲、哭聲，而且好死不死，鄰居又按了門鈴、智慧音箱開始播放恐怖電影的配樂。我認為，正確的處理方式是試著穩定情況——把孩子分開、把狗帶到室外、謝謝鄰居來訪但暗示對方五年之後、當情況在掌控中後再來訪，或請智慧助理 Alexa 播放開心的音樂。只有這樣，我才有辦法繼續做別的事。對我來說，如果要處理這個混亂的場面，我必須保持理性，找到切入點。而且殘酷的現實是，一籮筐麻煩事同時發生時，根本不可能釐清因果關係！我猜想這應該是史諾頓和布恩會給我和我太太的建議。

　　總之，我們先停下來思考一點：庫尼文架構能怎麼幫助我們決定，何時要尋求關注焦點明確、知識深厚的專家的幫助，而何時又該尋求通才的協助呢？我認為這牽涉到問題的性質，以及我們可能需要幫助的具體內容究竟是什麼、有什麼特質。如果問題具有明顯的因果關係，專家意見會很有幫助。假設浴室下方的屋頂開始漏水了，這可能屬於簡單脈絡（馬桶漏水了，所以要止漏）；但這也可能屬於繁雜脈絡（或許淋浴間的接水盤有裂痕，水沿著梁柱流，滲漏到地板中）。在這兩個情況下，專家都能幫忙解決問題。

　　然而，假設是發生在投資或醫療領域、更棘手的問題呢？當然了，投資界也會有屬於簡單或繁雜脈絡的問題（例如，我想要在牛市中在證券上賭一把，而且也已經設定了目標價，現在只需要有人協助我擬定最佳執行計劃），醫療界也是（我骨折了，需要打石膏），但這兩個領域裡，也有許多錯綜複雜的問題。

自己承擔決定

　　接著請各位設身處地，想像我當時的遭遇。2011 年，我已經連續好幾週覺得身體不舒服，頭昏腦脹、疲累不堪，而且睡眠品質很差……至少晚上是如此。但在下午 2 點至 5 點

又是另一件事了——我能睡得像寶寶一樣沉。情況不太對勁，和以前不一樣了。在經過幾乎連續三週都不由自主地在日間小睡之後，我決定去看醫生。

醫生表示，一連串的檢驗結果都顯示一切正常。他開立的處方是：「多補充水分，要充分休息。」我的問題可能屬於簡單脈絡（或許是睡眠不足之類的），但並不是；可能屬於繁雜脈絡（萊姆病、缺鐵、單核白血球增多症等等），但也不是。我根本就是遇上了錯綜複雜的脈絡，面對的是只能透過系統方法（systems approach）處理的問題；處理方式可能包含檢查全身，並檢視其中的連結。所以我決定向馬克・海曼（Mark Hyman）醫生求助。他採取的系統方法就是所謂的功能醫學（functional medicine）。

當時馬克・海曼醫師網站上的標語是「治本，不治標」。功能醫學背後的哲學是，症狀可能是許多原因造成的，不該把注意力放在症狀上，而是要看身體整體的運作狀態。改善身體運作不正常之處，許多症狀就會消失。重點是處理根本原因，而不是這些原因導致的症狀。

於是，馬克對我進行了很多項檢查，但和之前的醫生進行的一般檢測不同。當然了，他也有檢查膽固醇，但相較於膽固醇讀數的高低，他更在乎脂蛋白的大小。他也驗了我體內如鉛、汞等有毒物質的含量，檢查我是否缺乏維生素或賀

爾蒙不平衡。不光只有血液檢驗，他還檢測我的糞便、尿液、唾液和頭髮，還有腸道生態。他檢測、檢測、再檢測。

幾週後，檢驗結果出爐了。我們針對結果，透過電話討論了一小時。檢驗結果非常驚人——除了我體內汞和鋁的含量偏高、嚴重缺乏維生素 D 之外，還有一籮筐的發現。好幾項食物敏感與過敏檢測的結果都指出，飲食是造成我疲憊、影響我整體健康的主因，這太令人驚豔了。為何上一位醫生沒看見這些狀況？這些問題似乎很明顯，但是他沒有考慮到這些問題的可能性。他把注意力放到別處了。

接下來一個月左右，我密切與馬克醫生和營養師合作，設計了一套涵蓋藥物、營養品、飲食改善的計劃，處理我身體運作不良的部分。馬克主要把注意力放在治療病因上，只有稍微留意我的症狀。

長話短說：我執行了以馬克醫生為、營養師為輔設計而成的計劃，改變了我的人生。我開始藉由改變飲食，改善我本來不知道、但被馬克檢測出來的過敏。我也補充維生素和其他營養品，開始更常使用健身房的三溫暖，甚至把止汗劑（大多數都含鋁）換成體香膏。

守夜人軍團

2017 年，正當美國總統川普和北韓領導人金正恩因為飛彈試射陷入僵局，我與一群資深管理高層受邀參加為期三天的參訪活動，造訪位於科羅拉多州的美國空軍基地。那次活動由我的朋友芭芭拉‧福肯貝瑞（Barbara Faulkenberry）負責，她是已退休的空軍少將，曾任空軍後勤指揮等要職。毫不令人意外，那次參訪安排得極好、進行得十分順暢。

雖然造訪夏延山核戰碉堡（Cheyenne Mountain），並與空軍官校（Air Force Academy）的高層相處都是非常令人興奮的事，不過那次參訪最大的驚喜發生在一處偏遠的停車場。那個 8 月的炎熱午後，我才剛瞥見數百公尺外的美國北方司令部（US Northern Command）和北美防空司令部（North American Aerospace Defense Command，NORAD）的入口時，巴士停了下來。下車時，我受到了羅莉‧羅賓森（Lori Robinson）將軍的歡迎，她頂著八月豔陽站在巴士邊。

要了解這件事有多麼不尋常，我得稍微介紹一下羅賓森將軍。她是美軍有史以來成就最高的女性。她是少數晉身四星將領的女性，是北美防空司令部首位女性指揮官（直接於美國總統和加拿大總理負責），也是美國軍事史上首位女性作戰司令（美國北方司令部司令）。像羅賓森將軍這種層級的領

導者通常不會在停車場迎接客人，更別說在 8 月的大熱天這麼做了。但我後來明白，她和大部分的領導者並不相同。

那次在科羅拉多州造訪羅賓森將軍的辦公室後，我又和她見面聊過幾次。羅賓森將軍固然功績彪炳，但最讓我印象深刻的是她真的非常獨特的管理方式。她跟我說，回想起職涯中的決定性時刻，她想到的是繼女塔倫・艾許莉・羅賓森（Taryn Ashley Robinson）之死。塔倫 2005 年從空軍官校畢業，希望成為專業飛行員，但在一次常規飛行訓練中，塔倫的飛機在德州失事，她身受重傷，數個月後身亡。羅賓森將軍在某次談話中表示，她從那時起，就對「每天早上有機會醒來、能夠醒來」這件事滿懷感激。瑣碎的官僚鬥爭變得不那麼重要了，讓她能將注意力放在服務國家上。從那時起，她的事業一飛沖天，每三至四年制服上就多一顆將星。

熱門 HBO 影集《冰與火之歌：權力遊戲》（Game of Thrones）中，守夜人軍團（Night's Watch）保護了七大王國不受野人與異鬼入侵；同樣地，羅賓森將軍與她在北美防空司令部的團隊，在北韓流氓政權頻繁進行飛彈測試而威脅和平的時候，守護了北美。一旦美國的衛星或感應器偵測到有飛彈發射，軍方在幾分鐘內就得做出決策，可想而知這樣的壓力有多大。

羅賓森將軍表示：「**我必須依靠他人，別無他法。**」不過

她是非常有意識地去做這件事，隨時掌握決策的主控權，同時積極尋求他人的建議，「我會徵詢每個人的想法、點子和價值觀，包括和我想法不同的人……因為多年的經驗告訴我，他們能幫助我做出更聰明的決定。」

這不是一個自然演變出來的結果，尤其在美軍這種階級分明的組織裡更難做到這點。羅賓森將軍表示，關鍵在於要營造出一個大家分享想法時能**感到自在、安全的環境**，即便與她的想法相左時也一樣，「任何好的領導者都會營造出一個大家能提出意見和想法的環境，這樣決策者才能在資訊充足的狀態下做決定。」

面對會影響我們健康、財富和幸福的艱難決定時，我們都可以採取羅賓森將軍的做法。首先，最重要的是創造出一個大家能**提供最佳意見的環境**；接著，向後退一步去**看事物的全貌**，並釐清我們的目標；最後，**有效運用專家的意見**，在資訊充足的情況下做決定。但整個過程中，我們都必須有**意識地讓專家隨侍在側，而非讓他們主掌大權**。

跟還沒給馬克看診前相比，我整個人簡直煥然一新。真的不誇張。我在 18 個月內瘦了超過 14 公斤，髮線不再後退，頭髮甚至更黑。我的體力大幅提升，而且精神一直都很好，

265

睡眠品質也大幅改善，整個人神清氣爽。我覺得自己變得更聰明也更幽默了，但我朋友說我想太多了。唉，沒轍。

這個故事的重點在於，我的健康問題不屬於簡單或繁雜的脈絡，而是錯綜複雜的脈絡，牽涉到一連串相互作用的問題，而如果只看局部，採取化約、限縮關注焦點的策略並無法解決這些問題。馬克醫生透過檢視我身體的整體運作，而不是只聚焦於失調的特定部位，幫助我變得更健康了。身為通才的他連結多元觀點，進一步提煉出新的洞見，把屬於錯綜複雜脈絡的問題轉化成一系列屬於繁雜脈絡的問題，並按部就班地一一解決。

奇蹟解危

若想做出好的決定，我們就必須了解自己面對的環境。這種結合脈絡與專家建言的能力就是政治學者約瑟夫・奈伊（Joseph Nye）口中的「情境智慧」（contextual intelligence）*。這對任何層級的領導人來說，都是關鍵能力。[5] 一旦我們了解脈絡，並迅速辨認自己面對的是簡單、繁雜、錯綜複雜或是混亂的環境，就更能在需要時，有效運用專家。然而，我們

---

* 編按：也有譯作情境智能、情境智商，或情境智力。

也必須要求我們仰賴的專家了解我們面對的脈絡。我們也必須了解專家的限制，以及他們對自身領域之外的事物有多少了解。若說專家必須了解自身角色、以任務目標為導向，並自主思考，下面這段故事的主角就是個活生生的例子——他因為有意識地好好運用自己的專業知識，成功拯救了 150 條人命。

想像一下，你搭的飛機在關鍵的起飛階段引擎全數失去動力。此刻，你會希望駕駛艙裡坐著的是什麼樣的人？我猜你會希望這個人是一位畢業於空軍官校、有上萬小時飛行經驗、臨危不亂、思慮周延的專家，了解各種行為牽涉到的危險和優勢，不會盲目地把思考外包給清單或科技。你會希望那位機師的視野夠寬廣，不僅能掌握可能會發生的結果，也會考慮其他很可能、有可能、不太可能發生的情況。

幸好，2009 年 1 月 15 日早晨載著 150 乘客和 5 名機組人員的全美航空（US Airways）1549 號班機就是由這樣的人駕駛。這架班機從紐約拉瓜地亞機場（LaGuardia Airport）起飛後遭遇鳥襲[6]，4 分鐘後兩邊引擎熄火，人稱薩利（Sully）的機長切斯立‧薩倫伯格（Chesley Sullenberger）因而將飛機迫降於哈德遜河上。機上全體人員都活下來了。薩倫伯格的著作《最高職責》（*Highest Duty*），以及克林‧伊斯威特（Clint Eastwood）執導的電影《薩利機長》（*Sully*）中描繪了這段化

險為夷的奇蹟故事，突顯了薩利如何透過「管理注意力」以及「掌握主控權」拯救性命。[7]

薩利成年以後都在開噴射機，擁有大約兩萬小時駕駛多種飛機的經驗，他的資歷可說是極為深厚。[8]他開過滑翔機，了解空氣力學在實務層面的細膩應用，也開班授課教其他機師領導及決策。他太太羅莉（Lorrie）稱他為「機師中的機師」[9]；此外，她表示薩利不僅僅是操控飛機，而是與飛機合為一體。[10]

傑夫・斯基爾斯（Jeff Skiles）是薩利在那個1月早晨的副機長，他表示：「薩利是個喜歡做計劃的人。」關於薩利的紀錄片如此描述他：「對於薩利・薩倫伯格來說，事前準備是一切……他特別討厭意料之外的事。」[11]若要說明薩利的思維，我們可以看看以下這個他太太分享的故事。他們某次自行開著小飛機前往某個偏僻的地點健行：

> 我不太喜歡搭小飛機，所以並不想去。我對他說：「天啊，搜救人員在這個荒郊野外肯定找不到我們的屍體。」他回答說：「不會，我在整趟航程中，都安排了能隨時緊急降落的地點。不管飛到哪裡，我都知道可以降落的地點。」他的腦袋隨時都在計劃。[12]

經驗和專業是必要條件，但有時卻不足以因應所有情況。在繁雜的脈絡中，專業能派上用場。但薩利碰到的不只是繁雜，而是錯綜複雜的情境。那樣的情境前所未見，而且就這麼發生了。薩利這麼形容那個改變他人生的 1 月 15 日：「令人震驚。在我 42 年來兩萬小時的飛行生涯中，從未碰過這麼嚴重的情況。」薩利後來清楚憶起引擎失靈後，他首先冒出來的 3 個念頭，「先是：不可能吧。緊接著是：這種事不會發生在我身上吧。第三個念頭則是：這和以往的任何飛行都截然不同——這次飛機可能不會安然無恙地降落在跑道上。」[13]

事實上，薩利與塔台的對話，正好捕捉到他與斯基爾斯「讓顧問隨侍在側，而非主掌大權」的精髓。薩利並沒有盲目地放棄主導權。引擎雙雙失靈後不久，薩利和斯基爾斯就把狀況傳達給飛航管制員，而這名管制員提出了在拉瓜地亞機場緊急降落的建議。[14] 薩利回應說飛機可能飛不回機場，可能必須迫降在哈德遜河上。薩利接著詢問紐澤西州泰特伯勒機場（Teterboro Airport）的狀況，而管制員也迅速在泰特伯勒機場安排跑道。薩利表示，整個談話過程中，這名管制員**都沒有試圖把他引導到特定方向**：「他的用字遣詞對我很有幫助。他沒有要求我得要去哪個機場，而是問我希望到哪個機場。他的言詞讓找知道，他了解是我必須來做出這些艱難的決定，他明白試圖要求我照他的計劃做並不會有幫助。」[15]

薩利決定在泰特伯勒機場降落後的 22 秒，就決定放棄這個計劃，並很快做出結論：降落在哈德遜河上是最佳做法。即便薩利已經做出決定，但管制員因為無法接受在河上迫降的做法，仍繼續給予建議。在水上迫降的風險很大，能避免最好。事實上，這名管制員後來表示，他擔心飛機會在哈德遜河中側翻墜毀，就像 1996 年衣索比亞航空（Ethiopian Airlines）961 號班機在印度洋墜毀那樣。[16]

一如電影《薩利機長》戲劇化的描述，薩利接著關閉了與管制員之間的通訊：「我知道他極盡所能想提供協助，但在那個時刻，我必須全神貫注處理手上的任務，無暇回覆他。」[17]薩利沒有把領導者的角色交給科技或專家，而是緊握主控權、自主思考，並善用旁人的意見——只將他人的意見當作自己思考的材料而已。薩利的成功，部分要歸功於他在善用航空管制員意見的同時，沒有放棄主導權。

我們來比較薩利的班機事故和第二章提到的法國航空 447 號班機空難。2009 年 5 月 31 日，從里約熱內盧飛往巴黎、航程 11 小時的法航例行班機機腹朝下、直直衝進大西洋。原本只是單純的空速表暫時故障，但這個技術問題卻演變成機上 228 名乘客喪命的悲劇。其實，失事的真正原因並非科技失靈，而是科技所鼓勵的狹窄視野。

蘭威奇那篇法航 447 事件的文章清楚描述了機師的目光

無法移開儀表板的問題。[18] 薩利與他們不同，他具備駕駛滑翔機的經驗，似乎對機體本身的運作有深刻的感受；而法航447號班機的機師則太依賴科技了。他們把思考工作、飛行知識，以及對 228 名乘客的責任都外包給系統了。系統暫時失靈，一連串的致命事件就此展開。若法航機師當時明白，情況可能是空速表失靈所致，而沒有必要祭出激烈的修正手段，機組與乘客的命運是否會有所不同？如果他們讓科技隨侍在側，而非隨之主掌大權，情況會如何？問題並非出於他們能力不足——他們都受過世界級航空公司嚴格的訓練。問題出在缺乏思考。若他們思考速度和俯上仰角度的關係，或許就會意識到調降機首可以幫助飛機重拾足夠的空速、避免墜機。

此外，這起意外也牽涉到「把思考外包給規則和檢查表」的問題。檢查表是機師重要的工具。理由很充分：檢查表能降低飛行時的人為疏失，檢查表在醫學領域也扮演相同角色。薩利自己也是檢查表的擁護者。反覆的成功會使人自滿，進而有所懈怠、貪圖方便而偷工減料，檢查表則能降低自滿導致災難的可能。然而，檢查表只能應付一小部分的狀況。

情況開始惡化時，薩利和副機長斯基爾斯並沒有完全參照檢查表操作，而是謹慎地使用檢查表。因為他們碰到的是

前所未見的情況，嚴格遵照檢查表反而會造成負擔。事實上，斯基爾斯解釋：「處理這種情況的檢查表長達 4 頁，而且是針對三萬英呎的情境所寫。但我們的狀況是要在三千英呎的高度、在 3 分鐘內做出反應。」[19] 在這樣的情況下，檢查表顯然無用武之地。就像薩利寫道：「並非所有情況都能被預期。不是任何情況都有檢查表可用。」[20]

電影中，調查員針對薩利和副機師採取的流程進行審問。兩人得解釋自己為什麼沒有遵照標準緊急規章，因為規章雖然在概念上有用，但並不適合當時的狀況。即便規章有其用處，也不應該成為領導者在任何狀況下都要盲目遵從的鐵則。因為脈絡很重要。薩利很有力地總結：「這個年頭，已經鮮少有人像不羈的牛仔般在空中亂飛了，大家幾乎都會遵守檢查表的事項。然而，與此同時，我擔心光是遵從規範並不足夠。**判斷力才是首要關鍵。**」[21]

全美航 1549 號班機事件和法航 447 號班機事件，兩者南轅北轍。薩利和斯基爾斯都是**具備理解脈絡能力**的專家。他們深諳常理、明白任務的重要性，而且不一味依賴科技。沒有科技、檢查表等外部資源時，他們也知道怎麼駕駛。他們在需要時接受飛航管制專家的幫助。另一方面，法航 447 號班機的機師博南，則**相對像是業餘人士**。當然了，他受過正規訓練且符合一切資格，但他的飛行時數大多是靠駕駛高度

自動化的飛機累積而來，而且多半是長途且平靜無事的航程。

　　薩利觀點的價值在於，**他不僅熟悉自身所處的系統，還明白系統運作的原理，因此系統失靈時，他知道如何處理。**他知道何時可以不用理會飛航管制員，何時又該考量他們提供的資訊。我們都需要像薩利這樣的專家，能把個別數據、開關和規章放到脈絡中解讀，同時又能緊握最終目標不放。否則，你所謂的機師，可能就只是讀得懂儀表板，卻不了解飛機。

提問、提問、再提問

　　我們的經驗可能不如薩利豐富，我們的信念也可能不如薩利堅定，無法像他一樣在面對極大的不確定性時，還能沉著、自信地處理。但那不代表我們應該放棄對抗專家強勢主導的那一面。我們必須維護主控權，而維護主控權的一個做法就是**提問**。事實上，提問是我們每個人都需要精進、發展的關鍵能力。

　　我們再回頭看一下電影《薩利機長》。劇情圍繞在美國國家運輸安全委員會（National Transportation Safety Board，簡稱 NTSB）針對這起事故的調查。起初，調查人員認為飛機引擎可以重新發動，因此判斷機師有疏失。電腦模擬也指出，

薩利原本可以降落在拉瓜地亞機場或泰特伯勒機場，避免數百萬美金的賠償費和其他花費。薩利為了向 NTSB 證明他所做的決定沒有錯，要求聽證會直播真人操作的模擬情況。雖然模擬結果不如他所願，他仍主張：電腦和真人模擬中的假設情境都無法反映現實。這個論點具說服力。

　　電影中，有個薩利提出的問題讓 NTSB 最終裁決機師沒有疏失。薩利詢問負責模擬的機師，他們事前練習了多少遍。結果，答案令在坐的調查員、文書人員、管理高層、記者和其他人都大吃一驚。答案是 17 次。薩利和斯基爾斯一次也沒練習過。在模擬裝置中的機師是在「繁雜脈絡」下執行任務。他們知道事情會如何發展、該如何應對，而且練習過很多次。薩利和斯基爾斯則是在不斷變化、「錯綜複雜的脈絡」下自主思考。

　　於是，NTSB 的主要調查員要求安排重新在更真實的情況下進行模擬。這次，機師們在鳥襲後，花了了 35 秒才調頭回拉瓜地亞機場或泰特伯勒機場。在這些更擬真的條件下，飛機墜機了，證明薩利和斯基爾斯的清白。

　　如今，我們似乎都欣然接受變因都控制好的社會科學實驗，或電腦模擬導出的明顯結論，而不會質疑那些結果是否適用於真實世界。雖然《薩利機長》的劇情或許誇大了調查員和機師間的對立，但這部片仍是一則「傾向信任模型勝過

信任真人證詞」的寓言故事。我們可別忘了，模型其實也免不了帶有人類色彩，因為通常都是人類設計而成的。

要點出專家的知識有其侷限，提問也很有用。我在請他人提供意見時，最喜歡問的其中一個問題是：**你知道是如此，還是認為是如此？**這個問題能開啟一場非敵意、針對「這位專家的判斷從何而來」的討論。這個問題也能幫助非專家的我們意識到專家的知識有哪些空缺，能再透過求助其他專家彌補這些不足，藉此守住主控權。專家意見像一片片馬賽克磁磚，讓我們用來拼出屬於自己的現實樣貌。

世界上其中一位最擅長提問的人就是法蘭克．賽斯諾（Frank Sesno）。他曾擔任新聞主播、白宮記者、CNN 華盛頓部門主任，訪問過許多全球最成功的領導者和專家，也曾向美國總統和其他國家元首提問。他目前擔任華盛頓特區喬治華盛頓大學（George Washington University）的媒體與公共事務學院主任。

我會知道他是個提問好手，除了因為我曾在研討會中，在數百名與會者面前熬過他的提問，更是因為他還真的以提問的力量為主題出過書。別問那本書值不值得讀……這個提問太蠢了。當然值得！他的著作《精準提問的力量》（*Ask More*）中，有段內容和本書的主題極度相關。以下我直接引用他在「挑戰專家」段落的內容：

　　你交涉的專家可能是醫生、屋頂工人、收費高昂的顧問，或是住在同一條街上的朋友。但即便他們的經驗比你豐富許多，你都必須準備好針對他們的判斷提問。例如：他們如何得到這樣的結論？他們判斷的依據是什麼？對事情發展有什麼樣的預測？我們可以詢問他們判斷的程序為何、他們有什麼相關經驗，而我們又有什麼選項、風險，以及下一步該怎麼做。向專家提問可能是件困難、令人卻步的事。但提問通常都極為必要。[22]

提問的必要性在於能幫助我們維護主控權。事實上，就像諾瑞娜‧赫茲（Noreena Hertz）在著作《老虎、蛇和牧羊人的背後：如何在大數據時代破解網路騙局與專家迷思，善用個人力量做出聰明決定》（*Eyes Wide Open: How to Make Smart Decisions in a Confusing World*）中就提到「質疑專家、挑戰專家」是一項關鍵策略。在一場主題為如何管理專家的演說中，她明確表示：「我們必須準備好、而且願意與專家槓上……他們難免會感到不愉快，但我們必須有所堅持。舉例來說，我們可以要求他們以我們真正能了解的白話向我們解釋。」她接著以自己的經驗為例說明。某次手術後，醫生說要她要注意高熱（hyperpyrexia）的狀況。她表示：「他大可叫我

『留意高燒』就好。」[23]

　　諾琳娜認為，提問是挑戰專家的關鍵，並強調人們必須「願意挖掘圖表、等式、預測背後的意涵，並透過提問達成這點。問題可以是：『這背後的假設為何？依據為何？……這會忽略什麼面向？』」[24]

　　諾瑞娜和法蘭克並不孤單，很多人也強調提問的重要性。彼得・杜拉克曾直接了當地表示：「最重要且艱難的任務從來不是要找到正確答案，而是找到對的問題。」[25]

　　此外，有些問題很難讓人開口詢問，這些令人尷尬的問題通常和專家的動機有關，有什麼樣的誘因讓他們建議某個特定做法或推薦某項產品。我知道這種問題難以啟齒，但直接詢問專家，他們的客觀性是否有受到金錢誘因影響又何妨？例如，你可以問自己的財務顧問：你是否有向這檔基金的投資經理收取額外推薦費？你也可以問心臟科醫師：如果我選擇這款藥物，而不是另一款，對你是否會比較「有利」？又或者，假設你要進行手術了，你或許應該詢問建議你動這項手術的醫師：手術會由你親自進行，還是會由其他醫師操刀？你或許也應該問你的外科醫師，他同時會進行幾場手術。如果你覺得醫師同時進行多場手術很怪，我建議你讀一讀《波士頓環球報》（*Boston Globe*）一篇名為〈以照護為名的衝突〉（Clash in the Name of Care）的專題報導。[26] 東尼・羅賓

斯（Tony Robbins）比我更直接。他的著作《無法撼動：你的財務自由指南》（*Unshakeable: Your Financial Freedom Playbook*）裡，有個講財務顧問的章節就叫「你可以相信我⋯⋯會佔你便宜！」[27] 他提到，形容「財務顧問」這項工作的正式職稱超過兩百個，如「財務諮詢師」、「財富顧問」、「投資諮詢師」等等，聽起來好像這些顧問的工作都是在幫助人。但羅賓斯表示，重點是美國 90% 左右的財務顧問其實就只是掮客，透過販賣金融商品賺取費用而已，「如果把自己稱作巫師、妖精、精靈能替他們賺取更多佣金，他們也不會抗拒」。羅賓斯接著總結這個議題，充滿說服力地說道：

> 巴菲特曾開玩笑說，永遠別問理髮師你需不需要剪頭髮。而掮客就是金融界的理髮師。他們認真工作的理由、所受的訓練都是為了銷售、為了多賣一點，不管你是否需要他們的產品！這不是批評，只是事實陳述。[28]

羅賓斯提供了明白的建議，教我們如何揭開這些利益衝突。像是提出「你是有牌照的投資顧問嗎？」和「你和經紀／經銷商（broker-dealer）* 有利益關係嗎？」等問題，並詢問顧問的收入來源為何。[29] 追根究底，這些問題都是要用來揭露

對方是否涉及學術界所謂的「**委託人－代理人問題**」（principal-agent problem）。代理人和客戶的目標通常不會相同，因為代理人對你的投資不會有切膚之痛。如果顧問（代理人）是靠你的買賣賺錢，那顧問和你的目標——產生投資利潤——就不會一致。身為委託人的你在乎投資創造的收益，但這個情境下，你的代理人在乎的是佣金和買賣活動。這種衝突很顯然會導致委託人的投資報酬的表現欠佳。

結構限制

搞清楚顧問的建議是否可能有利益衝突當然是件好事。然而，事物表面下時常還潛藏表面上看似無害的衝突。我要說的是，顧問會因為身處的職位、公司或具備的身份地位，無法提供完善的意見。這是**結構**上的限制。毫不意外地，就像俗話說的「手持鐵鎚的人，更容易看見釘子」。約瑟夫・奈伊（Joseph Nye）是位政策制定老手，曾任美國哈佛大學甘迺迪政府學院（Harvard Kennedy School）院長，我也有幸能與他聊過很多次。他曾說過一句話：「政策圈裡有句格言：你的

---

* 編按：經紀／經銷商是身兼「經紀商」和「經銷商」兩種證券交易業務身份的個人或公司，經紀商是替客戶執行交易的代理人，經銷商則是替自己的帳戶買賣的當事人。

職位決定了你的立場。」[30] 他這番話的意思是，大多數人都受到結構限制，無法將視野延伸到自身領域之外。

他接著說：「情報領域中，人們的職位時常會影響他們的預測。部門分析師的主要工作是要回應他所屬組織的需求。」奈爾解釋得很清楚：「外交官必須談判出解決方案……而將軍必須打勝戰。」[31] 這代表，即便情況悲觀、希望渺茫，美國國務院分析師仍會建議透過外交手段處理問題。所以說，任職國務院，就會建議外交手段；若任職五角大廈？那就是軍事手段；若是財政部呢？那就是經濟制裁。以此類推。

試著想像一下，這個現象在非政府組織內會如何體現？你看心臟科門診時，就必須意識到：這位醫師會忠於心臟科，而非腸胃科或婦科。**有助於職涯發展的相關誘因和對部門（也就是獨立領域）保持忠誠的現象普遍到氾濫，這兩者的影響力有時甚至凌駕於提出客觀建議的義務。**

然而，最糟的是，這些潛在的衝突不是惡意或故意造成的，而是**結構的產物**，且更難被發現。奈伊提到的部門分析師真心相信自己的建議是好的。這些人通常是立意良善的好人，但可惜的是，他們在獨立分化的領域中所處的職位卻可能導致他們給出壞建議。有時，最好的做法或許是什麼都不做。什麼？！不處理？有什麼部門或獨立單位成立的目的是要擁護「無作為」？答案令人難過：沒有。

是做，還是不做

想像一下我朋友兼哈佛同事的埃斯科・阿霍（Esko Aho）面臨的情境。埃斯科曾任芬蘭總理，是其中一位最年輕的已開發國家總理。他在 1990 年代初期的總理任期中，面對了非常多挑戰：（1）就職時碰上嚴重的經濟衰退、（2）必須決定芬蘭與歐盟未來的關係，以及（3）與芬蘭接壤上千公里的世界超級強國正在崩壞，身為芬蘭領導者的他必須對此進行風險管理。

埃斯科曾慷慨地接受邀請，來我班上與學生對談了幾個小時。討論過程中，他回想起某天半夜兩點接到資深幕僚的電話，告訴他「莫斯科發生武裝衝突」。幕僚擔心鄰國發生政變，芬蘭將面臨難民湧入、軍事叛變，還有與俄羅斯長達一千三百公里的邊界會不穩定的問題。情況被形容得很悲觀，需要立即反應並趕快制訂計劃，否則情況很可能會一發不可收拾。

埃斯科接著詢問班上同學，換作是他們會怎麼做。大家都同意有必要召集軍方高層擬定計劃。部分同學表示要致電莫斯科，提供支援。同學陸續提出許多因應辦法，處理可能發生的混亂狀況。仔細聆聽了同學的意見後，埃斯科分享了他當時的做法：「我掛上電話後，又回頭睡覺了。」

　　他明白，第二天早上時，他必須精神特別好、頭腦清楚又反應快，因為很可能要面對龐大的壓力。他也曉得，如果情況變得更緊急，幕僚會再次來電。他擔心的是，如果自己熬夜處理，可能會做出不必要的舉動。此外，他也明白幕僚的觀點都有其限制。他們身處獨立分化的單位，觀點受到結構的限制。於是，他什麼也沒做。隔天早上時，情況已經沒那麼危及了，而且他也能夠冷靜、全面地與團隊商討各種情境的對策。

　　很多學生對埃斯科「選擇什麼都不做」很有共鳴，而他們之中許多人都有在金融業工作的經驗。有幾位學生表示，埃斯科的見解在投資界也適用。投資管理充滿不確定性，永無止盡地追求報酬的同時，必須隨時預測風險和報酬。因為難以預測市場動態，所有投資人都注定會出錯。

　　但是投資人可以選擇犯錯的種類——在價位過高或市場出現泡沫化前兆時，寧可犯未進場的錯，也不要犯進場的錯。潛在報酬看似有限而風險增高時，寧可什麼都不做而少賺，也不要因為多做什麼而招致損失。誠如巴菲特所言：「通常最好的決定是什麼都不做。」[32]

　　問題被端到眼前時，多數專家都會建議做出某些反應。畢竟，我們大多數人之所以找上專家，正是因為想知道該怎麼做。若你把問題告訴某位顧問，而對方說：「我不建議做任

何事」，你會有多滿意這個建議？

　　我有個朋友大約十年前被診斷出前列腺癌。確診就像千斤磚頭似的打在他和他太太身上。得知診斷後一週，我碰巧遇到他。他不像平時一般開朗，一問之下才得知他的狀況。我們喝著咖啡聊了數小時，討論他接下來可能會接受什麼樣的治療，以及這一切對他的人生、太太、婚姻、孩子，和他尚未達成但仍想追求的夢想，代表著什麼。我提議協助他把各種選項都思考一遍。

　　我之前閱讀相關研究報告時，發現了令人震驚的事。因為前面已經討論過了，就不再贅述，但還是值得再提一次醫學文獻提到的重要發現：許多男性會在患有前列腺癌的狀態下過世，但很少人會因為前列腺癌而喪命。我替朋友設計了一張問題清單，請他回診時詢問泌尿科醫師。清單最上方的問題是：如果我選擇什麼都不做會怎樣？

　　最後，他正是選擇什麼都不做。他選擇如今已受到醫學界接受的做法：觀察性等待（watchful waiting）。所幸，如果以本書先前提及的用語來形容，我朋友的癌症是屬於「烏龜」性質的，問題看來不太大。他除了因為得知診斷而感到焦慮，而且需要定期回診監控病情之外，他的人生可說是完全沒有改變。

　　我們可以、也應該守住我們對問題和決策的掌控和主導權，並在需要時運用專家的協助。而專家也必須了解，自己看到的只是全貌的一部分。由於他們的觀點並不完整，他們與客戶之間應該要是**合作關係**，而不是由他們主掌一切。

　　我們必須視自己為馬賽克拼貼的藝術家。專家提供顏色、尺寸不同的獨立磁磚；然而，拼貼出成品的責任則落在我們身上。我們可以在有需要時，汲取合適的人選所提出的資訊和分析。

⑦ 問問自己

專家對我面臨的決策類型有幫助嗎？

先透過庫尼文架構確認情況屬於簡單、繁雜、錯綜複雜或混亂的脈絡。若是繁雜的情況，專家將能幫上忙。然而，如果是錯綜複雜的情況，你必須自己掌握問題，並運用專家的協助，看下一步怎麼走。

建議背後藏有什麼假設？

專家的建議時常很有幫助，但你應該直接請他們以白話解釋他們的思路或證據。別被他們的地位嚇到了。

專家的建議可能受到何種誘因影響？

請記得稍早提過，委託人－代理人問題可能會引起重大的利益衝突，並大大阻撓你達成目標。

若我什麼都不做會怎麼樣？

有時候，最好的做法就是什麼都不做。與那些向你提出建議的人討論「什麼都不做」這個選項可能不容易，但這麼做可能會帶來極大的好處。

第4部
前進的路

在這個資訊氾濫的世界裡,我們必須發展出重拾主控權的工具。在 21 世紀中靠自己並不代表任何事都要自己來。重點是要知道如何守住主控權,並在必要時運用他人的專業知識;而且同時留意他人的指導有哪些限制。此外,透過想像多種未來情境以及平衡深度與廣度,學習駕馭無所不在的不確定性,也是一大關鍵。事實證明,欣然接受模糊和無知,把它們當作好事,可以幫助我們發掘獨特的機會。到頭來,若想重拾常理,我們必須自主思考。

11

駕馭不確定性

我們前幾章談到了人們有依賴和盲目服從的習慣,而且因為我們的生活越來越充滿不確定性,這種習慣也變嚴重了。由於不確定性讓我們很不自在,而且專家似乎能帶領我們做出最佳決定,所以我們越來越受專家吸引。前一章提到的諾瑞娜.赫茲鼓勵我們要對抗專家並勇於提問;她在 TED 演講上也表示,「依賴專家」是人們當前的困境:

在這個數據氾濫、高度複雜的世界裡⋯⋯在這個有時令人惶恐和困惑的時代中,有像家長一般、具權威性的專家清楚告訴我們什麼能做、什麼不能做時,我們會感到安心。然而,我認為這是一個大問題。這個問題可能會為社會、文化和個人帶來危

險的後果。我無意否定專家對世界極大的貢獻——他
們的貢獻無庸置疑。問題出在我們身上。我們對專
家上癮了。他們提供的確定性、安全感和保證使我
們上癮。我們放棄責任感、拿自己的智識換取他們
所謂的智慧。我們交出了自己的力量。不確定性讓
我們感到不自在，所以即便只是幻覺，我們也寧願
活在專家提供的確定性之下。[1]

我們不應該害怕不確定性，而是要擁抱不確定性，並發
展出可以在不確定的局勢中找到方向的能力。關於這點，我
們可以看看未來學家（futurologist）和情境思考家（scenario
planner）的努力。就像鮑布・伍華德習慣想像壞人的可能行
為一樣，針對世界將如何發展，我們可以、也應該**思考多種
可能的情境**。這個做法可以幫助我們在高度複雜、充斥不確
定性的生活中找到出路。但請注意，這裡所謂的不同情境並
不是根據趨勢所做的預測或推斷。

徒勞的預測

摩根・羅伯森（Morgan Robertson）曾在商船上當侍者，
厭倦航海生活後做了十年鑲鑽師傅，最終轉而書寫關於海上

生活的故事。他一生沒賺到什麼錢，53 歲時因用藥過量而死。[2]

羅伯森在死前寫了一本小說，關於「海上最龐大之工藝、人類最偉大之創造」的一艘船，名為《徒勞無功》（*Futility*）。那艘船是「文明中一切科學、專業、商業」的體現，是當時技術的奇蹟。[3]大家都認為這艘船不可能沉沒，這艘船也吸引各國名流搭乘，橫渡大西洋。旅程豪奢氣派，舉世無雙。船上共有 19 個水密隔艙確保船的浮力；即便有 9 個隔艙進水，船隻仍能照常行駛。因為這艘船被認為堅不可摧，所以船上的救生艇數量並不足夠──只能供應船上六分之一的乘客使用。那艘船名叫**泰坦號**（Titan）。

在羅伯森的故事中，泰坦號在某年 4 月航行於北大西洋時，因撞擊冰山而沉沒。故事接著繼續描述船上一位名聲不太好的水手約翰・羅蘭（John Rowland）。羅蘭救了一名年輕女孩，但後來卻遭到女孩的母親（羅蘭剛好與她曾有一段情）指控綁架女孩。好個好萊塢式的劇情啊！你可能會認為，作家時常會以歷史事件為靈感，所以羅伯森的小說可能與詹姆斯・卡麥隆（James Cameron）1997 年的賣座電影《鐵達尼號》（*Titanic*）一樣，都借用了相同的歷史題材。

且慢！

為什麼呢？因為《徒勞無功》在**實際的鐵達尼號沉船前**

的 14 年就寫成了。泰坦號（Titan）和鐵達尼號（Titanic）除了名字和遭遇相近之外，還有不少相似處，如下表所示：

泰坦號 vs 鐵達尼號

	《徒勞無功》（1898 年）	鐵達尼號事故（1912 年）
船名	泰坦號	鐵達尼號
船長	244 公尺	269 公尺
排水量	45000 噸	46000 噸
船速	22.5 節	25 節
常被形容為	永不沉沒	永不沉沒
救生艇數	24 艘	16 艘
乘客與船員數	2500 位	2200 位
意外肇因	撞擊冰山	撞擊冰山
事發位置	北大西洋	北大西洋
詳細位置	距紐芬蘭（Newfoundland）400 海里處	距紐芬蘭（Newfoundland）400 海里處
事發日期	4 月某日	1912 年 4 月 14 日
生還者數	13 名	705 名
螺槳數	3 座	3 座

　　實際的鐵達尼號沉沒後，許多人都讚揚羅伯森是先知，說他具有感知未來的強大能力。羅伯森對這些說法不以為然，並表示他之所以能詳細描述有關船的故事，是因為他具備海事方面的知識。但人們仍不想放棄他能預知未來的想法。

　　這個故事太引人遐想了，1990 年代的電視影集《難以置信：事實或虛構》（*Beyond Belief: Fact or Fiction*）* 甚至在某一集以**泰坦號小說與鐵達尼號事件為素材**。在搬演作家撰寫這本小說的短片中，作家講出了這句話：「小說（虛構）** 與非小說（事實、非虛構寫作）的差異只在於小說內容還沒發生而已。」*** 節目主持人強納森‧佛萊克（Jonathan Frakes，沒錯，就是演出《星艦迷航記》而家喻戶曉的那位）以一位搜索枯腸的作家的角度切入，描述這位作家寫出這本小說的過程，並在結尾向觀眾丟出一個問題：短片中的巧合「是否為另一個藝術作品預示現實的例子？是否就像作家儒勒‧凡爾納（Jules Verne）早在潛水艇問世多年之前就描寫了潛水艇一

---

* 編按：這部影集中，每一集都包含好幾個真人演出的短片，搬演有違常理、顛覆邏輯的故事，其中有些是根據真實事件、有些是全然虛構。節目讓觀眾來猜哪些是根據事實、哪些是虛構，並在每集的結尾揭曉答案。

** 編按：英文 fiction 有「（虛構的）小說」及「虛構（的事）」之意。

*** 編按：影集以這件事為素材拍了一部短片，內容主要著墨出版社不認同作家寫出完全虛構的故事，覺得沒有讀者要看，認為作家應該要參考真實事件。作家因此有了這句話反駁。

樣＊？還是像達文西早萊特兄弟數百年前，就以素描畫出會飛的機器一般？」這一集結尾時，佛萊克才公布這則短片所說的故事其實是根據真實事件搬演。[4]

世上確實存在巧合。曾試圖預測未來的人可能都聽過以下這些老話：「壞掉的鐘一天也有兩次是準的」、「瞎眼松鼠不時也會找到果子」。這些話或許能套在羅賓森身上，說他好像能預知未來的能力其實只是運氣。事實上，羅賓森的小說書名似乎也暗示了那些想預測未來的人常受到的批評——預測未來是個「徒勞無功」的行為。就像大家常說的：「預測是很危險的，預測未來更是如此。」

大家只需要檢視一下專家的預測，就能明白預測能多不準確。想想德州南方衛理公會大學（Southern Methodist University）經濟學家拉斐・巴特拉（Ravi Batra）的著作《浩劫 1990：經濟大恐慌即將來臨？》（*The Great Depression of 1990*）——這本書的精裝版盤踞暢銷榜長達 10 個月、平裝版長達 19 個月。這本書沒料到科技發展會使 1990 年代成為史上生產力最高的十年之一。[5] 類似這種不合時宜或預測錯誤的例子不勝枚舉。雖然預測者紀錄欠佳（這是婉轉說法了），人

＊　編按：儒勒・凡爾納是法國小說家、劇作家、詩人，被譽為科幻小說之父。知名著作包括《環遊世界八十天》、《地心歷險記》等，他在《海底兩萬哩》中寫出了潛水艇。

們對專家的預測，還是聽得樂此不疲。諾貝爾獎得主肯尼斯・阿羅（Kenneth Arrow）以他為美國空軍效力時遇上的狀況為例，貼切捕捉到了這種對預測的渴望。當時，他認為上級依賴的天氣預報簡直毫無價值（也就是在統計學上不具任何意義，跟瞎猜沒兩樣），結果有人反駁他說：「指揮官十分明白預測不準，但他需要那些預測才能規劃。」[6]

　　這句話聽起來固然荒唐，但我覺得這句話挺受用，也頗有洞見。**事實是：要評斷「針對未來所做的預測」是好是壞，不能、也不該將「精準度」當作評斷標準。我主張「用處」才是更好的標準。**正如同我們不能以結果評斷一個決策的好壞，以精準度評斷預測也是枉然。好的過程有時會造成壞的結果，白話來說就是倒霉。同樣地，壞的過程有時會造成好的結果，那就是瞎貓碰到死耗子。然而，長久下來，好過程造成好結果的機率應該會比較高；而壞過程造成壞結果的機率應該也會比較高。

　　若我們把這個邏輯套用在預測未來這個層面上，我們很快就能明白，這些預測可以讓我們以不同方式思考，提醒我們離開預設立場、拓展我們的視野，讓我們看見前方不同的可能性。

思考不同版本的未來

「思考多種未來發展的可能情境」或許是一件看似不用多費神就做得到的事，但這麼做或許最能幫助我們在極度不確定的局勢下做決定。這裡說的情境是指有可能的未來發展。情境發生的可能性有高有低，但重點是，清楚思考不同的情境能幫我們釐清自己對未來有什麼樣的假設，而且也能提供我們一張地圖，揭示我們未來可能會遇到的地形地勢。

人們利用情境在不確定的局勢中找到方向的做法淵遠流長。這個做法真正始於赫爾曼・康恩（Herman Kahn），他把美國空軍的軍事情境計劃技巧，套入商業脈絡中。康恩是個系統思考者，創立了智庫哈德遜研究所（Hudson Institute），並成為美國智庫蘭德公司（RAND Corporation）的重要策略家，思考核戰議題。1967 年，他與同事安德魯・韋納（Andrew Wiener）寫了《西元 2000 年：一個用來預測未來 30 年的架構》（*The Year 2000: A Framework for Speculation on the Next Thirty-three Years*）。1976 年，他與幾位同事又合寫了一本書，名為《未來 200 年：建構 22 世紀全球新藍圖》（*The next 200 years: A Scenario for America and the World*）。

康恩描述的其中一個情境，在當時看來似乎有些牽強。他說南韓──1970 年代全球最貧困的國家之一──在世紀之交

時，將躋身經濟強國之列。康恩也是個樂觀主義者，他在 1983 年美國剛經歷過經濟緊縮的時刻，寫了《即將來臨的繁榮》（*The Coming Boom*）這本書，意指雷根總統的改革計劃將開啟通往經濟、政治、社會繁榮的大門。

　　若說康恩是當代情境計劃之父，那皮爾·瓦克（Pierre Wack）可謂得到了康恩的真傳，把情境計劃在商業界發揮得淋漓盡致。任職於荷蘭皇家殼牌公司（Royal Dutch Shell）的瓦克與他在團體策劃部門的同事明白，油價是公司的命脈。然而，由於油價相對穩定很長一段時間了，很少人擔心油價問題。策劃部門的成員都認為這　思考未來並不周全，所以在 1970 年代初期，他們開始思考多種會影響油價的可能情境。其中一個情境涉及新創立的石油輸出國組織（Organization of Petroleum Exporting Countries，OPEC），想像這麼組織如果展現了自身的力量，油價會受到嚴重的影響。後來，贖罪日戰爭（Yom Kippur War）重創油價時，殼牌公司比其他同業都更有準備，那是因為已經想過要如何應對這類情境了。同樣任職於團體策劃部門的彼得·史瓦茲（Peter Schwartz）在他的著作《遠見的藝術》（*The Art of the Long View*）中，針對殼牌公司思考不同的未來情境這個做法的價值，下了這樣的結論：「最終的結果……並不是精準預測未來，而是對未來做出更好的決定。」[7]

　　殼牌公司成功在 1970 年代的石油危機中找到出路，他們的做法值得我們學習。我們都知道這個世界充滿不確定性，但我們沒必要對世界的不同發展感到驚訝。事實上，我們要擁抱不確定性，而不是躲避它，否則可能會忽視顯而易見的風險，並錯失極佳的機會。畢竟，我們都有想像不同情境的能力，不論那些情境是否會發生。這是小孩時常會運用的能力。作家、教育家和創造力專家肯・羅賓森（Ken Robinson）在名為《學校扼殺了創意嗎？》（Do Schools Kill Creativity）的 TED 演講中，以充滿說服力的故事描述這種與生俱來的想像力。故事講的是一位在上畫畫課的小女孩：

> 　　小女孩六歲，坐在後排畫畫。老師說她很少專心做任何事，但那堂畫畫課中，她卻很投入。老師覺得很奇妙，走過去問她：「你在畫什麼？」小女孩說：「我在畫上帝。」老師說：「可是沒人知道上帝長什麼樣子。」小女孩說：「我等一下畫完他們就知道了。」[8]

　　創造力與**開放的態度**對小孩來說極為自然。小孩想到什麼就說什麼，沒有一層層篩選機制。事實上，羅賓森的故事讓我想起幾年前發生在感恩節的事。在那之前的一年內，我

瘦了很多。大夥終於入座用餐時，話題不知為何轉到我的腰圍上，「哇……你瘦了好多……你怎麼做到的？我也想瘦這麼多！」諸如此類。這一陣輕鬆的玩笑話中，我其中一個小孩（為了保護那位天真的孩子，我不會說是誰的）在談笑過程中迸出了一句：「哈哈！爸比丟了肥肉，結果被媽咪撿到了。」

糗了！是啦，我太太克里斯汀確實重了一些……但並沒有胖很多。大家咯咯笑了，但接著一陣震耳欲聾的寂靜來襲，我和克里斯汀尷尬得滿臉通紅。但我和克里斯汀算是扯平了，因為再早好幾年前（我還沒變瘦前），我宣布要參加鐵人三項。家人問我要參加哪種比賽時，我回答：「短距離鐵人三項。緬因州韋爾斯（Wells）到肯納邦克（Kennebunk）或新罕布夏州的南瓜人比賽（Pumpkinman Triathlon）。」克里斯汀回說：「南瓜人啊？滿貼切的。你肯定不是鐵人！」

嗯……仔細想想，篩選機制還是有用處的。

回到剛剛談到的天然創造力。在我們的社會體制下，這樣的想像力很容易緩緩流失……但這不見得注定如此。我們可以、也應該時常想像多種未來的可能情境。如果不這麼做，甚至會招致悲劇發生。由前紐澤西州州長湯瑪士・基恩（Thomas Kean）主持的 911 調查委員會（9/11 Commission）在最終報告指出，其中一項導致美國的 911 恐怖攻擊的原因在於「**想像力失靈**」。[9]（但以相關事件來說，卻從未有人說珍

珠港事件是想像力失靈所致，因為事發的 36 年前，日軍曾以幾乎一模一樣的方式，襲擊停泊在旅順港〔Port Arthur〕的俄羅斯太平洋艦隊。）

考量（看似）不相關的事

很多例子都顯示，**寬廣的視野能連結看似不相干的概念**，產生驚人且強大的洞見。身為雜學家、漫遊世界各地的我，在不同想法和主題之間，發現了非常多驚人又強大、但一般來說不會這麼兜在一起的連結。有兩年的時間，我每週都會發表一篇文章（發表在我的領英帳號和個人網頁上），在文章裡連結看似不相干的主題，並討論那些連結的意義。

其中一篇文章，我把美國人對酪梨醬的迷戀，連結到微小的氣候變遷影響和墨西哥的組織犯罪上。[10] 畢竟，任誰看到數據，都會發現美國人吃的哈斯酪梨有 80% 都來自墨西哥的密卻肯州（Michoacan），那裡正是墨西哥幫派火拼最猖獗的州之一。此外，一旦以當地地主的角度思考「該種植什麼作物、為何而種」時，你就能清楚看見經濟誘因與大面積伐木之間的連結。

另一篇文章中，我探討「天氣影響了哥倫比亞和英國的投票過程及選舉結果」的可能性。[11] 2016 年，哥倫比亞人民拒

絕了能終結超過 50 年衝突的和平協定；同樣地，英國的脫歐
公投意外地由脫歐方勝出。這兩個結果有可能相關嗎？事實
證明，天氣可能影響了上述兩項公投的結果。在哥倫比亞，
馬修颶風（Hurricane Matthew）在投票當天行經多個「同意
票」票倉，造成當地投票率偏低。類似的發展也出現在英
國。豪雨（相當於平時的月雨量）下在了一面倒支持留歐的
地區。有沒有可能像天氣這種看似不相干的因素，在重大的
政策決定上扮演要角呢？我們看重表面解釋的同時，是否忽
略了潛在因素呢？

再來看看金融泡沫。我們有沒有可能透過檢視建築物，
觀察到潛在金融泡沫的跡象呢？事實上，全球最高的摩天大
樓往往會透露金融泡沫的跡象——因為摩天大樓體現了人的自
滿、寬鬆的資金條件和投機傾向。畢竟，文明發展至此，擁
有最高的建築並非實質上的需求。這種需求不理性！再者，
建造高樓大廈大多都得借錢，所以銀行和資金條件必須是寬
鬆的（不然大樓就蓋不成了）。最後，全球最高樓的營建商往
往採取「建了，承租者自然會來」的投機哲學。

這個以摩天大樓為指標的理論似乎說得通。1929 年，紐
約的三座建築：華爾街 40 號大樓（40 Wall Street）、克萊斯勒
大廈（Chrysler Building）和帝國大廈（Empire State Building）
競相成為全球最高的建築。經濟大蕭條接踵而至。1973 和

1974 年，紐約世貿中心（World Trade Center）和芝加哥的西爾斯大樓（Sears Towers）相繼拿下世界最高摩天大樓的封號。接著，經濟停滯長達十年，經歷多次石油危機。1997 年，這個的頭銜由馬來西亞的雙峰塔（Petronas Tower）拿下。接著就是亞洲金融危機。同樣地，台北 101（台灣是硬體及半導體樞紐）也預言了網路與科技泡沫。後來改名為哈里發塔（Burj Khalifa）的杜拜塔（Burj Dubai），在 2007 年拿下全球最高建築的頭銜不久後，全球金融危機就發生了。

有鑑於此，我們該如何看待沙烏地阿拉伯計劃要蓋一棟 1 公里高的高塔，進而拿下全球最高建築頭銜這件事呢？又該怎麼看待杜拜不想被同為阿拉伯人的鄰國超越，提議要蓋一座 1.3 公里高的杜拜河港塔（Dubai Creek Tower）這件事呢？這些計劃都沒有成真，但光聽到他們發表計劃的聲明，就足以吸引我的注意力了！如果想更深入了解摩天大樓經濟指標和這個理論的邏輯，我會推薦你們讀馬克‧桑頓（Mark Thornton）的《摩天大樓的詛咒》（Skyscraper Curse）。

想像另類情境

若說「不想像多種未來發展的可能」是危險的，那「想像多種未來發展的可能」是否會使我們看見機會呢？純粹不

羈的想像可能會產生瘋癲的想法，這不可否認，但這類想法有些可能極具顛覆性。我出社會後，大半時間都在工作，能看書的時間很少。有時間看書時，我總是備感壓力，覺得自己應該要讀最新的投資、商業、經濟等非小說書籍。但過去十年來，我時常會藉由閱讀小說，幫助自己想像不同的世界、多種可能的情境，以及另類的未來發展。我很推薦這個方法。事實上，以前若在大白天看電影，我會很有罪惡感，但近年來，有幾次發現自己的想法了無新意時，我都是靠看電影刺激新想法，而且不感到罪過！故事往往能幫助我們跳脫自己的思緒，思考平時不會出現在我們觀點內的情境。作家潔絲曼·韋斯特（Jessamyn West）曾說：「小說能揭開現實所隱藏的真相。」[12]

　　2009 年出版的《一秒之後》（*One Second After*）是我讀過的小說中，非常厲害的一本。作者是軍事歷史學家威廉·福岑（William Forstchen），小說探討了美國受到電磁脈衝（EMP）攻擊後，所有電力基礎建設都癱瘓的情境。前眾議院議長紐特·金瑞契（Newt Gingrich）在前言裡，把這本書形容成可能發生的「未來歷史」。[13] 我甚至在系統思維的課堂上也借用這本小說當教材，闡述我們對關鍵基礎設施的依賴，並討論許多社會、文化、經濟及政治系統可能如何遭到癱瘓。這本小說針對受到電磁脈衝攻擊後的生活，有極為寫實

的描述。如果沒讀過書中如此詳細的情境描述，我絕對無法理解或想像那種衝擊所造成的重大影響。

另一本在我腦海裡深深刻下未來可能樣貌的小說是《末世男女》（*Oryx and Crake*），這本小說的作者就是寫過《使女的故事》（*Handmaid's Tale*）的著名作家瑪格麗特・愛特伍（Margaret Atwood）。這個故事描述大型企業的創新生物工程技術，後來如何反撲這項工程的創造者。基因工程創造出來的「器官豬」（pigoon），被養來生產人類器官，但器官豬最終開始自主思考，獵捕人類。這則故事特別吸引我的一點是，愛特伍拒絕把她的小說歸類為科幻文學，因為就像她在2004年所寫：「標籤意味著我們做不到（或無法開始進行）書中的那<u>些</u>事。」追根究底，她在書中描述的嚇人世界並不需要多創新的未來科技才能成真，因為那個世界是根據當下可能的發展所寫成。藉由把自己的作品形容為「推想小說」（speculative fiction），愛特伍逼著我們以不同方式思考現下科技可能會有的發展。[14] 如果這還不能促使我們採取不同的觀點，我不知道什麼才可以！

我也很喜歡看能幫助我想像有別於自身觀點和世界的電影。舉例來說，《世界末日》（*Armageddon*）開頭的台詞基本上就能刺激觀眾以不同方式思考。電影一開始的畫面呈現了從遠方看過去的地球，旁白開始說：「這個時候的地球蓊鬱富

饒，恐龍在上面遊蕩⋯⋯」接著畫面上出現了一顆隕石，朝地球飛馳而去。旁白接著說：「但一個寬度不到 10 公里的巨石，改變了這一切。」[15]

畫面顯示隕石撞擊地球後，旁白解釋：「這顆隕石以一萬個核子武器的強度擊中地球⋯⋯上兆頓的塵埃與石頭湧進大氣層，使地球籠罩於一層灰煙中，陽光數千年都無法穿透。」畫面中，整個地球都被撞擊的灰煙籠罩，充滿不祥預兆的音樂響起，旁白警告：「這曾經發生，也還會再發生，只是遲早的問題。」[16]

如果你認為這只是好萊塢幻想出來、幫我們逃避現實的精采故事，請想想《經濟學人》雜誌 2015 年 8 月 1 日一篇名為〈萬一隕石擊向地球〉（What If an Asteroid Heads for Earth?）的文章提出的情境。[17] 那篇文章是《經濟學人》雜誌年度情境專題《如果世界⋯⋯》（The World If）的一部分，而這個專題則是為了搭配讀者喜愛的展望預測特刊《XXXX 年的世界》（The World in XXXX）所設計的。即便如此，對刺激讀者思考來說，這個情境專題本身也極有價值。各位大概猜想得到，我是這個專題的粉絲，簡直拿它來膜拜了。

2015 年的《如果世界⋯⋯》還探討了其他可能性：俄羅斯崩解、印度季風雨季失調、在尼加拉瓜建造能與巴拿馬運河匹敵的運河。至於隔年 2016 年 7 月刊登的某個情境，當時很

多人都認為極不可能發生：「如果川普當上總統會如何？」[18]
這則發生在虛構的 2017 年 4 月的故事，預測了川普執政前一
百天的情況，精準程度令人不寒而慄。2016 年情境專題還包
括：北韓政體崩解、金融系統受到駭客集體入侵。2017 年的
《如果世界……》則提出了以下可能性：美國受到電磁脈衝攻
擊（不妙，《一秒之後》的情節似乎不再是虛構的了）導致供
電網絡整個停擺、真正的信託標準問世、還有——精彩的來
了——川普支持率飆升，成功在 2020 年連任總統。[19]

我們除了能透過閱讀描述不同情境的文字，跳脫既有思
路，也能透觀看影片達到相同的效果。好萊塢是說故事產業
的佼佼者，而故事往往能比一般文字產生更長遠的影響。我
們來看看另一個情境：加州與美國大陸分離。這聽起來大概
就像隕石撞地球一樣，太扯了，對吧？但如果我跟你說，真
的有人嚴肅地在思考這種可能性，你會怎麼想？

來看看電影《加州大地震》（San Andreas）的例子。對，
這部電影是透過人與人之間的故事來引起觀眾共鳴，但這部
電影讓我感到最不可思議的是船隻行駛在舊金山市區的那一
幕。這件事可能發生嗎？有多真實？我們是在把珍貴的腦力
和有限的注意力浪費在一件幾乎不可能發生的事情上嗎？或
許如此，但也未必。

凱瑟琳・舒茲（Kathryn Schulz）是《紐約客》雜誌的撰

稿人，也是書籍《犯錯的價值：別只想找「正確模式」，記得存下「失誤紅利」！》（*Being Wrong: Adventures in the Margin of Error*）的作者。除了寫過關於處理失誤的好書（哈佛大學前校長茱兒‧佛斯特〔Drew Faust〕曾推薦每位新生在開學前都該讀這本書），舒茲還寫過一篇文章，講地震讓太平洋西北地區面目全非的可能性。她於 2015 年 6 月刊於《紐約客》的文章〈超大地震〉（The Really Big One），副標題是「大地震將大面積摧毀美國西北岸，問題只在於何時發生而已」。[20] 我覺得這就像電影《世界末日》的開頭啊！

我得警告一下。我們很可能會認為《加州大地震》和《世界末日》演的不過是發生機率極低的天然災害，但這個想法忽略了這些電影的真正價值。這些電影逼著我們正視極端情境，進而拓展我們對未來可能面貌的想像。有鑑於好電影必須逼真到讓我們信服（否則我們很難投入其中），電影中看似不相關的細節，也必須納入考量。

就災難片來說，我認為 2011 年描述某個傳染病大流行導致美國陷入恐慌和混亂的《全境擴散》（*Contagion*），把現實細節描繪得特別成功，完美展示「情境所產生的回饋迴路打亂整個系統」的情況，我因此要求我的學生都要看這部電影。我們時常會花一整堂課的時間討論這部片。電影開場從整件事的中間切入：一名女子從香港返國，出現了費解的症

狀後死亡。不久後，曾與這名女子接觸過的人也出現類似症狀。接著，疫情蔓延，政治面、社會面、經濟面、道德面都出狀況、一一失序，社會快速陷入混亂。每次看這部片時，這些次級效應都令我不安——畢竟，嚴重的疾病快速傳開，這點就已經夠糟了；然而，恐懼帶來的影響、社會秩序的崩解、國界的關閉、軍隊對人民移動自由的介入和掌控、醜陋的利益衝突浮現，這些事都十足令人不安。但仔細思考這些衝擊對你非常有幫助。試著想像一下，你的鄰居感染了致命傳染病，軍方因此限制你行動，社會大眾認為你應該跟鄰居一起被隔離，你會怎麼做？

我不想對還沒看過這部電影的人透露太多劇情，但總之，觀眾最後會明白，這個傳染病是由動物傳人的病原造成的。某種程度上，這部電影是對都市化與全球化的警告，因為若不是人類開發叢林，就不太可能發生破壞動物棲地的事⋯⋯而且當初如果沒有這種接觸，疾病也不會傳開。

有鑑於都市化完全沒有趨緩的跡象，我們可以從這個情境中學到什麼呢？疾病管制與預防中心（CDC）是否應該儲備醫療用品，萬一罕見疾病快速傳開，才不會來不及製造？或者，跨國組織（如世界衛生組織）是否應該制定應急協調計劃，未雨綢繆？這類準備工作肯定會有用的，不是嗎？或許，我們應該把「**及時處理**」的態度，取代成「**以防萬一**」

的思考。

　　情境計劃事關重大。因此，我們必須**避免把即將面對的情境界定得太清楚**，應該給預想情境一些**模糊空間**。如果準備時過度聚焦，到時候可能無法反應得很好。我們最好注重計劃的過程，而非計劃本身，就像著名拳擊手麥克・泰森（Mike Tyson）曾說：「在挨揍之前，人人都自有一套計劃。」[21] 我們必須保有充滿彈性的適應力，以便**隨機應變**。

　　舉例來說。2017 年 4 月，已進行數個月訓練的我，在波士頓搭上了前往霍普金頓（Hopkinton）的巴士，準備參加人生中第一場馬拉松。我是約翰漢考克保險公司（John Hancock）和托利基金會（Torit Foundation）的公益跑者。我有很棒的參賽計劃，準備大顯身手。然而，跑了 27 公里後，雙腿開始變得沉重不已，我別無他法，只好停下來花了數分鐘拉筋，希望能繼續移動。雖然準備了完備的計劃，但我當下最需要的是隨機應變、因事制宜的能力。很高興能向各位報告：我有跑完——雖然比厲害的選手多花了一倍的時間。唉，人生嘛！

　　至於在我參賽前的四年前，某個事件證明了隨機應變、因事制宜的能力有多重要。2013 年 4 月 15 日下午 2 點 49 分，一枚簡易爆炸裝置在波士頓馬拉松（Boston Marathon）接近終點處爆炸，造成 3 人死亡，超過 260 人送醫。主辦單位波士

頓體育協會（Boston Athletic Association）在賽前就已做好隨機應變的準備，已與當地醫療與急救人員協調好，密切合作。即便沒有人預料到那天下午會發生如此慘烈的事件，主辦單位的處理非常好。各方表面上看似沒有特別協調，但行事都很有效率，確保傷者獲得適切的醫療照護。需要就醫的受害者都在 22 分鐘內全數送離現場。那次的緊急應變很成功，而相關單位後續追捕策劃、執行爆炸案的查納耶夫兄弟（Tsarnaev brothers）時，也採取了任務導向的協調計劃，有效率地追查到歹徒。[22]

　　這次爆炸事件的緊急應變之所以如此成功，正是因為相關單位有災難應變的計劃和演練，但又不拘泥於特定計劃。他們針對幾項緊急情境，做了大方向的演練。其實，舉辦像波士頓馬拉松這類大型活動時，這本來就是主辦單位的準備工作之一。[23]

擁抱模糊

　　這一章許多故事給我們的啟發放在別的章節其實也說得通，這應該不令人驚訝，因為我們生活在高度相互連結的社會中。這也是為什麼「系統思維」對於「理解變動狀態中的關係」來說十分重要。以系統思維思考並研究回饋迴路，能

幫助我們在不確定的情勢中找到出路。系統思維比較注重**連接不同的概念**，而非創造概念。系統思維探討變數與變數之間如何互相影響，進而促使我們以大局觀看事情，以更寬廣的視野取代狹隘的觀點。

美國前國務卿迪安・艾奇遜（Dean Acheson）把策略規劃（strategic planning）形容為「向前看」，「不是眺望遙遠的未來，但要看得比當下在戰場上視線受戰火影響的指揮官看得更遠；遠到足以看見即將發生的事情的輪廓，並擬定處理或預期這些未來事件的策略。」[24] 這聽起來很像是要人們調整我們的注意力。策略規劃「也可說是以新的分析角度，重新看待我們過去和現在的行為。」[25] 此外，說到篩選資訊和有意識地確立注意力的範圍，喬治・馬歇爾（George Marshall）擔任美國國務卿時成立了國務院政策規劃辦公室（Policy Planning Staff），他給了首任辦公室主任喬治・肯楠（George Kennan）簡單扼要的指示：「避開瑣事。」[26]

如果這沒有一語道破前面提到的連結獨立概念、在不確定性中找到方向，以及想像不同情境，別句話肯定也辦不到！「瑣事」講的當然就是隨機、與脈絡不相干的資訊。這就像我在玩 1980 年代的桌遊奪派萬事通（Trivial Pursuit）時，最後得到的領悟：最好把隨機、不相干的想法（即瑣事）放到一旁，以綜觀全貌的視野連結你在乎的事情。這麼做可

以使我們跳脫既有思維，思考某個領域的發展可能會如何影響或促進另一個領域的發展。

分散思考

許多忙碌的專業人士，對於擁有和創意、創作相關的興趣，都會感到罪惡。其實，限制自己的興趣才可能會害了自己的事業和生活。有藝術性的追求除了可以帶來個人的滿足與享受，還可以刺激想像力和突破性的思考。這個說法是有依據的，許多領域的佼佼者都有和藝術性的興趣。舉例來說，研究顯示諾貝爾獎得主有藝術和工藝興趣的比例其他科學家還高。[27] 同樣地，那些促成有價值的專利的創業家，投入人文藝術活動的比例也較高。[28]

這也代表，我們在個人生活和專業領域中，對於**非線性**的思考和活動，都要保有更開放的心態。我們需要藉由大量不同的經驗，把思考分散到不同領域，供以後需要時汲取。讀小說和看電影是幫助我們想得更廣、更有創意的好方法。另一個或許更能實際分散思考的方法，則是從事不同職責的專業工作，或到不同地方工作。我猜想，如果能把職涯發展看成是爬一座立體攀爬架，而非爬梯子的話，對我們可能更有助益。有時候從 A 點到 B 點的最快途徑是先橫著爬，或先

往下爬，再攀到攀爬架的其他部分，接著再往上爬。誰知道呢？甚至你看整個遊樂場的視野會不一樣呢！

面對龐大的不確定性時，我們有必要明白並重視自己知道和不知道的事情。這不是什麼新穎的概念，但對於個人職涯管理或各機構的人資管理，都能產生很大的影響。更明確一點來說，如果比一般人**更抱持懷疑的態度、在智識上更謙卑、更能想像事物的可能性**，而且**不會被看似很有可能的情況綁架**，就更能在不確定的局勢中找到出路。因此，我們的職涯進程應該要能讓自己不斷挑戰不熟悉的職責，藉此學習自己不知道的事物。我們在那些崗位上的收穫，很可能會幫助我們在智識層面上更認識自己，並精進我們駕馭不確定性的能力。

⚠ 關鍵要點

⚠ **在不確定的情勢中找出路時，最好要思考多種未來的可能性。**

不準確的預測也能成為助力。最重要的是：那些預測是否能幫你更深入思考當下的情況，並在你面對模糊不清的未來時，有助於你做決定。

⚠ **小說能刺激想像力、拓展我們思考更多不同的可能性，而且這種思考會影響我們的決定。**

忙碌的專業人士往往會優先閱讀非小說、看紀錄片，把小說、科幻片或劇情片擺在次位。然而，小說和富想像力的故事能幫助我們以寬廣的視野、不同的觀點思考未來。

⚠ **與其閃避模糊曖昧，不如擁抱它。**

思考多種可能的未來發展，能幫助我們看出埋在不確定性之下可能的機會以及隱藏的風險。不確定性和模糊曖昧能帶來創新的突破，也能招致慘痛的失敗。我們必須認真思考可能的情境，並同時保持寬廣的視野。我們可以利用系統思維來連結不同的概念，並思考回饋迴路。

12

◇◇◇◇

在21世紀靠自己

　　我們必須從專家和科技手上拿回我們對人生的主控權。這是一項我們必須**信任自己**和**相信直覺**才能面對的挑戰。簡單說，這就是在 21 世紀靠自己的技能。我們必須重拾對常理的信念，克服對科技的依戀——科技是輔助，不是用來取代思考的。我們應該讓專家隨侍在側，而非主掌大權。**人人都有能力也有責任發掘事物的全貌並連結各種不同的概念**。不這麼做，可能會產生更多問題。但最重要的是，我們必須找到一個與專家合作的新模式。若要達到這點，我們就必須摒棄對深度知識的依戀，並更注重視野的廣度，這是重拾控制權的唯一辦法。然而，正如本書前面討論過的，我們已經盲目地把控制權交到專家、科技、體制規則手中了。

　　追根究底，若要在 21 世紀靠自己，我們就必須自主思

考。愛默生（Ralph Waldo Emerson）有句話雖然寫於 1841 年，但日久彌新。基本上，他強烈鼓勵人們自主思考：「一個人更應該學會發覺、觀看內心閃爍的微光，而不只是注意詩人和聖賢輝耀的蒼穹光彩。」[1] 句中的「詩人和聖賢」可以輕易替換成「專家和科技」，而且很適用於現下的脈絡。

　　想想產品研發鬼才史蒂夫·賈伯斯（Steve Jobs）的故事。他運用在里德學院（Reed College）字體設計課的所學，休學後創造出了蘋果電腦廣受歡迎的美麗字體。他修那堂課完全是出於興趣，而不是因為這門課能幫助他拿到學位。賈伯斯後來表示：「十年後，我們在設計第一部麥金塔電腦時，我想起我所學的一切……把字體設計進電腦裡……那是第一部有美麗字體的電腦。如果我沒有上過學院那門課，蘋果電腦就不會有多種字體可選，字元間也不會有成比例的間隔。因為微軟電腦都是抄蘋果電腦的，若沒有那門課，也沒有任何一部個人電腦會有那些字體。」然而，賈伯斯選修那門字體課時，他並不曉得日後那會派上用場。他純粹是因為興趣而學，而且他表示：「在學校時，我根本不可能預見未來這些概念會有連結……但回頭來看，一切都非常非常清晰。」[2]

　　賈伯斯這番話的啟示是：當下過度計劃、過度聚焦的思考方式，可能會損害我們在未來連結不同概念的能力。我們不知道連結哪些概念能帶來好處，所以手上最好握有很多不

同概念。但是專業化會使我們無法看到為數眾多、類型和範圍皆不同的概念，限制了我們對脈絡的重視。專業化程度越來越高的同時，人們變得輕視廣度了。我們過於側重「深度」而輕忽「廣度」，是時候重新平衡並正視「廣度」的價值了。

向「思想虛弱者」學習

〈職業〉（Profession）是以撒·艾西莫夫（Isaac Asimov）1957 年精彩的短篇小說。比起當代的軼聞趣事，這個故事或許更能貼切地描繪深度專業化和技術教育根本上的缺點。[3] 故事發生在遙遠的未來，講的是教育體制培養各種專業人力的故事。雖然故事背景在地球，但有些角色來自名為外世界（Outworlds）的眾多星球，而故事的主人翁是希望成為專業電腦程式設計師的喬治·普萊頓（George Platen）。

這個未來世界的人們一生中有三個重要的里程碑：閱讀日、教育日、奧林匹克日。在閱讀日上，8 歲的男孩女孩要到醫院報到，醫生會在他們的額頭上接線，連結一台機器。進行多項流程後，每個孩子都會獲得閱讀的能力。教育日落在閱讀日大約十年後，對家長和孩子來說都是決定性的一天，因為這天會決定孩子的大腦要安裝哪種專業知識，類似電腦安裝軟體那樣。（順道一提，教育日有點類似南韓大學的入學

考試，《經濟學人》雜誌把韓國稱為「一考定終生的社會」。[4]）奧林匹克日則是競賽日，決定誰是各行業中的佼佼者。

喬治的父親是地球上的專業配管工，而喬治則一心想成為專業電腦程式工程師，這樣才有可能在外世界某個理想星球上找個家。閱讀日時，替喬治安裝閱讀能力的醫師在過程中發現了異狀……原因會在教育日揭露。

到了教育日那天，喬治安裝專業知識失敗，被送去與山姆・艾倫佛德（Sam Ellenford）碰面。艾倫佛德說：「喬治，首先，你無法成為電腦程式工程師。我想你應該猜到這點了。」

消化了這個令他難過的事實後，喬治問：「那我會成為什麼？」

「這就是最難解釋的部分了，喬治，」艾倫佛德回答道。

「你不會有任何職業……喬治啊，我們每隔一段時間，就會碰到一位大腦不適合安裝任何知識的年經人。」

「你是指我不能被教育？」喬治問道。

「我就是那個意思。」艾倫佛德接著向喬治解釋，他從今以後會受到地球的監護。「你是指，我會被送進監獄？」喬治問道。

「當然不是，那只是代表你將與其他相同狀況的人在一起……你需要特殊待遇。」

　　沮喪的喬治接著問及這是否會讓他的家人蒙羞。艾倫佛德安慰喬治說，他們已經告訴他的家人，他被派去執行特別任務了。最後，喬治被安排與另一位無法被教育的人當室友，他身處的機構稱作「思想虛弱者之家」。被安置到這裡，喬治感到惱火，並相信其中肯定有嚴重的誤會。他從那裡逃了出來，試圖說服其他人自己是有能力的，拒絕接受無法被教育的事實。後來，天外似乎飛來好運，喬治遇見了一名想幫助他的歷史學家。

　　兩人談話的過程中，歷史學家回答了喬治的問題，向他解釋「教育」的運作模式：

> 　　人類找出了大腦儲存知識的機制，因此設計出「教育磁帶」、安裝到大腦中，修改大腦機制，直接注入一整套知識系統。……地球出口低專業性的磁帶，讓銀河系的文化有一致性。……地球也出口高專業性的磁帶……此外，出口磁帶和人力能換來我們非常需要，且地球的經濟依賴的原料。這樣你明白為什麼我們的教育是最好的做法了嗎？

　　那位自稱社會科學家的歷史學家問喬治，是否可以研究他。喬治拒絕，表示除非歷史學家能幫他，他才會答應。喬

治要求要與外世界的官員談話。不久，這個要求實現了。他試圖說服官員自己值得僱用，還講了個故事，說自己有個朋友無法被教育，是因為磁帶的供給量不足。

喬治表示：「磁帶其實不好。磁帶教太多了，太輕而易舉就讓我們獲得知識。透過那種方式學習的人，不會知道如何用其他方式學習。安裝了特定磁帶，就得被綁在特定的職位上。假如我們不安裝磁帶，而是被要求自己從頭學習，那麼我們就會發展出學習的習慣，並持續學習。」他接著指出，若打破透過磁帶學習的循環，就能打破外世界的人對地球磁帶生產的依賴。

官員接著問：「如果沒有磁帶，人要從哪裡獲取知識？從宇宙的真空裡獲得嗎？」

「從書本裡，」喬治回答。「透過研究裝置本身、透過思考。」

外世界的官員仍感到懷疑，指出要精通某項專業所需的時間太多了，即便某人透過這個方法獲得專業知識，也比不過那些磁帶學習者。他告訴喬治，自學者的能力會比磁帶學習者差。喬治試圖回應這點：「慢著，請讓我說完。即便自學者懂的並不是那麼多，但能繼續學習的能力才是更重要的。自學者將會想出磁帶學習者想不出來的新點子。這能造就一批原創思考的人才。」

　　官員覺得喬治的想法頗有意思，但認為那只是任性的玩笑話，並不當一回事。通訊螢幕變空白後，鬱悶的喬治不知不覺睡著了⋯⋯醒來時，發現他又回到思想虛弱者之家⋯⋯他睜開眼，看見室友在和他打招呼，並告訴他之前那位歷史學家，其實是被派來幫助他接受「未教育者」身分的人。

　　這時喬治瞬間明白了，說：「這下我懂了⋯⋯教育磁帶是誰製作的？特殊的磁帶技師嗎？那又是誰製作教育這些技師的磁帶？更厲害的技師嗎？那又是誰製造教育他們的磁帶？你懂我的意思吧。一定有個終點啊。某個地方一定存在著有原創思考能力的人啊。」

　　他的室友說：「那種地方正確的名字叫高等研究機構。」

　　「為什麼沒有人一開始就告訴我這件事？」喬治問道。

　　他的室友接著揭開真相：閱讀日上，一萬人中大約有一人會出現原創思考的跡象，但由於沒有方法能偵測這項能力，所以會在教育日上再檢查一次。室友表示：「那些仍有原創思考跡象的人就會被送到像這樣的地方。」他接著指出，具創造力的原創思考者永遠不會被眾人知道，因為「我們不能讓那些受磁帶教育的人認為自己是失敗品。他們的目標是成為專業人士，而且無論如何都做到了。大家都可以有個職業頭銜。」

　　他接著說：「來到這裡的人，十個有九個都不是創造力天

才的料，但我們也沒法辨識誰才是我們要的人，⋯⋯我們把你們帶到思想虛弱者之家，而不接受這樣安排的人，就是我們要的人⋯⋯有一萬個像你這樣的人，而 1500 個世界的科技之所以能進步，都是靠你們。」

平衡深度與廣度

在這個地球上，深度和廣度的爭論在教育領域是最激烈不過的了。多年來，許多政策制定者都感嘆技術導向的教育不夠，且時常看不起致力於人文教育的人。舉例來說，美國前總統歐巴馬為了重振美國製造業，曾在 2014 年探訪威斯康辛州宣傳技職訓練，他表示：「我向各位保證，比起那些有藝術史文憑的人，擁有製造技術的你們，賺得錢會比他們多。」[5] 此外，前佛羅里達州州長瑞克・史考特（Rick Scott）也表達過對人類學的輕視。他公開表示教育預算會佔到其他公共資源時，這麼問：「擁有更多人類學家是本州重要的利益考量嗎？我可不這麼認為。」[6] 最後來看看前北卡羅來納州州長派翠克・麥克克羅里（Patrick McCrory）的說法。他表示，對性別研究有興趣的學子應該去念私校，因為他「不想補助那些讀了找不到工作的學科」[7]。

這種例子不勝枚舉⋯⋯但重點都挺直截了當：2008 年後

的經濟環境強調實用的訓練和教育。事實上,「用處導向」變得極受歡迎,政治人物和名嘴不時就會褒揚技職教育、貶低人文教育。以這個邏輯來看,擁有某某專業執照才是最重要的事。

會如此爭論教育的實用性,或許是因為近年來的科技發展使令人嚮往的工作需具備的技術門檻都不斷提高?或者和21世紀全球化逼著各地專業人士必須與其他地方的佼佼者競爭有關?這些理由看似都能非常合理地解釋,為何美國的名嘴和政治人物評估教育是否成功時,都特別把實用性當作關鍵的評斷依據。

請思考以下引自《大西洋》雜誌的一段話:「我該怎麼培養我兒子?我很高興自己負擔得起,讓他接受最好的訓練……我想給他實用的教育,讓他比我年輕時有更充分的準備,能接手我的事業或追求其他職業的感召。」[8]這段話貼切地講出了這個時代每個家長焦慮的心聲,是吧?多數家長都能立刻感同身受。

如果我告訴你,這段話是出自後來擔任哈佛校長的查爾斯·艾略特(Charles Eliot)在1869年寫的文章,你是否會很驚訝?其實,教育的實用性這個議題早就不新了,已經存在數百、甚至數千年了。這個議題看似值得爭論,但過去已有大量各方論述的文獻可供我們了解。

　　當代教育哲學的辯論可以追溯至 1828 年、由企業及學術職員委員（Committee of the Corporation and the Academical Faculty）所寫的《耶魯學院課程報告》（Reports on the Course of Instruction in Yale College），如今被稱作《1828 耶魯報告》（1828 Yale Report）。這份報告的作者群指出，古典人文教育應該致力於兩項大學生應該努力追求的要件，也就是發展「心智之**紀律**與**內涵**；拓展心智的力量、將知識儲存其中」。報告寫成的數十年後，那兩項目標——教導學生如何思考、提供學生知識——成了人文教育思維的主流。請注意，這份報告並沒有提及任何實用性的考量，甚至表示好的人文教育，重點「並不是要教導任何特定的職業技能，而是奠定基礎，讓任何職業都能據此發展」。[9]

　　查爾斯・艾略特檢視了歐洲一些高度實用性及研究導向的理工機構後，接著在 1869 年的文章建議美國學院要以研究輔助古典教育。[10] 他體會到學院必須轉型為大學。大學部仍以教學和學生為重，而研究所則致力於研究和專業知識的應用。無論好壞，這樣的體制融合了研究所的研究導向和大學部的教學導向，從艾略特還是哈佛校長至今都未曾改變。

　　著名新聞從業員法理德・扎卡瑞亞（Fareed Zakaria）在著作《為博雅教育辯護》（In Defense of Liberal Education）中，針對艾略特的文章，做了強而有力的總結，並提出了一項創

新計畫：重新設計 21 世紀的教育體制、改造人文教育。這個扎卡瑞亞形容是「最有趣且野心勃勃」的計劃，我有幸能在 2016 年的夏天參與。[11] 位於康乃狄克州新哈芬市的耶魯大學與遠在另一頭的新加坡國立大學（National University of Singapore）正試著重新定義人文教育。耶魯－新加坡國立大學學院（Yale-NUS College）是兩所頂尖大學合作下的產物，試圖掙脫歷史包袱，從零開始設計適用於21世紀的人文教育。

讀了耶魯－新加坡國立大學於 2013 年 4 月公布的課程報告後，我馬上連絡了這所學院的院長培里克利·路易斯（Pericles Lewis），表明自己能提供任何所需的幫助。因為我教學研究的興趣十分多元，大多數美國大學都會很傷腦筋，要安排我到哪個系所，但這個學院沒有這個困擾。為什麼？因為這個學院沒有分科系，把科系視為跨領域與多元領域教學的阻礙。

有鑑於此，你在這所學院裡找不到經濟學教授，但能找到剛好對經濟學主題較有著墨的社會科學領域教授。這位教授可能會與剛好對環境議題有著墨的科學領域教授共同教授氣候變遷的課程。2016 年，我就與友人保羅·索爾曼（Paul Solman）在這個學院合授一門以社會不平等為主題的課。因此，我對這個學院有第一手的認識。我認為這個做法促使教職員間的合作更密切，進而帶來更具整合性的教學。

　　耶魯－新加坡國立大學學院是否會成功還很難說。在集團決定成立這個學院時，身為掌管理耶魯大學的耶魯集團（Yale Corporation）成員的法理德・扎卡瑞亞，曾明白點出其中的風險：「這個學院可能無法執行所有理念……學術自由與新加坡仍然封閉的政治體制有所衝突，這點可能對計劃不利。」[12] 無論如何，耶魯－新加坡國立大學學院是個野心勃勃的嘗試，謹慎地（稍稍）提升廣度的重要性，試圖讓教育更現代化。對此，創院院長培里克利・路易斯表示：「在這個資訊商品化的時代，我們其中一項很重要的任務，是要幫助學生汲取**多元**文化的故事、歷史與思考模式。」[13] 總之，耶魯－新加坡國立大學學院正在幫助未來的全球領導者吸收全球多元的知識內涵，同時發展出跨領域的思考能力。

　　耶魯－新加坡國立大學學院的實驗進行時，其他教育創新並未止步。2017 年刊登於《高等教育紀事報》（*The Chronicle of Higher Education*）的文章〈新人文教育〉（**A New Liberal Art**）表示，系統導向的教育或許會成為人文教育未來的模樣。這篇文章將系統思維定義為「一項檢視一個組織或問題裡重要部份之間的關係，並找出管理這些關係的方法，以產生更好結果的專業。」[14] 線性式思考者相信問題都有直接原因，所以能透過改善各個部分來改善整體；系統思維者則明白，問題可能有潛藏、非直接的原因，而不同部份之間的

關係才是最重要的。

這篇文章特別列出了幾所以實用性和職業為導向的學校，這些學校皆採用系統思維的教育手法：其中一所學校是加州州立海事大學（The California State University Maritime Academy），在那裡，學生除了能學習讓船隻運行無礙的技術，也能學習在指揮鏈下互動。其二是美國餐飲學院（The Culinary Institute of America），在那裡，學生能學習如何面對意料之外的問題、嘗試擔任管理階層的角色，並檢視緊密連結的人類與技術系統。

當然了，許多線上教育計劃也在追求深度與廣度的平衡。其中最為人稱道的就是隸屬凱克研究所（Keck Graduate Institute）的全遠距無牆大學密涅瓦（Minerva School）。密涅瓦大學的創校教務長史蒂芬·科斯林（Stephen Kosslyn）過去三十年來曾在哈佛大學擔任各種職務，從心理學教授、系主任、社科學院院長都有。

《大西洋》雜誌一篇名為〈大學的未來？〉（The Future of College?）的文章指出，全遠距線上教學的用意是要讓大學「回歸核心，拿掉講座課程、終身教職，也不要足球比賽、藤蔓攀爬的教學大樓和研究圖書館。」[15] 這個模式很容易描述：網路教學佐以全球居住經驗的多元背景。2017 年的報導指出，密涅瓦大學的錄取率只有 2%，成為美國最挑學生的學

校。

　　就我來看，密涅瓦大學最有趣的一點在於自身的定位。以下這句話是 2017 年 11 月學校官網的標語：「想在充滿不確定性的全球化時代成功，所需的準備工作包含：發展智識、建立特色、學習實用技能。」值得注意的是，密涅瓦大學開門見山地強調實用技能的重要性，但同時看重視野的廣度，強調「寬廣的知識與實用的技能」都很必要。[16] 這裡所說的實用技能包括成為全球公民的意識，所以希望畢業生有在學校全球七個據點（舊金山、首爾、海德拉巴、柏林、布宜諾斯艾利斯、倫敦、台北）居住的經驗。學校官網標示出的各個學類（concentration）都附上一張清單，列出各學類能發展的職涯選項。同樣地，要斷言這種更強調實用性、但佐以寬廣視野的教育是否掌握了適當的平衡還太早了，但值得觀察。

這是水

　　2005 年，榮獲麥克阿瑟獎（MacArthur Fellow）*、身兼英文教授和作家的大衛‧福斯特‧華萊士（David Foster

---

* 由麥克阿瑟基金會（MacArthur Foundation）頒發給各領域持續進行創造性工作、展現卓越能力與潛力的人，俗稱「天才獎」。

Wallace）在凱尼恩學院（Kenyon College）發表畢業演說。華萊士向畢業生及來賓致意後，講述了一個簡單但充滿力量的寓言故事：「兩隻年輕的魚一同游著，巧遇一隻正要去別處、較年長的魚。年長的魚向他們點點頭問好，說：『早安，孩子們，今天的水還好嗎？』那兩隻年輕的魚游了一會後，其中一隻終於轉向另一隻魚，問道：『水是什麼鬼東西啊？』」華萊士說，這則魚的故事要強調「最明顯、最重要的現實，通常最難看見。」[17]

　　華萊士不那麼看重智識的內涵，他表示：「人文教育並不代表要不斷吸收知識，而是教我們如何思考……重點不在於有沒有能力思考，而是我們**選擇思考什麼**。」華萊士想傳達的最終訊息是，我們都能以不同方式詮釋現實世界，而**如何詮釋**則取決於我們自己。我們不需要自動把目光轉到聚光燈照到的地方。

　　華萊士表示：「我認為這是『教我們如何思考』的真正意涵。我們應該少一些些自滿，並對自我和自身所認定的事，要有多一些些的批判意識。」他接著點出人類自我中心的天性：「我們對世界的直接體驗支持了『我是宇宙的中心』的信念。我們認為自己的存在比任何人都更真實、更鮮明、更重要……請想想，我們所有的經驗完全都是以自我為中心……你所體驗的世界就在你眼前、身後、左右，或在你的電視或

螢幕上展開。」

為了說明這點，他運用了一個看似瑣碎的例子，來展示「我們選擇怎麼思考」發生在眼前的事，這個行為的力量有多大：

> 下班車潮中，我有時會把時間花在對那些龐大、愚蠢、擋路的休旅車、悍馬車和 V-12 引擎貨車感到惱怒，氣他們燃燒油槽內 40 加侖的汽油這種浪費、自私的行徑。另外，我也會在意那些車尾貼有愛國或宗教貼紙的車輛。那些貼紙總是貼在最巨大、最自私的車輛上，而那些車的車主總是超醜陋、超沒公德心，又超蠻橫。

對華萊士來說，選擇去想這些事並不是問題；然而，若**無意識地**讓這些想法進入腦中，就有問題了。詮釋任何事情時，我們應該打破自動、下意識的預設模式，因為那種詮釋可能失真。**我們必須思考其他可能性。**就華萊士的觀察，我們能以很多不同的方式詮釋上述情境，或許「剛才超我車的悍馬車主，有一位受傷或生病的孩子坐在旁邊，急著送孩子到醫院。他趕時間的理由比我迫切且正當，所以其實是我擋到他的路了。」

　　華萊士鼓勵我們發揮同理心，先思考對方可能面臨的處境，再下結論。「如果你夠有意識讓自己有所選擇，你能選擇以不同方式看待結帳隊伍中那位肥胖、眼神枯槁、頂著大濃妝、大聲喝斥孩子的女人……或許她平時不是這個樣子的……或許她連續三晚都沒睡，握著罹患骨癌、瀕死的丈夫的手。」

　　追根究底，華萊士要我們重新掌握自己的思考方式，不讓預設的假定和本能的自我中心主掌大權，而忘了思考其他詮釋方式或發揮同理心。他最後如此總結這場精彩的演講：「最重要的一種自由必須仰賴**專注**、**意識**和**紀律**……相反的情況是意識的缺乏、預設的模式、汲汲營營的生活，以及無法掙脫曾經擁有珍貴之物卻失去了的失落感。」華萊士表示，我們必須要意識到「什麼才是真實且必須的東西——那些東西一直近在眼前，只是不容易察覺。我們必須不斷提醒自己：這是水……這是水。」

　　我所認識其中一位「最有水的意識」的人，是基威特公司（Kiewit Corporation）董事長、前執行長布魯斯・格魯庫克（Bruce Grewcock）。基威特公司是美國建設公司的領頭羊，並剛好是一間員工持股公司。這家公司數十年來發展得很好，使身為股東的員工也隨之受惠。

　　我在耶魯教商業倫理專題討論課程時，曾邀請布魯斯和

他幾名同事來班上，討論基威特公司是否該成為上市公司。檯面上的條件很具吸引力——基威特的股價很可能會翻倍、公司的募資成本會降低、多餘的資金可以使公司在大型標案中更具競爭力。此外，擁有公開交易股票能使公司以更好的條件併購其他公司。

我先讓學生針對這個議題進行辯論，刺激出一些不同看法後，再轉向布魯斯問道：「那你真正的想法是什麼呢？」他接下來的簡短回應，顯示他深刻意識到，他與股東在公司的精彩成功故事中扮演了何種角色。他首先指出，自己認為基威特的員工不太可能會提議讓公司成為上市公司，因為大家都明白這麼做會改變公司的文化……大家都明白，公司的營運會直接影響他們的收入，所以身為股東而非單純只是員工的他們，會做出不一樣的決定。

接著，布魯斯從破舊的公事包中拿出顯然是從雜誌上撕下的一頁。那頁雜誌皺巴巴的、褪色又破爛，顯然跟著他很久了。我以為他會繼續翻找別的東西，但沒有，他舉起那頁雜誌給大家看。

那是瑞士指標性製錶商百達翡麗（Patek Philippe）的廣告。畫面中有一對父子，布魯斯念了上頭的標語：「沒人能擁有百達翡麗，只不過為下一代保管而已。」他表示自己對基威特也是這種感覺。的確，他是公司的董事長、執行長，也是

當時的最大股東，但他覺得自己不過是**為下一代保管**公司而已。布魯斯和很多其他成功的公司高層不同，他明白公司的股權結構和歷史脈絡會影響他與公司的成敗。他不像華萊士口中的那些人那樣，下意識地以自我為中心。他與其他數十位我曾碰過面的基威特管理高層都深深明白一點：自己只是龐大基業的一部分，他們知道自己身處於「水」中。我認為，這個意識正是基威特的表現之所以能超越大部分同業的重要原因之一。

他們彷彿在說：「這是基威特……這是基威特。」

隨處發現獨特

大衛・福斯特・華萊士的演說是要讓凱尼恩學院的畢業生警醒，使他們脫離自身的預設立場、避免自我中心地詮釋周遭事物。幾年後，在富裕的波士頓市郊，小大衛・麥卡盧（David McCullough Jr.）也試圖向韋爾斯利高中（Wellesley High School）的畢業生傳達類似的訊息。

在 12 分鐘左右的演說中，麥卡盧對畢業生說：「你們的畢業服……寬鬆、統一、不分尺寸。不論性別、高矮、成績，不無論你是不是塗抹防曬劑的畢業舞會女王或是電玩中的銀河系殺手，你們環顧四周後會發現，大家全穿得一模一

樣。你們的文憑，除了名字之外也完全相同。理應如此，因為你們都不特別。你們不特別⋯⋯你們並不突出」。他接著提出觀察證據。全美各地有三百二十萬名高中生從三萬七千所高中畢業：「也就是有三萬七千名畢業生代表、三萬七千名當屆學生會會長⋯⋯九萬兩千名合唱女低音⋯⋯三十四萬名自視甚高的體育壯男⋯⋯兩百一十八萬五千九百六十七雙 UGGs 牌短靴。」[18]

畢業生發出緊張笑聲的同時，麥卡盧繼續表示，即便你是百萬中選一的人才，那也代表跟你一樣獨特的人也有數千位。他指出，在一個大家都很特別的世界裡，沒有人是真正特別的。「如果大家都有獎盃，那獎盃就沒有意義了。」

麥卡盧明白這個現象廣泛到不只適用於韋爾斯利高中。他表示：「我們美國人近來越來越迷戀獎章，而不追求真正的成就了──這是有害的。我們把『得到表揚』這件事擺在第一位；如果我們察覺到，能讓我們炫耀、自誇、提升地位最快或唯一方式是降低標準或忽視事實，我們會很樂意這麼做。」準大學生申請學校的履歷競爭非常激烈，導致「到瓜地馬拉協助建造診所的重點變成是要申請到好學校，而非提升瓜地馬拉人的福祉。」麥卡盧指出，高尚的作為被「追求獨特的普遍趨勢」變得廉價了。

他最後的建議是改變關注的焦點。我們必須找尋內心的

動力、自主思考、不讓別人的意見掌控我們的行為,「登山的目的不在於在山頂上插旗,而是要擁抱挑戰、享受新鮮空氣、遠眺景色。登高是為了望遠,而不是為了讓別人看見。到巴黎是為了身歷其境,而不是為了收集景點,並對自己的經歷沾沾自喜……人生最甜蜜的喜悅,會在你意識到自己並不特別時來臨……人人都特別,所以你不特別。」

麥卡盧的言下之意是我們必須**調整關注的焦點**。關鍵在於避免華萊士描述的那種預設立場和下意識的自我中心,並以不同的觀點看世界。你雙眼所及之處皆特別。

擁抱新手的清新觀點

現今,任何自重的作家好像肯定都會在書中引用馬克・吐溫(Mark Twain)的話,所以我非常興奮自己能履行這項義務,並同時提供頗有洞見的觀點。馬克・吐溫說:「**給世界製造麻煩的,通常不是人們不懂的事,而是人們自以為懂、但其實誤解了的事。**」[19] 這就是局外人或新手的觀點有時彌足珍貴的原因,很多哲學家也都認同這個概念。例如,禪宗大師鈴木俊隆曾表示:「新手之心是空白的,沒有專家的習氣,他們準備接受、懷疑、包納各種可能性。」[20] 經驗和專業知識會關閉我們對各種可能的開放之心,使我們對自以為知曉的事

物過度自信。

我認為自以為懂而過度自信是一大阻礙，阻礙我們重拾常理、阻礙我們在 21 世紀靠自己、阻礙我們從無所不在的注意力篩選機制的挾持中奪回人生。我們都相信自己是自由的，但我們都沒能完全意識到，自己的存在可能受到了多大的外在掌控。這並不代表我們萬全不應該外包思考、不該讓其他人決定我們該注意什麼。如果是有意識的外包，那無可厚非。但如果是毫不質疑、盲目服從注意力篩選機制，那就完全與任何意義上的自由是兩回事了。大衛・福斯特・華萊士如此描述這種狀態：「受到徹底監禁的人甚至不知道自己被囚禁了。」[21]

別浪費無知

掙脫束縛、重獲自由的關鍵在於脫離根深蒂固的模式，並質疑自己確信的事。我們幾乎不太可能透過積極作為產生新手的清新觀點，因為那需要的是一顆**警醒的心**，注意到自己在想什麼，才要能打破主導我們人生的僵化常規。這也是為什麼往後退一步、並了解我們能透過「改變關注的範圍」來產生新手的清新觀點，是件重要的事，而且就連在原本關注的範圍內稍作調整都很有用。如果你的工作與股票有關，那請你思考債務議題，甚至是別的國家的債務議題。如果你

是胸腔及心臟血管的外科醫師，那請讀一些皮膚科、營養學，甚至動物疾病的文獻。類似這種簡單的焦點轉換，就能夠提高產生清新觀點、進而解決問題的可能性。唯有這樣繞道而行，才有可能以開闊的心重新看待現有的挑戰，產生當下急切需要的重大突破。

為了闡述無知和清新觀點的力量，讓我們一起回到過去，看看埃及古城索尼斯－希拉克萊奧（Thonis-Heracleion）。這裡據說是古代世界的信仰中心和貿易樞紐（也是荷馬史詩中，特洛伊王子帕里斯綁走海倫後去的地方），但考古學家和專家卻找不到足夠的證據，證明這座城市曾經存在。[22] 找不到特定器物或建築的證據還說得通，但整座城市消失得無影無蹤就怪了。有些人推測城市消失的原因是天然災害，諸如海平面上升和一連串強震等等；有些人則懷疑這座城市不曾存在過。

弗蘭克・戈迪奧（Franck Goddio）登場。擔任財務和經濟顧問的他，曾代表聯合國在寮國、柬埔寨和越南執行過無數次任務。他甚至曾經協助法國外交部，也曾擔任諸如沙烏地阿拉伯等國的財務顧問。不過，戈迪奧對海底考古學也十分著迷，曾參與在菲律賓海域和其他海域的沈船打撈工作。[23]

當戈迪奧聽說埃及亞歷山卓（Alexandria）附近有個顯然未被發現的城市時，他簡直無法抵擋這個挑戰的誘惑。於

是，他善用數學專長，用來解開這個困惑專家上百、甚至上千年的問題上。首先，他閱覽了提及這座城市的古代文獻，藉此引導自己的直覺鎖定可能的所在位置。接著，戈迪奧花了 5 年時間，運用數學、有系統地繪製了亞歷山卓沿岸海域的地圖，範圍有一個巴黎這麼大。他的初步發現使他朝著專業人士都認為不太可能的方向尋找。他進行了數十次的小型試探性挖掘，並利用蒐集到的資料改善他以數學引導的挖掘工作。[24]

結果在 2000 年，他找到了那座失落的古城，索尼斯－希拉克萊奧。他的考古學發現被譽為史上最偉大的發現。[25] 他發現的寶庫之龐大，可能要花上數十年才可能挖掘完畢。這一切竟然是由一位喜歡數學的財務顧問達成的。戈迪奧之所以能找到失落的古城，有沒有可能正是因為他沒受過考古學訓練？考古學家的專業經歷是否可能產生巨大的盲點，讓他們沒能做到戈迪奧做到的事？

無知其實可能比建立在可疑假設上的知識還要好。我們來看看支付供應商 PayPal 的例子。PayPal 共同創辦人彼得‧泰爾（Peter Thiel）發現，在銀行業經驗越豐富的人就越認為 PayPal 不可能成功。由無知而生的智識自由是未被善加利用的寶庫。就過去的例子來看，這種自由都是碰巧產生，並非刻意發展出來或原本就受到肯定。

　　所以，如果「未受污染」的眼界能察覺風險和機會，進而幫助我們在不確定的局勢中找到出路，那我們要怎麼「洗滌」我們的雙眼呢？首先是擁抱和認真考慮看似與我們既有職涯軌跡不相干的工作機會。就像鈴木俊隆所說：「新手的心中有很多可能性，而專家心中的可能性則很少。」[26]

　　請思考我先前提過的大衛・史雲生的故事。他到耶魯大學管理捐贈基金時——重點來囉——他完全沒有任何專業金錢管理的經驗。事實上，大衛曾多次告訴我，他起初認為耶魯大學聘請他是在開玩笑，況且他到職日是 1985 年 4 月 1 日愚人節當天，實在可疑。他多年前在耶魯讀博士的指導教授，成功說服他從紐約市搬到耶魯所在的新哈芬，接受耶魯大學這份薪水少了八成的工作。史雲生的新手觀點極有可能使他回歸基本原則並自主思考——這兩件事促成了令人稱頌的「耶魯長期投資模式」。

　　然而，值得強調的是，學術圈之外的就業環境有時較不友善，僱用員工的標準並沒有太大的彈性，但這不代表一般就業環境不可能存在清新觀點——是有可能存在的。每次被僱用（或開除），都是一位具備領導能力的人改變預設立場的機會。想想 30 歲時被蘋果公司開除的賈伯斯。雖然他當時很受傷，但後來表示：「被蘋果開除是發生在我身上最好的事。」怎麼會？因為讓他擺脫了企業管理高層的既定觀點。他表示：

「身為成功人士的重擔被重新成為新手的輕盈感取代了，我對一切沒那麼篤定了。」[27] 對一切沒那麼篤定？這句話就像是馬克・吐溫「醫生」面對想在不確定的局勢中找出路的人會開立的處方！

因為原本的假設被動搖，產生了清新觀點的賈伯斯表示，「使我掙脫束縛，進入人生創作力的巔峰。接下來的 5 年中，我創立 NeXT 和皮克斯公司（Pixar），並與未來的太太相戀。」[28] 後來，皮克斯成為了全球最成功的動畫公司，而 NeXT（被蘋果收購後，讓賈伯斯得以回歸）則被認為是蘋果產品和科技復興的推手。賈伯斯被開除後，因為掙脫了管理蘋果公司的日常重擔，因而產生了清新觀點；而這樣的觀點很可能造就了他具突破性的想法。

大多數人若被丟到某個崗位上，卻沒有豐富的相關背景時，通常就會馬上研讀相關資訊。但我們來看看妮基・海莉（Nikki Haley）這位對外交事務經驗有限的州長，在接任美國駐聯合國大使時是如何準備的：「我是外交政策的新手。出任大使時得學習很多事。到紐約聯合國總部之前，做了很多功課……但我刻意沒有研究聯合國本身……原因是：我希望保有以清新觀點看待聯合國的能力。」[29]

面對既有的挑戰用上新手視野也可能發掘新商機。以下是赫伯・凱萊赫（Herb Kelleher）的例子。凱萊赫原本是位鬼

才律師，後來轉而創立西南航空公司（Southwest Airlines）。
這家航空公司的主管羅林・金（Rollin King）之前與凱萊赫小
酌時，想出創辦西南航空的點子。一切都始於雞尾酒紙巾背
面畫的三角形。三個角代表休士頓（Houston）、達拉斯
（Dallas）和聖安東尼奧（San Antonio）。他們認為在這三個城
市間往返很麻煩，所以消費者在旅費不貴的前提下會選擇搭
飛機。[30]

　　個性豪放、菸不離手、嗜飲野火雞牌（Wild Turkey）威
士忌的凱萊赫擁有與其他業界人士不同的關注焦點。[31] 多數分
析師和業界人士都想著要把航空業既有客源的大餅切得越來
越小塊，但凱萊赫與金相信，更低價的選項可以吸引那些原
本選擇開車的客源。他們聚焦於潛在客戶，試圖把餅做大。
他們認為「原本就會飛行往返這些地點的乘客是唯一客源」
的假設是錯誤的。西南航空決定要與巴士、自駕者和其他航
空公司競爭。就某些方面來說，凱萊赫就像第三章提到的金
沙集團老闆謝爾登・艾德森；兩人都思考著要開發潛在客戶，
而不只是分食既有的客戶大餅。他們的選項會吸引新的搭機
客，進而把市場做大。如同史雲生，凱萊赫並沒有參考哈佛
商學院的個案研究或既有模式來擘畫自己的商業模式。他自
主思考。他們缺乏航空業經驗，也不懂業界規則。但他們有
的，是新手的清新觀點。

後來的發展如何呢？只要西南航空所到之處，三件事通常會快速並同時發生。第一，他們加入競爭的航線票價馬上會驟降。第二，航班數因客源變廣而劇增。第三，這家航空公司會培養出一批忠實乘客。他們可謂戰無不勝，很多城市都紛紛連署要西南航空到他們當地的機場營運。這一切都因新手的清新觀點而變得可能。[32]

下段故事中，一個毫無相關經驗的人被指派了看似不可能的任務。他憑著一股傻勁，不屈不撓地堅持執行一項解決方案。結果，他的努力成果被譽為當代奇蹟；然而，徹底思考過情勢的人會明白：故事中 33 位遭到活埋的人之所以能獲救，其實要歸功於新手的清新觀點。

花崗岩斷頭台

人們從 1889 年就開始在聖荷西礦坑（San José Mine）挖金礦和銅礦了。這座礦坑位在智利的阿他加馬沙漠（Atacama Desert）中一座山脈深處，挖礦活動每天 24 小時不間斷。那裡看上去了無生氣、十分荒涼，只有來來去去、被卡車和巴士載往礦坑的礦工給當地注入一股生命力。（我曾造訪阿他加馬沙漠，那裡風景壯麗，但確實毫無生氣、極為偏僻。）

廣大無邊的沙漠與狹小的礦坑形成強烈對比。礦坑是由

一連串隧道和斜坡組成，而斜坡從地面下探礦坑數百公尺。
2010 年 8 月 5 日，一塊重達 70 萬噸的巨石鬆脫、山脈坍塌，
釀成礦災——33 名礦工慘遭活埋。[33]

在數百公里外，新上任的礦務部長勞倫斯·高柏內
（Laurence Golborne）在當日晚間 11 點接到簡訊通知：「科皮
亞波（Copiapó ）的礦坑坍塌；33 人受害。」[34]先前擔任企業
主管、沒有礦務經驗的高柏內，決定造訪災難現場，儘管幕
僚長反對。幕僚長的調查顯示，從來沒有任何礦務部長在危
機解除前親自造訪災難現場；此外，這麼做伴隨的政治風險
極高。

「我在政府裡的職責就是礦務，」高柏內事後解釋，「雖
然我沒有礦業背景，也懷疑自己到現場能做什麼——面對這種
規模的救援行動，我能提供什麼協助？——但我仍明白自己必
須到現場。」[35]

他 8 月 7 日抵達那天，一名搜救隊隊員私下和高柏內分享
了自己的看法：「他們肯定死了……如果還沒死，也快了。」[36]
搜救隊發現一處新的坍塌擋住了所有通往礦工所在地的直接
路徑；此外，地質狀態一直不穩定，因此搜救隊員重新進入
礦坑並不安全。即便前景悲觀，高柏內拒絕放棄。[37]

經歷數次驚險的鑽孔行動後，搜救團隊終於在礦工可能
受困的避難區域鑽孔成功。鑽頭舉起時，大家看見鑽頭上有

著新畫上的紅色記號，還有一些紙條。其中一張紙條寫著：「我們都在避難所，33 人一切都好。」[38]

高柏內並沒有就此止步。他把關注焦點從搜尋礦工轉移到救出礦工上。他諮詢了美國國家航空暨太空總署（NASA）和智利海軍，在擁擠的空間中生存，心理和生理會受到什麼樣的影響，並計劃以狹長的救生艙將受困者運回地面。營養學家設想他們缺乏維生素 D 的問題，而醫師則建議規律的作息，好管控情緒。[39]高柏內僱用了來自世界各地的多家鑽孔承包商，可說是營造了某種互競爭合作的氛圍。礦坑坍塌後的第 69 天，世界各地超過一億人見證了受困礦工在新挖掘的礦井中上升的時刻──全體 33 名礦工都重返地表。[40]高柏內聲勢暴漲，挾帶 95% 的支持率，短暫成為總統候選人。（「連共產黨人士都支持我！」我們 2017 年通電時，高柏內這麼說。[41]）

那次救援行動為人稱道，寫成了書、拍成了電影。追根究底，那次奇蹟要歸功於高柏內清新、未受汙染的視野。事實上，我們或許可以說，那次行動之所以成功，正是因為高柏內缺乏礦務知識。有鑑於大多數礦災救援都以失敗告終，假設高柏內有數十年礦務經驗、參與過數次沒有成功的礦災救援，結果會如何？或者，假設他擁有礦業經驗，認為自己知道如何掌控局勢，而不是善用各類專家的協助，救援有可能成功嗎？

　　從許多方面來看，高柏內都不具備領導那次救援行動的能力。他雖然曾在智利的頂尖大學讀過土木工程，但說到底是個商人。礦災發生前沒幾個月他才上任部長；在那之前，他是智利最大的零售商桑科薩（Cencosud）的執行長。[42] 他在2009年卸下執行長身分時，這家公司有超過十萬名員工，申報收益超過一百億美元。這確實很不簡單。然而，經營零售公司和拯救被活埋的33名礦工完全是兩件事。他對礦業的無知，有沒有可能是促使他以開放的心胸處理那次礦災的原因呢？

　　某次和高柏內聊的時候，我請他回想自己從那次經驗中學到了什麼重要的事，畢竟過了一段時間回頭檢視也很重要。他其中一個回答捕捉到了他那精準又開放的作風中最重要的特質。「我讓專家開口。」他接著表示自己有種直覺，讓他在運用自身欠缺但需要的專業知識時，仍能掌握主控權：「我能看出對方是否明白他們自己在說什麼，還是只是在賣弄、虛張聲勢。」[43] 重點就是：他把關注的焦點從資訊內容移到人身上。

　　高柏內表示，他姐姐是共產黨員。1973年的政變將獨裁者奧古斯都‧皮諾契（Augusto Pinochet）推向大位後，她匆忙將馬克思主義相關的文獻資料燒毀。而他哥哥則是右派極端主義者，與非官方軍事團體「祖國與自由」（Patria y

Libertad）有關係。高柏內說，出身家人意見不同的家庭是件幸運的事：「那會教你如何與不同意見共處，使我發展出高度包容不同意見的能力。我對不同意見採開放的態度。」[44]

高柏內兒時與不同觀點的人相處的經驗或許養成了某種習慣：他會認真看待其他人馬上會嗤之以鼻的想法，例如：僱用靈媒，或把攜帶緊急按鈕的老鼠送進礦坑。[45] 許多人寫電郵給他表達意見，有些想法很好，有些則……普通，但他全都讀了。高柏內心胸開闊的作風，很大程度是來自他「非礦業人員面對礦業挑戰」的新手視野，而這樣的作風顯然在拯救受困礦工的任務中起了重要的作用。

卓肯米勒的運氣

1977 年，一名經濟學研究生對自己的課程感到不滿，認為課程「太重於量化研究和理論了，很少強調現實世界的應用」。[46] 於是他輟學，在匹茲堡國家銀行（Pittsburgh National Bank）找了份儲備幹部的工作。工作幾個月後，他接到信託部門經理的電話，問他是否有企管碩士學位，他回答沒有。經理接著說：「這樣更好！上樓吧，你錄取了。」[47]

這是個股票分析師的職位，負責分析銀行和化工股票。這名儲備幹部馬上就接下這份工作，因為貸款部門的經理說

他不是做貸款專員的料。於是，匹茲堡國家銀行的投資總監斯裴洛‧德勒斯（Speros Drelles）底下多了一名新的分析師——史丹利‧卓肯米勒（Stanley Druckenmiller）。

卓肯米勒擔任分析師一年後，德勒斯有天找他到辦公室，跟他說他要被升遷了。這名年僅 25 歲的分析師因此成為了這家銀行的證券研究部總監。卓肯米勒後來解釋：「那個決定很詭異，畢竟我的上司大約 50 歲，而且在那間銀行待了超過 25 年……而且，其他分析師都有企管碩士學位，而且在那個部門裡都待得比我久。」[48] 後來，卓肯米勒把這件事背後的原委告訴作家傑克‧史瓦格（Jack Schwager），內容收錄在史瓦格的著作《新金融怪傑》（*The New Market Wizards: Conversations with America's Top Traders*）中：

> 「你知道我為什麼這麼做，對吧？」德勒斯問道。
>
> 「不知道。」我回答。
>
> 「這就跟派 18 歲的年輕人去打仗一樣。」
>
> 「怎麼說？」我問。
>
> 「因為他們笨到不知道不要改變，」德勒斯接著說，「小型股已經處於熊市十年了。我認為接下來十年內即將出現大型、資金主導的牛市。老實說，過

去十年的情況大大影響了我，但你沒經歷過那些。
我覺得我們會是很棒的合作團隊——你會因為太愚
蠢、太缺乏經驗，而不知道不能買進所有東西。外
面那個人，」指的是我上司，現任的證券研究部總
監，「就跟我一樣陳腐。」[49]

一年後，德勒斯離開匹茲堡國家銀行。當時，年輕、擔
任研究部總監的卓肯米勒身邊圍繞著比他資深、年長，想遞
補德勒斯空缺的主管。很多人都以為卓肯米勒能保住位置就
算幸運了，更別說是要升遷。但就像卓肯米勒後來提到，「好
運氣」結合「經驗不足」，造就了他平步青雲的完美條件。德
勒斯離開後不久，伊朗發生動亂，沙王被推翻。卓肯米勒憶
起當時，表示：「這就是我的經驗不足真正派上用場的時
候⋯⋯當時我決定我們應該要拿 70% 的資金買進石油股，剩
餘資金則買防禦股（defense stock）。這個舉動對我來說再合
理不過了，我沒有考慮其他做法。那時我還不懂得要分散投
資。」[50] 一年內，卓肯米勒就被升為投資部總監了。

受過德勒斯調教的卓肯米勒後來與喬治・索羅斯（George
Soros）合作。謹慎分析英鎊對德國馬克的匯價後，卓肯米勒
決定是時候下個大賭注了。在一場 2015 年的演講中憶起當
時，他表示，他與索羅斯談增加賭注的一席話和原本預想的

不同。他向索羅斯解釋理由後，表示要在當晚賣出價值 55 億美元的英鎊，並買進馬克，意味著 100% 的基金全都押在這次買賣上了。對此，索羅斯回應：「這是我聽過最荒謬的金錢管理行徑了。你剛剛描述的是很驚人的單向投機（one-way bet）。我們應該投入 200% 的事業淨值，而不是 100%。你知道這種機會多久才會出現一次嗎？大概二十年才一次。你是哪根筋不對了？」[51] 說好的分散風險呢！

根據賽巴斯汀・馬拉比（Sebastian Mallaby）在著作《比上帝富有》（*More Money Than God*）中的描述，索羅斯最後告訴卓肯米勒，他「應該要直攻要害」，做空 150 億美元。[52] 那次交易重挫英鎊 *，替基金賺進超過 10 億美元獲利。

卓肯米勒從那次交易開始，直到 2010 年不再替他人操盤，他的投資表現無人能敵。熟知他、看過他績效報告的人都說，1980 年至 2010 年間，拿錢給「卓肯」（Druck）投資，會比拿錢給巴菲特或幾乎任何投資經理投資，報酬都要來得高。所以究竟是什麼原因使他不斷成功的呢？我猜想，他能如此成功的主因之一，是他總是不斷刷新自己的觀點。此外，他也學會要信任自己的洞見，而不是依賴他人的看法；

---

* 編按：索羅斯 1992 年這個「狙擊英鎊」的賭注，最終迫使英鎊退出歐洲匯率機制（European Exchange Rate Mechanism，簡稱 ERM），因為英國政府無法阻擋英鎊如雪崩般的跌勢，這也就是俗稱的「黑色星期三」（Black Wednesday）。

這使他的行為比大多數人都更具原創性。然而，若不是他當初因為運氣好（或是因為無知？）讓他有升遷機會，又或者如果不是他缺乏金錢管理經驗，他原本會不會成為匹茲堡國家銀行的貸款專員，而不是美國最受尊敬的金融家暨最慷慨的慈善家呢？或許我們都可以從他的經驗中得到啟發，並且盡力——如同彼得・泰爾所強調的——不浪費我們珍貴的「無知」。[53]

寬度能打敗深度嗎？

有些人是以「找出什麼事在什麼時間、對什麼人來說很重要」為工作，並在這方面非常有建樹。我所認識的這種人當中，馬修・溫以樂（Matthew Winkler）可說是最善於此道且知識最淵博的其中一位。馬修是彭博新聞社（Bloomberg News）的共同創辦人兼總編輯，他很有意識並努力將彭博新聞的目標讀者，鎖定在最有權勢、最有財富、教育程度極高，同時也承擔極高風險的人。我認為，他的行事作風和想法很值得我們了解，因為那與我們會面對的許多情境都有很有關連。

很高興有將近十年的時間，我有機會能在不同場合與馬修相處、越來越認識他。他曾到我在耶魯和哈佛的課堂上和

學生一同討論。我們曾多次一起用餐、喝咖啡，花時間辯論市場動態和經濟學議題。和馬修的互動中，我最欣賞的是他寬廣的視野和知識，他這項特點令人驚豔。我們討論過功能醫學、談過注射型維他命改善慢性健康的潛力、辯論過印度龐大中產階級的前景（以及這對新興市場投資人的意涵），他也與我分享自己從零開始創立新聞機構的心得。他也曾經到我在甘迺迪政府學院開設的專題討論課堂上演講，講題為「推特時代的真相」（Truth in an Age of Twitter）。這場精彩的演講中，他抽絲剝繭，仔細爬梳在現今這個高度連結的全球經濟中，資訊準確以及追求速度這兩者之間的各種衝突。

他對新聞業有非常透澈的思考。他的洞見在 1990 年集結成《彭博之道：記者與編輯指南》（*The Bloomberg Way: A Guide for Reporters and Editors*）一書，如今已再版、重新修定超過數十次。[54] 馬修在商業和金融新聞的影響力，也替他贏得了許多獎項，包括以「長期為金融新聞界帶來重大貢獻」為由獲頒紐約財經作家協會（New York Financial Writers Association）的艾略特·貝爾獎（Elliot V. Bell Award）[55]、國家電視藝術與科學學院（The National Academy of Television Arts & Sciences) 商業與金融新聞類艾美獎終身成就獎，以及因「商業、金融和經濟新聞界傑出成就」獲頒的傑拉德·羅布基金會（Gerald Loeb Foundation）終身成就獎，其他榮譽不

計其數。[56]

我認為馬修成功的關鍵在於他是一位通才。通才具備**涉獵範圍極廣的豐富知識**，但不宣稱自己是特定領域的專家；因此，他們在心理層面上，**更能接納陌生或與自己觀念相左的想法**。需要了解某些領域的知識時，通才會借助那些領域的專家。他們似乎更能意識到自己不知道哪些事，並了解有大量資訊是他們「不知道自己不知道」的。

在我們 2019 年的一次談話中，馬修極貼切地描述了在不確定的局勢中找出路時，深度與廣度的價值。他說：「如果說新聞業做的是收集觀點，把觀點帶入各種令人意外的事件中，那麼通才在這種產業裡就具有優勢，因為他們深知『自己對任何事再怎麼了解都不夠』。這讓他們隨時保有好奇心，願意挑戰主流假設。」[57] 馬修除了自己會以廣度平衡深度、習慣連結他人可能視為不相干的概念，他也幫助數以千計的人這麼做。透過這樣的處世之道，馬修也將麥克・彭博（Michael Bloomberg）腦中關於彭博新聞社的想法，發展成許多人眼中全球最有影響力的經濟、商業和金融新聞機構。

馬修的故事值得我們所有人學習。具備「**足以將資訊放入脈絡檢視中的寬廣視野**」即為重要，能幫助我們意識到還有其他人的知識比我們更豐富，並使我們能客觀審視專家的建議。這種智識上的謙卑，也能使我們以開放的心胸接納意

料之外的事以及新資訊，並以可說是天真的心態質疑基本假設。在這個連結度與複雜度越來越高的世界，廣度有沒有可能戰勝深度呢？

⚠ 關鍵要點

⚠ **在這個專家和人工智慧的時代，深度的專業知識必須與寬廣的視野達到平衡。**

這代表在教育未來棟樑時，我們必須聚焦在發展關鍵的思考能力，這種能力能使我們回頭檢視自身思考時預設的假定。人文博雅教育必須佔有一席之地，絕對不能因為人們現下對技職訓練的短暫迷戀而受到邊緣化。

⚠ **運用同理心保持謙卑。**

就像華萊士與麥卡盧所說的，人都是自我中心地在體驗世界，這是無法改變的事實。大家都有不同的觀點，而試著將他人的觀點納入考量，可以幫助我們調整自己的思考。請回想一下基威特公司的故事。

⚠ **正面看待無知與新手的清新觀點。**

獨立、不帶偏見、沒有過往經驗包袱的思考方式，不該被視為沒有用處。事實上，經驗可能阻礙獨特的想法；而各行各業中的佼佼者很多正是因為缺乏經驗才得以成功。

總結

◇◇◇◇

重拾常理

　　許多本書討論到的當代困境都沒有消散的跡象。資訊、數據和選項持續激增，永遠讓我們感到無法喘息。如果昨日的資訊已經多到無法消化，那今日的資訊只會更多，而且明日還會再增加。我們不可能趕得上。

　　然而，面對排山倒海而來的選項，「完美選項」也比以往都更吸引人了。一切跡象都指出，完美選項是存在的，而這個選項會帶來不只是「不錯」的結果。我們因此總是處於擔心錯過理想選項的恐懼中。然而，因為我們自己無法讓每個決定都是「完美」的，所以我們得做出和某個領域相關的決定時，會轉而求助在這個領域裡懂得比我們多的人，而且對他們抱以高度期待。

　　然而，看似能帶來救贖的專家和科技，本質上往往有所

侷限；特定情況中，專家和科技在結構上就有缺陷。問題在
於，專家和科技關注的焦點往往過於侷限、狹隘，進而在我
們做決定時，阻礙我們了解事物的全貌或脈絡。我們求助於
專家、科技和體制規則，往往反而等於是把自己的注意力和
思考力交給無法了解我們特定情況的對象。在我們自主思考
的能力萎縮的同時，我們變得更加盲目依賴、追隨專家的指
引，進而忽略了專家關注焦點以外的情況，導致結果欠佳。

　　要對抗這種盲目的思考外包，我們就必須學習積極**控管
自己的注意力**。首先，我們要有**自覺**，注意到自己用了哪些
「篩選、控管注意力的機制」來阻隔好像是雜訊的事物。要有
意識地重新掌控自身的注意力，其中一個方法是**以不同觀點
看待問題**，例如往後退一步檢視等等。我們必須**質疑**注意力
控管機制設定的決策框架。

　　由於專家和科技無法徹底掌握專屬於我們自己的完整決
策脈絡或終極目標，他們會盡量做好他們負責的個別工作項
目，但不包含整個任務。他們協助我們打贏一場場戰役，而
不一定打贏整個戰爭。做好個別工作或打一場勝仗，並無法
彌補整體任務失敗或打輸整場戰爭的缺憾。我們必須維持**以
目標為導向**的心態，不任由給意見的專家擺佈，不讓我們的
注意力從目標上偏離。

　　另一個妨礙自主思考的則是對傳統或過往案例的推崇。

真正的獨立思考是要冒險的，所以我們比較少這麼做。但大衛‧史雲生和特麗莎‧托里的例子告訴我們，獨立思考其實可以降低風險並創造機會。

再者，因為所有觀點（包括我們的自身觀點）都有偏見而且不完整，**連結多元觀點、進而提煉出新的洞見**是再合理不過的事了。我們必須對周遭的人發揮**同理心**，並隨時準備好在不同的時間點扮演不同功能的角色。安排專責的**魔鬼代言人**、進行**事前剖析**、**觀點互換**都是有幫助的做法。

我們最終還是必須重拾自主性，我們必須重拾主控權。這意味著我們必須學習自己做主。專家和科技的建議固然必要，但並不足夠。我們必須讓專家隨侍在側，而非主掌大權。我們就像是掌握整體脈絡的藝術家，準備要創作馬賽克作品。專家只提供磁磚。我們拼貼時，應該按需求善用這些磁磚。

是時候重新思考社會上根深蒂固的假設了。我們推崇深度，可能推崇過頭了。是否也該重視廣度呢？我們尊敬有深度專業知識的人，但是否也該提升擁有寬廣視野的人的地位呢？此外，由於不確定性無所不在，我們必須**學習擁抱模糊曖昧**，在可能發生的情境中找到出路。我們必須**思考多種可能的未來**，並**培養想像力**，碰到無法避免的意外時，才能把負面影響降到最低。追根究底，我們必須（重新）學習如何

自主思考。

　　自主思考的影響比以往都更大了。請思考史蒂芬・派特諾（Stephan Paternot）以下提出的看法。派特諾是 theglobe. com 網站的創辦人，數十年來對社會科技觀察入微，有精闢的洞見。他表示：「科技產業是由極少數人所掌握，這導致科技業透明度下滑、數據收集有問題、我們極度私人的資料被用作傷害我們自身利益的武器。」[1]

　　如果你認為史蒂芬是個陰謀論者，請想想下面的例子。Google 有數十億的安卓系統（Android）用戶。每個安卓裝置都毫不間斷地把數據傳回 Google。傳回什麼樣的數據呢？這個嘛，其實大多數行動裝置都具備大氣壓力感測器、陀螺儀、加速計和磁場感測器。所以，除了使用裝置時產生的數據外，Google 可以計算你的心跳與移動速度等等。事實上，最近一篇《紐約客》雜誌上的文章指出：「這種不間斷的資訊流，讓你的手機能追蹤你是醒著還是在睡覺，是在開車、走路、慢跑、還是騎車，也能追蹤你是在一樓的星巴克，還是身在十樓的律師事務所。」[2]

　　哈佛大學商學院教授肖莎娜・祖博夫（Shoshana Zuboff）所謂的**監控資本主義**（surveillance capitalism）就是建立在這個基礎上。在監控資本主義的時代裡，大公司會蒐集我們的資訊，再利用這些資訊判斷我們此刻正在做什麼、馬上做什

麼、過一陣子之後又會做什麼。接受衛報（*The Guardian*）訪問時，祖博夫解釋說，這些公司握有的力量「篡奪了人們的決定權，侵蝕了個人自主權」。[3] 追根究柢，大型科技公司似乎除了盤算著要「替你思考」，更糟的是，還想讓你照著那些想法行事。因為運用演算法，Google、臉書、亞馬遜等公司根本就是以較不明顯的方式，影響人們的各種決定。這些公司管控你的注意力，成為你的注意力篩選機制，設定了你做決定的框架。祖博夫以更直接的方式描述了這個問題，並強調監控資本主義侵害人類的可能性：「我們被剝奪的是**未來式權利**（right to the future tense）*，而這項權利是**自由意志**的核心……如果少了行為與思考的自主權，我們就會缺乏**道德判斷**和**批判思考**的能力，這兩項能力是民主社會的要件。」[4]

我們處在很重要的交叉口上。在這個專家和人工智慧的時代，批判思考和道德判斷比以往都更加重要了。自主思考不僅能使我們避開許多錯誤與傷害，甚至能幫助我們抵抗大公司，不讓他們奪走我們的自主權。

電影《鐵娘子》（*The Iron Lady*）中，醫生詢問柴契爾夫人感覺如何。她回應：「人們不再思考了；他們憑感覺行

---

*　編按：祖博夫指的是個體想像未來、計劃未來、承諾及建構未來的能力。可參考祖博夫的著作《監控資本主義時代》。

事……這個時代的一大問題是，領導者更在乎感覺，勝過思維與想法。我在意的是思維和想法……問我在想什麼！」

於是醫生問：「你在想什麼呢，瑪格麗特？」

柴契爾夫人的回答是她人生中最為人稱道的名言之一：「注意你的想法，因為想法會成為言詞；注意你的言詞，因為言詞會成為行為；注意你的行為，因為行為會成為習慣；注意你的習慣，因為習慣會成為性格；注意你性格，因為性格會決定你的命運。**我們的想法，決定我們成為什麼樣的人。**」[5]

自主思考至關重要，所以我們必須讓自己不受到專家和科技的過度影響，並加以管控他們。思考如何管控時，以下這位世界頂尖管弦樂團指揮的作法，或許值得我們學習。沃夫岡・海因澤爾（Wolfgang Heinzel）是高階領導課程研究的典範人物，也曾擔任德國默克交響樂團（Deutsche Philharmonie Merck）的指揮。他有數十年的經驗負責整合各種能力的專家，一同創造動人的音樂。他提到「指揮家不會演奏所有樂器」，所以必須仰賴樂團的弦樂、木管樂、管樂和打擊樂的演奏者。提到樂團，他表示：「演奏者了解自己的樂器，他們知道如何演奏自己的部分……而我的職責是整合一切。」[6]

這聽起來就像是 21 世紀的生活啊！大家都熟悉自己的部分，但我們必須整合一切。停下來思考指揮家的功能，就會發現，其實重點在於有意識地領導一群專家，並**整合**他們的

部分貢獻，創造出指揮家或各演奏者都無法獨立完成的成品。我們也應該試著當自己人生的指揮家，透過整合專家和科技的貢獻，好好發揮我們的潛力，不是嗎？

　　概念隨處都有，四處散落。真正永續的做法是，我們都必須發展出**連結概念**的能力。提起頭來，綜觀全貌、掌握脈絡。此外，我們也必須不斷質疑所謂「真相」背後的假設，必須自主思考而不是盲目依賴他人的意見。我認為這麼做是屬於這個時代的常理。就像傳奇生物學家艾德華・威爾森（Edward O. Wilson）所說：「我們被資訊淹沒的同時卻也渴求智慧。掌握未來的會是**整合型**人才，他們能在正確的時間整合正確的資訊，以批判性思考檢視這些資訊，並做出睿智的重大決定。」[7]

　　未來，似乎屬於能自主思考的人。

致謝

　　任何寫過書的人都明白，一本書很少是一個人努力的成果。這本書也不例外。曾替本書內容貢獻想法的人實在太多了，無法一一列出。儘管如此，我要特別感謝某些人，他們對我的思考、對這本書都有極大的影響。

　　首先，我要感謝我的家人。謝謝他們這麼多年來的包容，並讓我對人生有更深刻的理解與認識。我要特別感謝總是耐心十足的太太克里斯汀、不斷給我鼓勵的女兒托莉，以及總是帶著笑臉並支持著我的兒子凱。

　　我也要謝謝基威特公司的領導團隊，尤其是布魯斯・格魯庫克、Rick Lanoha 和 Scott Schimidt。你們總是能促成討論，讓我們針對商業、經濟，以及跨領域具備的力量等議題進行辯論。聯合技術公司、LVW 顧問公司、Timmerman & Sons 公司、Tenaska 公司的資深領導人也曾助我一臂之力，協助我發想出許多點子。

　　對我曾任教的教育機構，我也報以感恩之情。在哈佛大

學，甘迺迪政府學院的莫薩瓦爾-拉赫馬尼商業暨政府研究中心（Mossavar-Rahmani Center for Business & Government）和約翰·鮑爾森工程與應用科學學院（Harvard John A. Paulson School of Engineering）的環境十分友善、樂於提供各項支援，讓我能與聰明的學生、甚至更聰明的同事充分交流、互相學習。我要特別感謝 Richard Zeckhauser、Lawrence Summers、John Haigh、Rakesh Khurana、Fawwaz Habbal、Cherry Murray、Frank Doyle、Ash Carter 和 Dana Born。我還要特別感謝 Howard Stevenson 鼓勵我寫這本書以及鼓勵我與哈佛商業評論出版社合作。至於在耶魯大學，我要感謝倫理、政治、經濟學程和社科學院在耶魯這個優秀的學術機構給了我一個家。我要特別感謝 Peter Salovey、Sam Chauncey、大衛·史雲生，和查爾斯·艾利斯。這兩所學校的學生讓我覺得教書是種享受；是我從他們身上學到的比較多，還是他們從我身上學到的比較多呢？這很難說。

幾位研究助理的努力也對本書大有幫助。謝謝 Nick Levine 和 Nina Russell 數個月無私地替本書貢獻心力，Tobias Peter、Jared Middelman、Allan Wang 和 Lily Jampol-Auerbach 也都投注了不少心力。也要感謝 Lindsay Day 在本書的早期階段的協助，讓我能很有條理地進行這項寫作計畫。

過去數年來，我演講時所收到的回饋也啟發了很多書中

的想法。我想特別感謝 Tony D'Amelio 和他的團隊給我的支持，並相信我這些不尋常的想法值得分享。我也要感謝我在哈佛商業評論出版社的團隊，特別是 Jeff Kehoe。從我們首次見面起，他就明白我想傳達的訊息，並且竭盡心力協助我琢磨想法與內容、精進文字表現。本書是他一步步協助我的成果，我怎麼感謝他都不夠。

最後，我不能漏掉感謝無數專家、仲介、顧問。我曾盲目地把思考工作外包給他們——他們也讓我受益良多，讓我知道我為什麼必須重拾主控權、不能讓他們大權在握。

註釋

前言

1 Vikram Mansharamani, "All Hail the Generalist," *Harvard Business Review*, June 4, 2012, https://hbr.org/2012/06/all-hail-the-generalist.
2 Jill Rosenfeld, "CDU to Gretzky: The Puck Stops Here!" *Fast Company*, June 30, 2000, https://www.fastcompany.com/40565/cdu-gretzky-puck-stops-here.

導讀

1 Comments made by Irving Fisher at a meeting of the Purchasing Agents Association, October 15, 1929, as reported in "Fisher Sees Stocks Permanently High," *New York Times*, October 16, 1929.
2 Paul Ehrlich, *The Population Bomb* (Cutchogue, NY: Buccaneer Books, 1968), xi.
3 William Deresiewicz, *Excellent Sheep: The Miseducation of the American Elite and the Way to a Meaningful Life* (New York: Free Press, 2014).
4 Isaiah Berlin, *The Hedgehog and the Fox: An Essay on Tolstoy's View of History* (Chicago: Elephant Paperbacks, 1953), 3.
5 Berlin, *Hedgehog and the Fox*, 3.
6 Yogi Berra, *The Yogi Book* (New York: Workman Publishing, 1998), 118–119.
7 Edmund Andrews, "Greenspan Concedes Error on Regulation," *New York Times*, October 23, 2008, http://nytimes.com/2008/10/24/business/economy/24panel.html.
8 Philip Tetlock, *Expert Political Judgment: How Good Is It? How Can We Know?* (Princeton, NJ: Princeton University Press, 2005), 2.

9 Baba Shiv, "Sometimes It's Good to Give up the Driver's Seat," *TEDx Stanford*, May 2012, 9:32, https://www.ted.com/talks/baba_shiv_sometimes_it_s_good_to_give_up_the_driver_s_seat.

10 Thomas Paine, *"Common Sense"* (Washington, DC: National Humanities Center, 2014), http://americainclass.org/wp-content/uploads/2014/07/Common-Sense-_-Full-Text.pdf.

第 1 章

1 Roma Panganiban, "How Many Books Have Ever Been Published?" *Mental Floss*, September 9, 2016, http://mentalfloss.com/article/85305/how-many-books-have-ever-been-published.

2 Arif Jinha, "Article 50 Million: An Estimate of the Number of Scholarly Articles in Existence," *Learned Publishing* 23, no. 3 (July 2010): 258–263.

3 "Anxiety UK Study Finds Technology Can Increase Anxiety," Anxiety UK (website), July 9, 2012, http://www.anxietyuk.org.uk/for-some-with-anxiety-technology-can-increase-anxiety/.

4 Andrew Robinson, *The Last Man Who Knew Everything* (New York: PI Press, 2005), 3.

5 Robinson, *The Last Man*, ix.

6 Edward Carr, "The Last Days of the Polymath," 1843, Autumn 2009, https://www.1843magazine.com/content/edward-carr/last-days-polymath.

7 Benjamin Jones, "Age and Great Invention," *Review of Economics and Statistics* 92, no. 1 (February 2010): 1–14.

8 Benjamin Jones, E. J. Reedy, and Bruce Weinberg, "Age and Scientific Genius," in *The Wiley Handbook of Genius*, ed. Dean Simonton (Hoboken, NJ: Wiley-Blackwell, 2014), 422–450.

9 Benjamin Jones. "The Burden of Knowledge and the 'Death of Renaissance Man': Is Innovation Getting Harder?" NBER Working Paper 11360 (Cambridge, May 2005), https://www.nber.org/papers/w11360.pdf.

10 Stefan Wuchty, Benjamin Jones, and Brian Uzzi, "The Increasing Dominance of Teams in Production of Knowledge," *Sciencexpress*, April 12, 2007, http://www.kellogg.northwestern.edu/faculty/jones-ben/htm/Teams.ScienceExpress.pdf.

11 Marc Levsky et al., "A Descriptive Analysis of Authorship within Medical

Journals, 1995–2005," *Southern Medical Journal* 100, no. 4 (April 2007): 371–375, https://www.ncbi.nlm.nih.gov/pubmed/17458396.

12 Dennis Overbye, "The Particle That Wasn't," *New York Times*, August 5, 2016, http://www.nytimes.com/2016/08/05/science/cern-large-hadron-collider-particle.html.

13 G. Aad et al., "Combined Measurement of the Higgs Boson Mass in pp Collisions at $\sqrt{\ }$ =7 and 8 TeV with the ATLAS and CMS Experiments," *Physical Review Letters* 114 (May 15, 2015): https://journals.aps.org/prl/pdf/10.1103/PhysRevLett.114.191803.

14 Osamu Shimomura, Toshio Goto, and Yoshimasa Hirata, "Crystalline Cypridina Luciferin," *Bulletin of the Chemical Society of Japan* 30, no. 8 (November 1957): 929–933.

15 Osamu Shimomura, "Interview with Osamu Shimomura," interview by Adam Smith, Nobel Prize (website), October 8, 2008, https://www.nobelprize.org/prizes/chemistry/2008/shimomura/25936-interview-with-osamu-shimomura/.

16 Måns Ehrenberg, "The Green Fluorescent Protein: Discovery, Expression, Development," Royal Swedish Academy of Sciences/Nobel Prize (website), September 30, 2008, http://nobelprize.org/uploads/2018/06/advanced-chemistryprize2008-1.pdf.

17 Ehrenberg, "Green Fluorescent Protein."

18 Ehrenberg, "Green Fluorescent Protein."

19 Shimomura, "Interview with Osamu Shimomura."

20 Adam Smith, *The Wealth of Nations* (London: William Strahan, 1776).

21 Robert L. Heilbroner, *The Worldly Philosophers: The Lives, Times, and Ideas of the Great Economic Thinkers* (New York: Simon and Schuster, 2011), 173.

22 Sheena Iyengar and Mark Lepper, "When Choice Is Demotivating: Can One Desire Too Much of a Good Thing?" *Journal of Personality and Social Psychology* 79, no. 6 (2000): 995–1006.

23 Sheena S. Iyengar, Wei Jiang, and Gur Huberman, "How Much Choice Is Too Much? Contributions to 401(K) Retirement Plans," in *Pension Design and Structure*, ed. Olivia Mitchell and Stephen Utkus (Oxford: Oxford University Press, 2004), 83–94.

24 Barry Schwartz, *The Paradox of Choice: Why More Is Less* (New York: HarperCollins, 2003), 3.

25 Schwartz, *Paradox of Choice*, 2. Bold added.

26 Turkle, *Reclaiming Conversation: The Power of Talk in a Digital Age* (New York: Penguin, 2015), 145.

27 Turkle, *Reclaiming Conversation*, 146.

28 Kelly Wallace, "Teen 'Like' and 'FOMO' Anxiety," CNN, December 6, 2016, https://www.cnn.com/2016/12/06/health/teens-on-social-media-like-and-fomo-anxiety-digital/index.html.

29 See http://i.huffpost.com/gen/1660901/original.jpg.

30 Peter Singer and Emerson Brooking, *LikeWar: The Weaponization of Social Media* (New York: Houghton Mifflin, 2018), 59–60.

31 Matt Keeley, "More People Die Taking Selfies Than by Shark Attacks," *Newsweek*, June 27, 2019, http://www.newsweek.com/selfies-deadlier-shark-attacks-1446363.

32 John Patrick Pullen, "6 Times People Died While Taking Selfies," *Time*, March 14, 2016, http://time.com/4257429/selfie-deaths/.

33 Justin Worland, "German Tourist Dies Posing for Photo at Machu Picchu," *Time*, July 1, 2016, https://time.com/4392100/machu-picchu-tourist-death/.

34 Michael Miller, "German Tourist Falls to His Death While Posing for Photo Atop Machu Picchu," *Washington Post*, July 1, 2016, https://www.washingtonpost.com/news/morning-mix/wp/2016/07/01/german-tourist-falls-to-his-death-while-trying-to-take-photo-atop-machu-picchu/.

35 Harriet Torry, "Please Like My Vacation Photo. I Hired a Professional," *Wall Street Journal*, November 20, 2019, http://www.wsj.com/articles/please-like-my-vacation-photo-i-hired-a-professional-11574268729.

36 Maura Kelly, "How We Meet Our Spouses," *Wall Street Journal*, March 27, 2014, https://www.wsj.com/articles/how-we-meet-our-spouses-1395859838.

37 Michael Rosenfeld and Reuben Thomas, "Searching for a Mate: The Rise of the Internet as a Social Intermediary," *American Sociological Review* 77, no. 4 (2012): 523–547.

38 Tim Urban, "How to Pick Your Life Partner—Part 1," *Wait but Why* (blog), February 12, 2014, http://www.waitbutwhy.com/2014/02/pick-life-partner.html; and Tim Urban, "How to Pick Your Life Partner—Part 2," *Wait but Why* (blog), February 13, 2014, http://www.waitbutwhy.com/2014/02/pick-life-partner-part-2-html.

39 Urban, "How to Pick Your Life Partner—Part 1."

40 Ellie Krupnick, "Is Too Much Choice Ruining Dating? Science Might Have the Answer," *Mic*, January 23, 2015, http://mic.com/articles/107210/is-too-much-choice-ruining-dating-science-might-have-the-answer.

41 Sarah Knapton, "Couples Who Met Online Three Times More Likely to Divorce," *Telegraph*, September 26, 2014, http://www.telegraph.co.uk/news/science/science-news/11124140/Couples-who-met-online-three-times-more-likely-to-divorce.html.

42 Jenna Birch, "I Quit Online Dating. Should You, Too?" Yahoo Lifestyle, November 9, 2015, https://www.yahoo.com/health/i-quit-online-dating-should-1292905613991990.html; Aziz Ansari, *Modern Romance* (New York: Penguin, 2016); Aziz Ansari and Eric Klineberg, "How to Make Online Dating Work," *New York Times*, June 13, 2015, http://www.nytimes.com/2015/06/14/opinion/sunday/how-to-make-online-dating-work.html?_r=0; Krupnick, "Is Too Much Choice Ruining Dating?"

43 Maldlen Davies, "Rise of Smartphone Injuries," *Daily Mail*, November 9, 2015, https://www.dailymail.co.uk/health/article-3310195/Rise-smartphone-injuries-43-people-walked-glued-screen-60-dropped-phone-face-reading.html.

44 Adario Strange, "Japanese Ad Uses Samurai and Ninjas to Stop Smartphone Use While Walking," *Mashable*, December 7, 2015, http://mashable.com/2015/12/07/japan-smartphone-ad/#W5hIS25AEkq9.

45 Kathleen Lane, "You Might Be Putting First Responders at Risk," National Safety Council (website), April 15, 2019, http://www.nsc.org/safety-first-blog/you-might-be-putting-first-responders-at-risk.

46 See Evgeny Morozov, *The Net Delusion: The Dark Side of the Internet* (New York: Hachette, 2012); and Evgeny Morozov, *To Save Everything, Click Here: The Folly of Technological Solutionism* (New York: Hachette, 2013).

47 Cal Newport, *Deep Work: Rules for Focused Success in a Distracted World* (New York: Grand Central Publishing, 2016).

48 Kiely Kuligowski, "Distracted Workers Are Costing You Money," *Business News Daily*, May 7, 2019, https://www.businessnewsdaily.com/267-distracted-workforce-costs-businesses-billions.html; see also "You Waste a Lot of Time at Work," infographic produced by Atlassian, https://www.atlassian.com/time-wasting-at-work-infographic.

49 Joshua Rothman, "A New Theory of Distraction," *New Yorker*, June 16, 2015.

50 Erin Anderssen, "Digital Overload: How We Are Seduced by Distraction," *Globe and Mail*, March 29, 2014.

51 Daniel Kahneman, *Thinking*: *Fast and Slow* (New York: Farrar Straus & Giroux, 2013).

52 Deborah Cohen and Susan Babey, "Contextual Influences on Eating Behaviors: Heuristic Processing and Dietary Choices," *Obesity Review* 13, no. 9 (2012): 766–779, http://www.ncbi.nlm.nih.gov/pmc/articles/PMC3667220/#R115.

53 Eric Johnson and Daniel Goldstein, "Do Defaults Save Lives?" *Science* 302 (November 21, 2003): 1338–1339, https://ssrn.com/absract=1324774.

54 Barbara McNeil et al., "On the Elicitation of Preferences for Alternative Therapies," *New England Journal of Medicine* (May 27, 1982): 1259–1262.

55 Kahneman, *Thinking*, 441.

56 Amos Tversky and Daniel Kahneman, "Judgment under Uncertainty: Heuristics and Biases," *Science* 185, no. 4157 (September 27, 1974): 1124–1131.

57 Daniel Kahneman, Jack Knetsch, and Richard Thaler, "Anomalies: The Endowment Effect, Loss Aversion, and the Status Quo Bias," *Journal of Economic Perspectives* 5, no. 1 (Winter 1991): 193–206.

58 Bryan D. Jones, "Bounded Rationality," *Annual Review of Political Science* 2 (1999): 297–321.

59 Herbert Simon, "Rational Choice and the Structure of the Environment," *Psychological Review* 63, no. 2 (1956): 129–138, https://uk.sagepub.com/sites/default/files/upm-binaries/25239_Chater~Vol_1~Ch_03.pdf.

第 2 章

1 "NFL Combine Drills 101: What Each Drill Measures," NFL Combine Results (website), April 23, 2016, http://www.nflcombineresults.com/nfl-combine-drills-101-what-each-drill-measures/.

2 "NFL Combine Results, 2000," NFL Combine Results (website), accessed January 26, 2020, http://nflcombineresults.com/nflcombinedata_expanded.php?year=2000&pos=QB&college=.

3 "Tom Brady NFL Combine Scores," NFL Combine Results (website), accessed January 26, 2020, http://www.nflcombineresults.com/playerpage.

php?f=Tom&l=Brady&i=4732.

4 Aren Wilborn, "5 Hilarious Reasons Publishers Rejected Classic Bestsellers," *Cracked*, February 13, 2013, https://www.cracked.com/article_20285_5-hilarious-reasons-publishers-rejected-classic-best-sellers.html.

5 Eric Sharp, "The First Page of Google by the Numbers," Protofuse (website), April 30, 2014, http://www.protofuse.com/blog/first-page-of-google-by-the-numbers/.

6 Jennifer Langston, "GPS Routed Bus under Bridge, Company Says," *Seattlepi*, April 17, 2008, http://www.seattlepi.com/local/article/GPS-routed-bus-under-bridge-company-says-1270598.php.

7 Dave Smith, "Apple Maps Fails Again: Alaska Drivers Directed onto Airport Taxiway, No Fix in Sight," *International Business Times*, September 25, 2013, https://www.ibtimes.com/apple-maps-fails-again-alaska-drivers-directed-airport-taxiway-no-fix-sight-1410830.

8 Casey Chan, "This Is What Happens When the GPS Is Wrong," *Gizmodo*, October 2, 2010, http://gizmodo.com/5654044/this-is-what-happens-when-the-gps-is-wrong.

9 Cailey Rizzo, "Italian Town Bans Google Maps after Bad Directions Lead to 144 Rescue Missions," *Travel + Leisure*, October 15, 2019, https://www.travelandleisure.com/travel-news/baunei-sardinia-italy-bans-google-maps-after-tourists-drive-wrong-directions.

10 Julia Buckley, "Mountain Village Begs Tourists Not to Follow Google Maps and Get Stuck," CNN, October 15, 2019, https://www.cnn.com/travel/article/sardinia-google-maps-tourists-lost-baunei/index.html.

11 Angela Giuffrida, "Mayor of Sardinian Village Blames Google Maps for Lost Tourists," *Guardian*, October 15, 2019, https://www.theguardian.com/world/2019/oct/15/sardinian-village-blames-google-maps-lost-tourists.

12 William Langewiesche, "The Human Factor," *Vanity Fair*, September 17, 2014, https://www.vanityfair.com/news/business/2014/10/air-france-flight-447-crash.

13 Langewiesche, "The Human Factor."

14 Freddy "Tavarish" Hernandez, "Here Are Some of the Most Bizarre DMV Horror Stories Ever," *Jalopnik*, June 17, 2015, http://thegarage.jalopnik.com/here-are-the-some-of-the-most-bizarre-dmv-horror-storie-1711970247.

15 Hernandez, "Here Are Some of the Most Bizarre DMV Horror Stories Ever."

16 "Timeline: How Ebola Made Its Way to the U.S.," NBC News, October 2, 2014, https://www.nbcnews.com/storyline/ebola-virus-outbreak/timeline-how-ebola-made-its-way-u-s-n216831.

17 Michael Winter, "Timeline Details Missteps with Ebola Patient Who Died," *USA Today*, October 17, 2014, https://www.usatoday.com/story/news/nation/2014/10/17/ebola-duncan-congress-timeline/17456825/.

18 *Testimony provided to the US House Energy and Commerce Committee, Subcommittee on Oversight and Investigations* 113th Congress, 2nd Session (October 16, 2014) ("Examining the US Public Health Response to the Ebola Outbreak," Daniel Varga, Chief Clinical Officer and Senior Executive Vice President, Texas Health Resources), https://www.govinfo.gov/content/pkg/CHRG-113hhrg93903/html/CHRG-113hhrg93903.htm.

19 Divvy Upadhyay, Dean F. Sittig, and Hardeep Singh, "Ebola US Patient Zero: Lessons on Misdiagnosis and Effective Use of Electronic Health Records," *Diagnosis* 1, no. 4 (October 23, 2014): 283, https://www.ncbi.nlm.nih.gov/pmc/articles/PMC4687403/.

20 Abigail Stevenson, "The Market and Fear of Ebola: Cramer Weighs In," CNBC, October 13, 2014, https://www.cnbc.com/2014/10/13/the-market-and-fear-of-ebola-cramer-weighs-in.html.

21 Jason Sickles, "Nina Pham Identified as Dallas Nurse Diagnosed with Ebola," Yahoo! News, October 13, 2014, https://news.yahoo.com/nina-pham-identified-as-dallas-nurse-with-ebola-165521689.html.

22 Amy Davidson Sorkin, "Amber Vinson's Flight: An Ebola Nurse and the CDC," *New Yorker*, October 16, 2014, https://www.newyorker.com/news/amy-davidson/amber-vinson-ebola.

23 John Maynard Keynes, *The General Theory of Employment, Interest and Money* (New Delhi: Atlantic Publishers & Distributors, 2008), 141.

第 3 章

1 Eviatar Zerubavel, *Hidden in Plain Sight: The Social Structure of Irrelevance* (Oxford: Oxford University Press, 2015).

2 Daniel Simons and Christopher Chabris, "Selective Attention Test," YouTube, 1999, 1:21, https://www.youtube.com/watch?v=vJG698U2Mvo.

3   Emile Durkheim, *Sociology and Philosophy* (New York: Routledge, 2010), 21.
4   Gijsbert Stoet, Daryl B. O'Connor, Mark Conner, and Keith R. Laws, "Are Women Better than Men at Multi-Tasking?" *BMC Psychology* 1 (October 24, 2013), https://bmcpsychology.biomedcentral.com/articl es/10.1186/2050-7283-1-18.
5   Garth Sundem, "This is Your Brain on Multitasking" *Psychology Today*, February 24, 2012, https://www.psychologytoday.com/us/blog/brain-trust/201202/is-your-brain-multitasking.
6   H. Gilbert Welch, Lisa Schwartz, and Steven Woloshin, *Overdiagnosed: Making People Sick in the Pursuit of Health* (Boston: Beacon Press, 2011).
7   Welch, Schwartz, and Woloshin, *Overdiagnosed*, 47.
8   H. Gilbert Welch, *Less Medicine, More Health: 7 Assumptions That Drive Too Much Healthcare* (Boston: Beacon Press, 2015).
9   Welch, Schwartz, and Woloshin, *Overdiagnosed*, 47.
10 Wael Sakr et al., "Age and Racial Distribution of Prostatic Intraepithelial Neoplasia," *European Urology* 30 (1996): 138–144.
11 Welch, Schwartz, and Woloshin, *Overdiagnosed*.
12 Welch, Schwartz, and Woloshin, *Overdiagnosed*, 59–60.
13 Richard Ablin, "The Great Prostate Mistake," *New York Times*, March 9, 2010, https://www.nytimes.com/2010/03/10/opinion/10Ablin.html.
14 Ablin, "The Great Prostate Mistake."
15 Richard Ablin, *The Great Prostate Hoax: How Big Medicine Hijacked the PSA Test and Caused a Public Health Disaster* (New York: St. Martin's Press, 2014).
16 Welch, Schwartz, and Woloshin, *Overdiagnosed*, 59–60.
17 Laurence J. Peter and Raymond Hull, *The Peter Principle: Why Things Always Go Wrong* (New York: Harper Business, 2009).
18 Vikram Mansharamani, "Scale and Differentiation in Services: Using Information Technology to Manage Customer Experiences at Harrah's Entertainment and Other Companies" (PhD diss., MIT, February 2007), https://dspace.mit.edu/handle/1721.1/39479.
19 Philip Tetlock, *Expert Political Judgment: How Good Is It? How Can We Know?* (Princeton, NJ: Princeton University Press, 2005).
20 Peter and Hull, *Peter Principle*, 57.
21 Christopher Cerf and Victor Navasky, *The Experts Speak: The Definitive*

Compendium of Authoritative Misinformation (New York: Pantheon, 1984).

22 "A Historical Perspective of Businessweek, Sold to Bloomberg," *Talking Biz News*, October 13, 2009, https://talkingbiznews.com/they-talk-biz-news/a-historical-perspective-of-businessweek-sold-to-bloomberg/.

23 Ken Olsen, Comments to the 1977 Boston meeting of the World Future Society, as cited by David Mark, "Digital Equipment Corporation—PCs," http://www.maynardlifeoutdoors.com/2020/01/digital-equipment-corporation-pcs.html.

24 Jeff Jacoby, "The Gurus Got It Wrong Last Year. They'll Get It Wrong This Year, Too," *Boston Globe*, December 29, 2016, https://www.bostonglobe.com/opinion/2016/12/29/the-gurus-got-wrong-last-year-they-get-wrong-this-year-too/UWvC5rsO8jriZnwShwe01L/story.html.

25 Sander Duivestein, "Steve Ballmer Laughs at the iPhone," YouTube, July 6, 2011, 0:44, https://www.youtube.com/watch?v=qycUOENFIBs.

26 Scott Anthony and Evan I. Schwartz, "What the Best Transformational Leaders Do," *Harvard Business Review*, May 8, 2017, https://hbr.org/2017/05/what-the-best-transformational-leaders-do.

27 William N. Thorndike, *The Outsiders* (Boston: Harvard Business Review Press, 2012), 109.

28 Thorndike, *The Outsiders*, 112.

29 Thorndike, *The Outsiders*, 112.

30 Julian Sonny, "The 10 Most Successful People with ADHD," *Elite Daily*, April 1, 2013, https://www.elitedaily.com/money/10-successful-people-adhd; and Joseph Maddia, "20 Public Figures with ADHD," RXwiki (website), July 1, 2014, https://www.rxwiki.com/slideshow/20-public-figures-adhd.

31 Kendra Cherry, "Why Does Attention Blink Happen?" *VeryWell*, October 6, 2019, https://www.verywell.com/what-is-attentional-blink-2795017.

32 Jeremy Hsu, "People Choose News That Fits Their Views," *LiveScience*, June 7, 2009; https://www.livescience.com/3640-people-choose-news-fits-views.html.

第 4 章

1 Greg Ip, *Foolproof: Why Safety Can Be Dangerous and Danger Makes Us Safe* (New York: Little Brown, 2015).

2 Hyman Minsky, "The Financial Instability Hypothesis" (working paper, Jerome

Levy Economics Institute of Bard College, Annandale-on-Hudson, NY, May 1992).

3 Quoted in Tom Schardin, "Would Football Be Safer with No Helmets, Pads?" swnewsmedia, August 30, 2018, https://www.swnewsmedia.com/prior_lake_american/news/sports/would-football-be-safer-with-no-helmets-pads/article_d2e0bf7d-5a86-5eec-bcf2-79c4792ddd82.html.

4 California, Connecticut, Delaware, Hawaii, Illinois, Maryland, Nevada, New Hampshire, New Jersey, New Mexico, New York, Oregon, Vermont, Washington, West Virginia, as well as Washington, D.C., Puerto Rico, Guam, and the US Virgin Islands.

5 Alice Foster, "Phone Driving Laws 2017: New Rules Explained and How Much YOU Could Be Fined," *Daily Express*, March 3, 2017, http://www.express.co.uk/life-style/cars/774549/phone-driving-laws-2017-new-rules-explained-how-you-could-be-fined-lose-points-penalties.

6 Jonathan Zittrain, *The Future of the Internet and How to Stop It* (New Haven, CT: Yale University Press, 2009), 127.

7 Jonna McKone, " 'Naked Streets' without Traffic Lights Improve Flow and Safety," City Fix, October 8, 2010, http://thecityfix.com/blog/naked-streets-without-traffic-lights-improve-flow-and-safety/.

8 Stephen Markley, "Can Turning Off Traffic Lights Reduce Congestion?" Cars.com (website), September 3, 2009, https://www.cars.com/articles/2009/09/can-turning-off-traffic-lights-reduce-congestion/.

9 Gerald Wilde, *Target Risk: Dealing with the Danger of Death, Disease and Damage in Everyday Decisions* (Toronto: PDE Publications, 1994).

10 H. Gilbert Welch, Lisa Schwartz, and Steven Woloshin, *Overdiagnosed: Making People Sick in the Pursuit of Health* (Boston: Beacon Press, 2011), 15–16.

11 Welch, Schwartz, and Woloshin, *Overdiagnosed*, 35.

12 Welch, Schwartz, and Woloshin, *Overdiagnosed*.

13 Mark Hyman, "The Harm of Statins and Right Diet for Cancer Prevention," Dr. Hyman (blog), accessed January 26, 2020, https://drhyman.com/blog/2017/03/05/harm-statins-right-diet-cancer-prevention/.

14 Wendy Wolfson, "Playing the Odds with Statins: Heart Disease or Diabetes?" National Public Radio, March 10, 2015, https://www.npr.org/sections/health-shots/2015/03/10/390944811/playing-the-odds-with-statins-heart-disease-or-

diabetes.

15 See Framingham Heart Study (website), accessed January 26, 2020, https://www.framinghamheartstudy.org.

16 Marion Nestle, "Did the Low-Fat Era Make Us Fat?" *Frontline*, PBS, December 10, 2003, https://www.pbs.org/wgbh/pages/frontline/shows/diet/themes/lowfat.html.

17 Jonny Bowden and Stephen Sinatra, *The Great Cholesterol Myth* (Beverly, MA: Fair Winds Press, 2012), back cover text.

18 "Heart Disease Facts," Centers for Disease Control and Prevention, last updated December 2, 2019, https://www.cdc.gov/heartdisease/facts.htm.

19 Christie Aschwanden, "Lipitor Rage," *Slate*, November 2, 2011, https://slate.com/technology/2011/11/lipitor-side-effects-statins-and-mental-health.html.

20 Trisha Torrey, phone interview with the author, January 6, 2016.

21 Trisha Torrey, "Trisha's Misdiagnosis Story," Trisha Torrey (blog), accessed January 27, 2020, https://trishatorrey.com/who-is-trisha/misdiagnosis/.

22 Torrey, "Trisha's Misdiagnosis Story."

23 Torrey, "Trisha's Misdiagnosis Story."

24 Torrey, interview.

25 Torrey, interview.

26 Torrey, "Trisha's Misdiagnosis Story."

27 Michael van Straten and Barbara Griggs, *Superfoods* (New York: Dorling Kindersley, 1990).

28 "Superfoods You Need Now," *Health*, October 27, 2009, https://www.health.com/food/superfoods-you-need-now.

29 Lindsey Funston, "Stress Eating Helps, When They're These Superfoods," CNN, April 13, 2015, https://www.cnn.com/2015/04/13/health/superfoods-stress-relief/index.html.

30 "What Did the Incas Eat?" Eat Peru (website), June 12, 2019, https://www.eatperu.com/what-did-the-incas-eat-foods-of-the-ancient-peruvian-empire/.

31 Devin Windelspecht, "Cacao: Mayan 'Food of the Gods,' " Ricochet Science (website), April 12, 2016, http://ricochetscience.com/cacao-mayan-food-gods/; "Chocolate Use in Early Aztec Cultures," International Cocoa Organization, last updated January 8, 2011, https://www.icco.org/faq/54-cocoa-origins/133-chocolate-use-in-early-aztec-cultures.html.

32 Marion Nestle, "The Latest in Food-Industry Sponsored Research: Pears!" *Food Politics*, July 12, 2016, https://www.foodpolitics.com/2016/07/the-latest-in-food-industry-sponsored-research-pears/.

33 Jo Abi, "What Happens When You Only Eat 'Superfoods' for Three Weeks?" *MamaMia*, December 12, 2015, https://www.mamamia.com.au/only-eating-superfoods/.

34 Abi, "What Happens When You Only Eat 'Superfoods' for Three Weeks?"

35 Alastair Jamieson, "Too Many Superfoods Could Be Harmful," *Telegraph*, January 28, 2010, https://www.telegraph.co.uk/foodanddrink/foodanddrinknews/7091143/Too-many-superfoods-could-be-harmful.html.

36 Annalee Newitz, "James Watson Says Antioxidants May Actually Be Causing Cancer," *Gizmodo*, January 10, 2013, https://io9.gizmodo.com/james-watson-says-antioxidants-may-actually-be-causing-5975002.

37 Caitlin White, "That Kale Sweatshirt from Beyonce's '7/11' Video Is Cropping up Everywhere," MTV News, January 10, 2015, http://www.mtv.com/news/2043813/beyonce-kale-sweatshirt-celebs/.

38 Ross Bridgeford, "The Truth about Oxalate (Is Kale Bad after All?)," *LiveEnergized*, accessed January 27, 2020, http://liveenergized.com/live-energized-tv/truth-about-oxalate/.

39 Anna Hodgekiss, "Why So-Called 'Superfoods' Could Be Bad for You," *Daily Mail*, April 7, 2014, https://www.dailymail.co.uk/health/article-2598694/Why-called-superfoods-BAD-Nutritionist-says-kale-send-thyroid-haywire-quinoa-irritates-gut.html.

40 Hodgekiss, "Why So-Called 'Superfoods' Could Be Bad for You."

41 Petronella Ravenshear, "Lifting the Lid on Superfoods," *Vogue*, April 8, 2014, https://www.vogue.co.uk/gallery/foods-of-the-gods.

42 Michael Specter, "Against the Grain: Should You Go Gluten Free?" *New Yorker*, October 27, 2014, https://www.newyorker.com/magazine/2014/11/03/grain.

43 David Perlmutter, *Grain Brain* (New York: Hachette, 2013); and William David, *Wheat Belly* (New York: Rodale, 2011).

44 Rita Rubin, "The Gluten Debate Continues," WebMD, December 12, 2013, https://www.webmd.com/digestive-disorders/news/20131212/celiac-disease-gluten-sensitive#1; and Elaine Watson, "30% of Americans Trying to Cut down on Gluten, NPD Group Claims," FoodNavigator (website), March 8, 2013,

https://www.foodnavigator-usa.com/Article/2013/03/08/30-of-US-adults-trying-to-cut-down-on-gluten-claims-NPD-Group.

45 Vikram Mansharamani, "We're in a Gluten-Free Bubble That's about to Burst," *Fortune*, May 5, 2015, https://fortune.com/2015/05/05/gluten-free-foods/.

46 "Arsenic in Your Food," *Consumer Reports*, November 2012, https://www.consumerreports.org/cro/magazine/2012/11/arsenic-in-your-food/index.htm.

47 Donna Berry, "Special Report: Glute-Free Enters the Mainstream," *Food Business News*, July 13, 2017, https://www.foodbusinessnews.net/articles/9612-special-report-gluten-free-enters-the-mainstream.

48 Louise Foxcroft, *Calories and Corsets: A History of Dieting over 2000 Years* (London: Profile Books, 2011), 15.

49 Dan Buettner, "The Island Where People Forget to Die," *New York Times Magazine*, October 24, 2012, https://www.nytimes.com/2012/10/28/magazine/the-island-where-people-forget-to-die.html.

50 Jason Fung, *The Complete Guide to Fasting* (Las Vegas: Victory Belt Publishing, 2016), 8, 9.

第 5 章

1 Philip Zimbardo, "When Good People Do Evil," *Yale Alumni Magazine*, January/February 2007, http://archives.yalealumnimagazine.com/issues/2007_01/milgram.html.

2 Stanley Milgram, *Obedience to Authority* (New York: Harper, 2009); see also Mitri Shanab and Khawla Yahya, "A Cross Cultural Study of Obedience," *Bulletin of the Psychonomic Society* 11, no. 4 (1978): 267–269, https://link.springer.com/content/pdf/10.3758%2FBF03336827.pdf.

3 Zimbardo, "When Good People Do Evil."

4 Atul Gawande, *The Checklist Manifesto* (New York: Metropolitan Books, 2009).

5 Brian Gage et al., "Selecting Patients with Atrial Fibrillation for Anticoagulation," *Circulation* 110, no. 16 (October 19, 2004), https://www.ahajournals.org/doi/full/10.1161/01.CIR.0000145172.55640.93.

6 Anupam Jena, Vinay Prasad, Dana P. Goldman, and John Romley, "Mortality and Treatment Patterns among Patients Hospitalized with Acute Cardiovascular Conditions during Dates of National Cardiology Meetings," *JAMA Internal*

Medicine 175, no. 2 (February 2015): 237–244, https://jamanetwork.com/journals/jamainternalmedicine/fullarticle/2038979.

7 National Academy of Sciences, *Lessons Learned from the Fukushima Nuclear Accident for Improving Safety of U.S. Nuclear Plants* (Washington, DC: National Academies Press, 2014), https://www.ncbi.nlm.nih.gov/books/NBK253939/.

8 *Frontline*, season 30, episode 7, "Inside Japan's Nuclear Meltdown," written, produced, and directed by Dan Edge, aired February 28, 2012, on PBS, https://www.pbs.org/wgbh/frontline/film/japans-nuclear-meltdown/.

9 *Frontline*, season 30, episode 7, "Inside Japan's Nuclear Meltdown."

10 Carl Pillitteri, "None of You Are Getting out of Here," *Salon*, March 9, 2012, https://www.salon.com/2012/03/09/none_of_you_are_getting_out_of_here/.

11 Pillitteri, "None of You."

12 *Frontline*, season 30, episode 7, "Inside Japan's Nuclear Meltdown."

13 *Frontline*, season 30, episode 7, "Inside Japan's Nuclear Meltdown."

14 *Frontline*, season 30, episode 7, "Inside Japan's Nuclear Meltdown."

15 *Frontline*, season 30, episode 7, "Inside Japan's Nuclear Meltdown."

16 *Frontline*, season 30, episode 7, "Inside Japan's Nuclear Meltdown."

17 *Frontline*, season 30, episode 7, "Inside Japan's Nuclear Meltdown."

18 Justin McCurry, "Fukushima Boss Hailed as Hero Dies," *Guardian*, July 10, 2013, https://www.theguardian.com/world/2013/jul/10/fukushima-plant-boss-hero-dies.

19 Norimitsu Onishi and Martin Fackler, "In Nuclear Crisis, Crippling Mistrust," *New York Times*, June 12, 2011, https://www.nytimes.com/2011/06/13/world/asia/13japan.html.

20 Onishi and Fackler, "In Nuclear Crisis, Crippling Mistrust."

21 Onishi and Fackler, "In Nuclear Crisis, Crippling Mistrust."

22 Onishi and Fackler, "In Nuclear Crisis, Crippling Mistrust."

23 McCurry, "Fukushima Boss Hailed as Hero Dies."

24 "Fukushima Nuclear Accident 'Man-Made,' Not Natural Disaster," *Sydney Morning Herald*, July 5, 2012, https://www.smh.com.au/world/fukushima-nuclear-accident--manmade-not-natural--disaster-20120705-21jrl.html.

25 *Official Report of The Fukushima Nuclear Accident Independent Investigation Commission, July* 2012 (Tokyo: National Diet of Japan, 2012), http://

japan311disaster.com/wp-content/uploads/2013/05/Kurokawa-Commission-Report-7-5-12-English.pdf.

26 Kiyoshi Kurokawa, "Message from the Chairman," in *Official Report of the Fukushima Nuclear Accident Independent Investigation Commission, July* 2012 (Tokyo: National Diet of Japan, 2012), 9, http://japan311disaster.com/wp-content/uploads/2013/05/Kurokawa-Commission-Report-7-5-12-English.pdf.

27 Kiyoshi Kurokawa, "Message from the Chairman," 9.

28 Ranjay Gulati, Charles Casto, and Charlotte Krontiris, "How the Other Fukushima Plant Survived," *Harvard Business Review*, July–August 2014, https://hbr.org/2014/07/how-the-other-fukushima-plant-survived.

29 Mami Onoda, "Fukushima No. 2 Scrambled to Avoid Same Fate as Sister Site Fukushima No. 1," *Japan Times*, September 10, 2014, https://www.japantimes.co.jp/news/2014/09/10/national/fukushima-2-scrambled-avoid-fate-sister-site-fukushima-1/#.XiM5jy2ZPfY.

30 Onoda, "Fukushima No. 2 Scrambled."

31 Chuck Casto, "Interview with Chuck Casto," Quality World (website), August 9, 2016, https://www.quality.org/knowledge/%E2%80%8Bfukushima-daiichi-and-daini---tale-two-leadership-styles.

第 6 章

1 Adam Green, "A Pickpocket's Tale," *New Yorker*, December 30, 2012, https://www.newyorker.com/magazine/2013/01/07/a-pickpockets-tale.

2 Apollo Robbins, phone interview with the author, November 30, 2015.

3 National Geographic, "Apollo Robbins on Focus: Brain Games," YouTube, April 15, 2013, 1:51, https://www.youtube.com/watch?v=d54ydsKUNGw.

4 National Geographic, "Apollo Robbins."

5 Caroline Williams, "How Pickpockets Trick Your Mind," *BBC Future*, November 18, 2014, https://www.bbc.com/future/article/20140629-how-pickpockets-trick-your-mind.

6 George Johnson, "Sleights of Mind," *New York Times*, August 21, 2007, https://www.nytimes.com/2007/08/21/science/21magic.html.

7 *Focus*, directed and written by Glenn Ficarra and John Requa, starring Will Smith, Margot Robbie, and Rodrigo Santoro (Burbank, CA: Warner Home

Video, 2015), DVD. *Focus* 電影劇本來自網站 Scripts, https://www.scripts.
com/script-pdf/8369. 所有電影引語都出自此來源。

8 Gregory Miller, "How Will Smith Learned to Pickpocket for His New Role,"
New York Post, February 21, 2015, https://nypost.com/2015/02/21/will-smith-
learns-how-to-pickpocket-for-focus-role/.

9 Arthur Conan Doyle, "Silver Blaze," The Complete Sherlock Holmes Canon
(website), accessed January 27, 2020, https://sherlock-holm.es/stories/pdf/a4/1-
sided/silv.pdf.

10 Doyle, "Silver Blaze," 9.

11 Gary Noesner, *Stalling for Time: My Life as an FBI Hostage Negotiator* (New
York: Random House, 2010), 74–75.

12 Noesner, *Stalling for Time*, 74–77.

13 Noesner, *Stalling for Time*. 97.

14 Noesner, *Stalling for Time*, 104–105.

15 Noesner, *Stalling for Time*, 110.

16 Kevin Drum, "Lead: America's Real Criminal Element," *Mother Jones*,
January–February 2013, https://www.motherjones.com/environment/2016/02/
lead-exposure-gasoline-crime-increase-children-health/.

17 George Kelling and James Wilson, "Broken Windows," *Atlantic*, March 1982,
https://www.theatlantic.com/magazine/archive/1982/03/broken-
windows/304465/.

18 Malcolm Gladwell, *The Tipping Point* (New York: Little Brown, 2002).

19 Clifford Krauss, "New York Crime Rate Plummet to Levels Not Seen in 30
Years," *New York Times*, December 20, 1996, https://www.nytimes.
com/1996/12/20/nyregion/new-york-crime-rate-plummets-to-levels-not-seen-in-
30-years.html.

20 Drum, "Lead."

21 Drum, "Lead."

22 Steven Levitt and Stephen Dubner, *Freakonomics: A Rogue Economist Explores
the Hidden Side of Everything* (New York: Harper Perennial, 2005), introduction.

23 Drum, "Lead."

24 Drum, "Lead."

25 Phil Jackson, *Eleven Rings: The Soul of Success* (New York: Penguin, 2013).

26 Jackson, *Eleven Rings*, 10.

27 Jackson, *Eleven Rings*, 99.

28 Jackson, *Eleven Rings*, 101.

29 Jackson, *Eleven Rings*, 126.

30 Jackson, *Eleven Rings*, 126.

31 Jackson, *Eleven Rings*, 126.

32 Jackson, *Eleven Rings*, 127

33 Jackson, *Eleven Rings*, 127

第 7 章

1 David Barno and Nora Bensahel, "Three Things the Army Chief of Staff Wants You to Know," *War on the Rocks*, May 23, 2017, https://warontherocks.com/2017/05/three-things-the-army-chief-of-staff-wants-you-to-know/.

2 Barno and Bensahel, "Three Things the Army Chief of Staff Wants You to Know."

3 Joyce Wadler, "With Promise of Happiness, She Became a Bomber's Pawn," *People Magazine*, October 27, 1986, https://people.com/archive/with-the-promise-of-happiness-she-became-a-bombers-pawn-vol-26-no-17/.

4 "Ann-Marie Murphy and the Hindawi Affair: A 30th Anniversary Review," *Aviation Security International*, April 13, 2016, https://www.asi-mag.com/ann-marie-murphy-hindawi-affair-30th-anniversary-review/.

5 Nelson Schwartz, "Learning from Israel," *Fortune*, January 21, 2002, https://archive.fortune.com/magazines/fortune/fortune_archive/2002/01/21/316588/index.htm.

6 Schwartz, "Learning from Israel."

7 Schwartz, "Learning from Israel."

8 Schwartz, "Learning from Israel."

9 Schwartz, "Learning from Israel."

10 "El Al Deploying Anti-Missile Defense on Civilian Planes," *Defense Industry Daily*, December 16, 2004, https://www.defenseindustrydaily.com/el-al-deploying-antimissile-defense-on-civilian-plane-027/.

11 John Vause, "Missile Defense for El Al Fleet," CNN, May 24, 2004, https://www.cnn.com/2004/WORLD/meast/05/24/air.defense/.

12 Nassim Nicholas Taleb, *Antifragile: Things That Gain from Disorder* (New

York: Random House, 2012).

13 Dan Buettner, *Blue Zones: Lessons for Living Longer from the People Who've Lived the Longest* (Washington, DC: National Geographic, 2008).

14 Simon Worall, "Here Are the Secrets to a Long and Healthy Life," *National Geographic*, April 12 2015, https://www.nationalgeographic.com/news/2015/04/150412-longevity-health-blue-zones-obesity-diet-ngbooktalk/#close.

15 Nicholas Christakis and James Fowler, "The Spread of Obesity in a Large Social Network over 32 Years," *New England Journal of Medicine*, July 26, 2007, https://www.nejm.org/doi/full/10.1056/NEJMsa066082.

16 Nicholas Christakis, "The Hidden Influence of Social Networks," *TEDGlobal*, February 2010, 17:59, https://www.ted.com/talks/nicholas_christakis_the_hidden_influence_of_social_networks/transcript.

17 Christakis and Fowler, *Connected: The Surprising Power of Our Social Networks and How They Shape Our Lives* (New York: Little Brown Spark, 2009).

18 Dan Buettner, "The Island Where People Forget to Die," *New York Times Magazine*, October 24, 2012, https://www.nytimes.com/2012/10/28/magazine/the-island-where-people-forget-to-die.html.

19 Buettner, "The Island Where People Forget to Die."

20 David Swensen, "The Mutual Fund Merry-Go-Round," *New York Times*, August 13, 2011, http://www.nytimes.com/2011/08/14/opinion/sunday/the-mutual-fund-merry-go-round.html.

21 Charles D. Ellis, "Murder on the Orient Express: The Mystery of Underperformance," *Financial Analysts Journal* 68, no. 4 (July/August 2012): 13–19.

22 Ellis, "Murder on the Orient Express," 19.

23 Robert Merton (comments at the Boston Finance Forum hosted by the MIT Sloan Alumni Association, Boston, MA, May 16, 2014).

24 Emeley Rodriguez et al., "iGo Green: A Life Cycle Assessment of Apple's iPhone" (working paper presented at iConference 2015, University of Pittsburgh, 2015), https://www.ideals.illinois.edu/bitstream/handle/2142/73760/462_ready.pdf.

25 Kevin Czinger, phone interview with the author, February 10, 2016.

26 Kevin Czinger, "The Future of Car Making: Small Teams and Fewer Materials," *O'Reilly Radar*, June 24, 2015, http://radar.oreilly.com/2015/06/the-future-of-car-making-small-teams-using-fewer-materials.html.

27 Czinger, interview.

28 OReilly, "Kevin Czinger: Dematerializing Auto Manufacturing," YouTube, June 25, 2015, 14:19, https://www.youtube.com/watch?v=oKXpFmbEzs4&feature=youtube.

第 8 章

1 Kenneth Arrow, "Uncertainty and the Welfare Economics of Medical Care," *American Economic Review* 53, no. 5 (December 1963): 951.

2 Arrow, "Uncertainty and the Welfare Economics," 965.

3 Jim Cramer, interview by Jon Stewart, *Daily Show with John Stewart*, Comedy Central, March 12, 2009, http://www.cc.com/video-clips/fttmoj/the-daily-show-with-jon-stewart-exclusive---jim-cramer-extended-interview-pt--1; http://www.cc.com/video-clips/rfag2r/the-daily-show-with-jon-stewart-exclusive---jim-cramer-extended-interview-pt--2; http://www.cc.com/video-clips/qtzxvl/the-daily-show-with-jon-stewart-exclusive---jim-cramer-extended-interview-pt--3. 所有引用克瑞莫與史都華的話語皆出自此訪談。

4 Ranjit Dighe, *The Historian's Wizard of Oz*: *Reading L. Frank Baum's Classic as a Political and Monetary Allegory* (Westport, CT: Praeger, 2002).

5 L. Frank Baum, *The Wonderful Wizard of Oz* (Chicago: George M. Hill, 1899), 184.

6 Baum, *Wonderful Wizard of Oz*, 199.

7 Veronika Kero, "Investor Jack Bogle Founded His Legendary Company Based on His Princeton Senior Thesis," CNBC, January 18, 2019, https://www.cnbc.com/2019/01/17/investor-jack-bogle-founded-company-based-on-princeton-senior-thesis.html.

8 Justin Fox, "Saint Jack on the Attack," *Fortune*, January 20, 2003, https://archive.fortune.com/magazines/fortune/fortune_archive/2003/01/20/335617/index.htm.

9 John Bogle, "How the Index Fund Was Born," *Wall Street Journal*, September 3, 2011, https://www.wsj.com/articles/SB10001424053111904583204576544 6815

77401622.

10 Charles D. Ellis, *Winning the Loser's Game* (New York: McGraw Hill, 1998)

11 Jane Wollman Rusoff, "How John Bogle Really Sees ETFs," *ThinkAdvisor*, September 25, 2012, https://www.thinkadvisor.com/2012/09/25/how-john-bogle-really-sees-etfs/

12 Grant Williams, "Passive Regression," *Things That Make You Go Hmmm*, July 2, 2017, 1.

13 Williams, "Passive Regression."

14 David McLoughlin and Annie Massa, "The Hidden Dangers of the Great Index Fund Takeover," *Bloomberg Businessweek*, January 9, 2020, https://www.bloomberg.com/news/features/2020-01-09/the-hidden-dangers-of-the-great-index-fund-takeover?sref=1kJVNqnU.

15 *Spymasters: CIA in the Crosshairs*, directed by Gédéon Naudet, written by Chris Whipple, starring John O. Brennan, Robert Gates, and Michael Morell (New York: Showtime Networks, aired November 28, 2015); script available at https://www.springfieldspringfield.co.uk/movie_script.php?movie=spymasters-cia-in-the-crosshairs. 這部分所有引語皆出自此紀錄片。

16 Duncan Gardham, "Airline Bomb Plot: Investigation 'One of Biggest since WW2,' " *Telegraph*, September 8, 2009, https://www.telegraph.co.uk/news/uknews/terrorism-in-the-uk/6152185/Airline-bomb-plot-investigation-one-of-biggest-since-WW2.html; see also Don van Nata, Elain Sciolino, and Stephen Gray, "Details Emerge in British Terror Case," *New York Times*, August 28, 2006, https://www.nytimes.com/2006/08/28/world/europe/28plot.html.

17 van Nata, Sciolino, and Gray, "Details Emerge in British Terror Case."

18 "Montreal, Toronto Flights Targeted in Alleged British Bomb Plot," Canadian Broadcasting Corporation, April 3, 2008, https://www.cbc.ca/news/world/montreal-toronto-flights-targeted-in-alleged-british-bomb-plot-1.747225.

19 David Swensen, ECON 252: Lecture 9: "Financial Markets" (lecture, Yale University, New Haven, CT, 2008), https://oyc.yale.edu/economics/econ-252-08/lecture-9.

20 David Swensen, *Unconventional Success: A Fundamental Approach to Personal Investment* (New York: Free Press, 2005), 12.

21 Mark Graber, "The Incidence of Diagnostic Error in Medicine," *BMJ Quality and Safety*, 2013, ii21-ii27, https://qualitysafety.bmj.com/content/qhc/22/

Suppl_2/ii21.full.pdf.

第 9 章

1 *Vantage Point*, directed by Pete Travis, written by Barry L. Levy, starring Dennis Quaid, Forest Whitaker, and Matthew Fox (Culver City, CA: Columbia Pictures, 2008). 電影劇本來源：https://www.scripts.com/script-pdf/22743.
2 James Glanz, Sebastian Rotella, and David Sanger, "In 2008 Mumbai Attacks, Piles of Spy Data, but an Uncompleted Puzzle," *New York Times*, December 21, 2014, https://www.nytimes.com/2014/12/22/world/asia/in-2008-mumbai-attacks-piles-of-spy-data-but-an-uncompleted-puzzle.html.
3 Glanz, Rotella, and Sanger, "In 2008 Mumbai Attacks."
4 Glanz, Rotella, and Sanger, "In 2008 Mumbai Attacks."
5 Glanz, Rotella, and Sanger, "In 2008 Mumbai Attacks."
6 Bob Woodward, "Interview: Bob Woodward Reveals His Doubts about Barack Obama's White House," interview by Alex Spillus, *Telegraph*, October 2, 2010, http://www.telegraph.co.uk/news/worldnews/8037923/Interview-Bob-Woodward-reveals-his-doubts-about-Barack-Obamas-White-House.html.
7 Bob Woodward, "Bob Woodward," in *What Made Me Who I Am*, ed. Bernie Swain (New York: Post Hill Press, 2016), 193.
8 Woodward, "Interview: Bob Woodward Reveals His Doubts."
9 Personal conversation with Bob Woodward, Washington, DC, December 13, 2016.
10 "Alfred Sloan," *Economist*, June 30, 2009, http://www.economist.com/node/13047099.
11 Peter Drucker, *The Effective Executive* (New York: HarperCollins, 2017), 150.
12 Doris Kearns Goodwin, *Team of Rivals: The Political Genius of Abraham Lincoln* (New York: Simon & Schuster, 2006).
13 Doris Kearns Goodwin, "An Extraordinary President and His Remarkable Cabinet: An Interview with Doris Kearns Goodwin about Lincoln's *Team of Rivals*," interview by Ellen Fried, *Prologue Magazine* (National Archives) 38, no. 1 (Spring 2006), https://www.archives.gov/publications/prologue/2006/spring/interview.html; emphasis added.
14 Deborah Mitchell, Jay Russo, and Nancy Pennington, "Back to the Future:

Temporal Perspective in the Explanation of Events," *Journal of Behavioral Decision Making* 2, no. 1 (January/March 1989): 25–38.

15 Gary Klein, "Performing a Project Premortem," *Harvard Business Review*, September 2007, 2.

第 10 章

1 Amos Tversky and Daniel Kahneman, "Judgement under Uncertainty: Heuristics and Biases," *Science* 185, no. 4157 (September 27, 1974): 1124–1131.

2 David Snowden and Mary Boone, "A Leader's Framework for Decision Making," *Harvard Business Review*, November 2007, https://hbr.org/2007/11/a-leaders-framework-for-decision-making.

3 Cynefin (pronounced ku-nev-in) is a Welsh word for habitat, one that Snowden and Boone suggest captures the multiple factors in our environment and our experiences that influence us in complex and interconnected ways.

4 Snowden and Boone, "A Leader's Framework."

5 Joseph Nye, *The Powers To Lead* (New York: Oxford University Press, 2010), 87–96.

6 *Moment by Moment: Averting Disaster on the Hudson*, directed and written by Gary Leva, starring Patrick Harten, Jeffrey Skiles, Chesley Sullenberger (Burbank, CA: Warner Home Video, 2016), DVD.

7 Chesley "Sully" Sullenberger, *Highest Duty* (New York: William Morrow, 2010); *Sully*, directed by Clint Eastwood, written by Todd Komarnicki and Chesley Sullenberger, starring Tom Hanks, Aaron Eckhart, and Laura Linney (Burbank, CA: Warner Brothers, 2016), DVD. 劇本源自 https://www.scripts.com/script-pdf/19081.

8 Alex Altman, "Chesley B. Sullenberger III," *Time*, January 16, 2009, http://content.time.com/time/nation/article/0,8599,1872247,00.html.

9 "Wife: Sully is a 'Pilot's Pilot,' " CBS News, January 16, 2009, https://www.cbsnews.com/news/wife-sully-is-a-pilots-pilot/.

10 *Sully Sullenberger: The Man behind the Miracle*, directed and written by Gary Leva, starring Tom Hanks, Patrick Harten, and Jeffrey Skiles (Burbank, CA: Warner Home Video, 2016), DVD.

11 *Sully Sullenberger*, directed and written by Gary Leva.

12 *Sully Sullenberger*, directed and written by Gary Leva.

13 *Moment by Moment*, directed and written by Gary Leva.

14 *Moment by Moment*, directed and written by Gary Leva.

15 Sullenberger, *Highest Duty*, 374–375.

16 *Moment by Moment*, directed and written by Gary Leva.

17 *Sully*, directed by Clint Eastwood.

18 William Langewiesche, "The Human Factor," *Vanity Fair*, September 17, 2014, https://www.vanityfair.com/news/business/2014/10/air-france-flight-447-crash.

19 *Moment by Moment*, directed and written by Gary Leva.

20 Sullenberger, *Highest Duty*, 308.

21 Sullenberger, *Highest Duty*, 314–315. See also Vikram Mansharamani, "What Sully Can Teach You about Leadership," *Worth*, September 14, 2016, https://www.worth.com/contributor/what-sully-can-teach-you-about-leadership/.

22 Frank Sesno, *Ask More: The Power of Questions to Open Doors, Uncover Solutions, and Spark Change* (New York: American Management Association, 2017), 21.

23 Noreena Hertz, "How to Use Experts—and When Not To," *TEDSalon London*, November 2010, 18:03, https://www.ted.com/talks/noreena_hertz_how_to_use_experts_and_when_not_to.

24 Hertz, "How to Use Experts."

25 Peter Drucker, *The Practice of Management* (London: William Heinemann, 1955), 353.

26 Jenn Abelson, Jonathan Saltzman, and Liz Kowalczyk, "Clash in the Name of Care," *Boston Globe* Spotlight Team report, accessed January 28, 2020, https://apps.bostonglobe.com/spotlight/clash-in-the-name-of-care/story/.

27 Tony Robbins, *Unshakeable: Your Financial Freedom Playbook* (New York: Simon & Schuster, 2017), 74.

28 Robbins, *Unshakeable*, 75.

29 Robbins, *Unshakeable*, 90.

30 Joseph Nye, "Peering into the Future," *Foreign Affairs*, July/August 1994, https://www.foreignaffairs.com/articles/1994-07-01/peering-future.

31 Nye, "Peering into the Future."

32 Berkshire Hathaway, *Annual Letter to Shareholders of Berkshire Hathaway*, 2014, http://www.berkshirehathaway.com/letters/2014ltr.pdf.

第 11 章

1　Noreena Hertz, "How to Use Experts—and When Not To," *TEDSalon London*, November 2010, 18:03, https://www.ted.com/talks/noreena_hertz_how_to_use_experts_and_when_not_to.

2　Walter Lord, *A Night to Remember: The Classic Account of the Final Hours of the* Titanic, (New York: St. Martin's Griffin, 1955), xix–xx.

3　Morgen Robertson, *The Wreck of the* Titan *or, Futility* (Rahway, NJ: Rahway, Quinn & Boden Press, 1898), 1–2.

4　*Beyond Belief: Fact or Fiction?* season 2, episode 5, "The Land/Titan/The Diary/ Town of Remembrance/The House on Barry Avenue," aired February 27, 1998, on Fox, https://www.dailymotion.com/video/x5vhrlr.

5　Ravi Batra, *The Great Depression of* 1990 (New York: Venus, 1985).

6　Kenneth Arrow, "I Know a Hawk from a Handsaw," in *Eminent Economists: Their Life Philosophies*, ed. Michael Szenberg (Cambridge: Cambridge University Press, 1992), 47.

7　Peter Schwartz, *The Art of the Long View* (New York: Currency, 1991), 9.

8　Sir Ken Robinson, "Do Schools Kill Creativity?" *TED*2006, February 2006, 19:13, https://www.ted.com/talks/sir_ken_robinson_do_schools_kill_creativity.

9　National Commission on Terrorist Attacks, *The 9/11 Commission Report: Final Report of the National Commission on Terrorist Attacks upon the United States* (New York: W. W. Norton, 2004), 339.

10　Vikram Mansharamani, "How Avocado Mania Drives Climate Change and Crime," *PBS Newshour*, December 21, 2016, https://www.pbs.org/newshour/economy/column-avocado-boom.

11　Vikram Mansharamani, "Could Hurricane Matthew Turn the Tide in Florida's Voting?" *PBS Newshour*, October 11, 2016, https://www.pbs.org/newshour/economy/column-hurricane-matthew-turn-tide-floridas-voting.

12　Jessamyn West, *To See the Dream* (New York: Harcourt Brace, 1957), 39.

13　Newt Gingrich, foreword to *One Second After* by William Forstchen (New York: Tom Doherty & Associates, 2009), xi.

14　Margaret Atwood, "*The Handmaid's Tale* and *Oryx and Crake* in Context," *Proceedings of the Modern Language Association* 119, no. 3 (May 2004): 513, http://www.jstor.org/stable/25486066.

15 *Armageddon*, directed by Michael Bay, written by Jonathan Hensleigh and J. J. Abrams, starring Bruce Willis, Billy Bob Thornton, and Ben Affleck (Burbank, CA: Touchstone Pictures, 1998), DVD. 劇 本 源 自 https://www.scripts.com/script-pdf/3094.

16 *Armageddon*, directed by Michael Bay.

17 "If an Asteroid Heads for Earth ⋯ Taking the Hit," *Economist*, special issue, *The World If*, August 1, 2015, 13–14.

18 "If Donald Trump Was President ⋯ the World v the Donald," *Economist*, special issue, *The World If*, July 16, 2016, 1–2.

19 "If an Electromagnetic Pulse Took down America's Electricity Grid ⋯ a Flash in the Sky," *Economist*, special issue, *The World If*, July 15, 2017, 12–13; and "If Donald Trump Won a Second Term ⋯ Augmented Reality Show," *Economist*, special issue, *The World If*, July 15, 2017, 2–4.

20 Kathryn Schulz, "The Really Big One," *New Yorker*, July 13, 2015, https://www.newyorker.com/magazine/2015/07/20/the-really-big-one.

21 Mike Berardino, "Mike Tyson Explains One of His Most Famous Quotes," *South Florida Sun-Sentinel*, November 9, 2012, https://www.sun-sentinel.com/sports/fl-xpm-2012-11-09-sfl-mike-tyson-explains-one-of-his-most-famous-quotes-20121109-story.html.

22 Herman B. Leonard et al., "*Why* Was Boston Strong? Lessons from the Boston Marathon Bombing," Program on Crisis Leadership and Program in Criminal Justice Policy and Management, Harvard Kennedy School, April 3, 2014, https://www.hks.harvard.edu/publications/why-was-boston-strong-lessons-boston-marathon-bombing.

23 Leonard et al., "*Why* Was Boston Strong?"

24 Daniel W. Drezner, "The Challenging Future of Strategic Planning in Foreign Policy," *Avoiding Trivia: The Role of Strategic Planning in American Foreign Policy* (Washington, DC: Brookings, 2009), 4.

25 Dean Acheson, "The Challenging Future of Strategic Planning," in *Avoiding Trivia: The Role of Strategic Planning in American Foreign Policy*, ed. Daniel W. Drezner (Washington, DC: Brookings, 2009), 4.

26 Daniel W. Drezner, ed., *Avoiding Trivia: The Role of Strategic Planning in American Foreign Policy* (Washington, DC: Brookings, 2009), 23.

27 Robert Root-Bernstein et al., "Arts Foster Scientific Success: Avocations of Nobel, National Academy, Royal Society, and Sigma Xi Members," *Journal of Psychology of Science and Technology* 1, no. 2 (October 2008): 51–63.

28 Laura Niemi, "The Arts and Economic Vitality: Relationships between the Arts, Entrepreneurship and Innovation in the Workplace" (Research Report 13-3800-7003), retrieved from https://lauraniemidotcom.files.wordpress.com/2016/07/niemi-research-report-nea-13-3800-7003.pdf.

第 12 章

1 Ralph Waldo Emerson, *Self-Reliance* (Seattle: The Domino Project, 2011), 1.

2 Stanford, "Steve Jobs' 2005 Stanford Commencement Address," YouTube, June 14, 2005, 15:04, https://www.youtube.com/watch?v=UF8uR6Z6KLc.

3 Isaac Asimov, "Profession," Astounding Science Fiction, July 1957, http://employees.oneonta.edu/blechmjb/JBpages/m360/Profession%20I%20Asimov.pdf. 這一部份所有引語若無另外標示，皆出自此短篇故事。

4 "The One Shot Society," *Economist*, December 17, 2011, https://www.economist.com/christmas-specials/2011/12/17/the-one-shot-society.

5 Barack Obama, "Remarks by the President on Opportunity for All and Skills for America's Workers," The White House, President Barack Obama (website), January 30, 2014, https://obamawhitehouse.archives.gov/the-press-office/2014/01/30/remarks-president-opportunity-all-and-skills-americas-workers.

6 Zac Anderson, "Rick Scott Wants to Shift University Funding Away from Some Degrees," *Herald-Tribune*, October 10, 2011, http://politics.heraldtribune.com/2011/10/10/rick-scott-wants-to-shift-university-funding-away-from-some-majors/

7 Kelly Holland, "The Case for a Liberal Arts Education," CNBC, November 10, 2014, https://www.cnbc.com/2014/11/07/the-case-for-a-liberal-arts-education.html.

8 Charles Eliot, "The New Education," *Atlantic*, February 1869, https://www.theatlantic.com/magazine/archive/1869/02/the-new-education/309049/.

9 Committee of the Corporation and the Academical Faculty, "Reports on the Course of Instruction in Yale College," Higher Education Resource Hub,

accessed January 31, 2020, http://www.higher-ed.org/resources/Yale/1828_
curriculum.pdf, 7, 14.

10 Eliot, "The New Education."

11 Fareed Zakaria, *In Defense of Liberal Education* (New York: W. W. Norton,
2015), 67.

12 Zakaria, *In Defense of Liberal Education*, 70.

13 *Yale NUS College: A New Community of Learning*, report of the Inaugural
Curriculum Committee of Yale NUS College, April 2013, https://www.yale-nus.
edu.sg/wp-content/uploads/2013/09/Yale-NUS-College-Curriculum-Report.pdf;
emphasis added.

14 Scott Carlson, "A New Liberal Art," *Chronicle of Higher Education*, September
24, 2017, https://www.chronicle.com/article/A-New-Liberal-Art/241269.

15 Graeme Wood, "The Future of College?" *Atlantic*, September 2014, https://
www.theatlantic.com/magazine/archive/2014/09/the-future-of-college/375071/.

16 "Minerva Schools at KGI," accessed January 31, 2020, https://www.minerva.
kgi.edu.

17 Jamie Sullivan, "This Is Water—Full Version—David Foster Wallace
Commencement Speech," YouTube, accessed January 31, 2020, 22:43, https://
www.youtube.com/watch?v=8CrOL-ydFMI. 後 來 出 版 成 書：David Foster
Wallace, *This Is Water: Some Thoughts, Delivered on a Significant Occasion,
about Living a Compassionate Life* (New York: Little Brown, 2009). 此段所有
引語皆出於此演講。

18 Wellesley Public Media, "You Are Not Special Commencement Speech from
Wellesley High School" (David McCullough Jr.), YouTube, accessed January
31, 2020, 12:45, https://www.youtube.com/watch?v=_lfxYhtf8o4. 此段所有引
語皆出於此來源。

19 Mark Twain, as quoted in the *Janesville Daily Gazette*, editorial panorama, May
21, 1947, 6, column 2.

20 Shunryu Suzuki, *Zen Mind, Beginner's Mind: Informal Talks on Zen Meditation
and Practice* (Boston: Shambhala, 1987), xiv.

21 Sullivan, "This Is Water—Full Version—David Foster Wallace Commencement
Speech."

22 Dalya Alberge, "Nile Shipwreck Discovery Proves Herodotus Right—after 2,469
Years," *Guardian*, March 17, 2019, https://www.theguardian.com/science/2019/

mar/17/nile-shipwreck-herodotus-archaeologists-thonis-heraclion.

23 "Frank Goddio Underwater Archaeologist," accessed January 30, 2020, http:// www.franckgoddio.org.

24 Bill Weir and Drew Kann, "Egypt: Sunken City of Pharaohs," *The Wonder List with Bill Weir*, October 21, 2017, as aired on CNN.

25 Weir and Kann, "Egypt: Sunken City of Pharaohs."

26 Suzuki, *Zen Mind, Beginner's Mind*, 2.

27 Stanford, "Steve Jobs' 2005 Stanford Commencement Address."

28 Stanford, "Steve Jobs' 2005 Stanford Commencement Address."

29 Nikki R. Haley, prologue to *With All Due Respect: Defending America with Grit and Grace* (New York: St. Martin's Press, 2019), 8.

30 W. F. Strong, "The Airline That Started with a Cocktail Napkin," *Texas Standard*, April 20, 2016, https://www.texasstandard.org/stories/the-airline-that-started-with-a-cocktail-napkin/.

31 James Hagerty, "Southwest Air's Kelleher Created Quirky Style That Produced Reliable Profits," *Wall Street Journal*, January 4, 2019, https://www.wsj.com/articles/southwest-air-co-founder-kelleher-created-quirky-style-that-produced-reliable-profits-11546634503.

32 Jad Mouawad, "Pushing 40, Southwest Is Still Playing the Rebel," *New York Times*, November 20, 2010, https://www.nytimes.com/2010/11/21/business/21south.html.

33 Hector Tobar, *Deep Dark Down: The Untold Stories of the 33 Men Buried in a Chilean Mine and the Miracle That Set Them Free* (New York: Farrar, Straus, & Giroux, 2014).

34 Michael Useem, Rodrigo Jordán, and Matko Koljatic, "How to Lead during a Crisis: Lessons from the Rescue of the Chilean Miners," *MIT Sloan Management Review*, August 18, 2011, https://sloanreview.mit.edu/article/how-to-lead-during-a-crisis-lessons-from-the-rescue-of-the-chilean-miners/.

35 Useem, Jordán, and Koljatic, "How to Lead during a Crisis."

36 Useem, Jordán, and Koljatic, "How to Lead during a Crisis."

37 Tobar, *Deep Dark Down*, 43–55.

38 Hector Tobar, "Sixty Nine Days: The Ordeal of the Chilean Miners," *New Yorker*, June 30, 2014, https://www.newyorker.com/magazine/2014/07/07/sixty-nine-days.

39 Tobar, "Sixty Nine Days."

40 Tobar, "Sixty Nine Days."

41 Laurence Golborne, phone interview with the author, September 28, 2017.

42 Useem, Jordán, and Koljatic, "How to Lead during a Crisis."

43 Laurence Golborne, interview.

44 Gideon Long, "BRAVO: Innovative Leader of the Year—Laurence Golborne, Minister of Public Works, Chile," October 18, 2011, http://latintrade.com/bravo-innovative-leader-of-the-year-laurence-golborne-minister-of-public-works-chile/.

45 Jonathan Franklin, 33 *Men: Inside the Miraculous Survival and Dramatic Rescue of the Chilean Miners* (New York: Penguin, 2011), 84.

46 Jack Schwager, *The New Market Wizards: Conversations with America's Top Traders* (New York: HarperBusiness, 1992), 188.

47 Schwager, *New Market Wizards*, 189.

48 Schwager, *New Market Wizards*, 189–190.

49 Schwager, *New Market Wizards*, 190.

50 Schwager, *New Market Wizards*, 193.

51 Stanley Druckenmiller, Comments made to the Lost Tree Club in Palm Beach Florida on January 18, 2015, page 23 of transcript.

52 Sebastian Mallaby, *More Money Than God: Hedge Funds and the Making of a New Elite* (New York: Penguin, 2010), 161.

53 Tess Townsend, "Peter Thiel Tells Graduates 'Don't Squander Your Ignorance,' " *Inc.*, May 23, 2016, https://www.inc.com/tess-townsend/thiel-commencement-address-hamilton-college-dont-squander-ignorance.html.

54 Matthew Winkler, *The Bloomberg Way: A Guide for Reporters and Editors* (New York: Bloomberg Press, 2014).

55 "Elliott V. Bell Award Winners," New York Financial Writer's Association (website), accessed January 31, 2020, https://web.archive.org/web/20111009140024/http://www.nyfwa.org/bellwinners.htm.

56 Chris Roush, "*Economist* Editor Mickelthwait replaces Winkler as Bloomberg News Editor in Chief," Talking Biz News, December 9, 2014, https://talkingbiznews.com/they-talk-biz-news/economist-editor-mickelthwait-replaces-winkler-as-bloomberg-news-editor-in-chief/.

57 Matthew Winkler, personal communication with the author, December 13, 2019.

總結

1 Stephan Paternot, A Very Public Offering: The Story of theGlobe.com and the First Internet Revolution (New York: Actarus Press, 2018), 223.

2 Brian Barth, "The Defector," New Yorker, December 2, 2019.

3 Joanna Kavenna, "Shoshana Zuboff: Surveillance Capitalism Is an Assault on Human Autonomy," *Guardian*, October 4, 2019, https://www.theguardian.com/books/2019/oct/04/shoshana-zuboff-surveillance-capitalism-assault-human-automomy-digital-privacy.

4 John Laidler, "High Tech Is Watching You," *Harvard Gazette*, March 4, 2019, https://news.harvard.edu/gazette/story/2019/03/harvard-professor-says-surveillance-capitalism-is-undermining-democracy/.

5 *The Iron Lady*, directed by Phyllida Lloyd, written by Abi Morgan, starring Meryl Streep, Jim Broadbent, and Richard E. Grant (New York: The Weinstein Company, 2011), DVD. 出處 https://www.scripts.com/script-pdf/597. Emphasis added.

6 Shellie Karabell, "Leadership and the Art of Orchestra Conducting," *Forbes*, January 10, 2015, https://www.forbes.com/sites/shelliekarabell/2015/01/10/leadership-and-the-art-of-orchestra-conducting/#6063df1371f5.

7 Edward Wilson, *Consilience: The Unity of Knowledge* (New York: Vintage, 1999), 294.

思考外包的陷阱

在「快答案」的世界，我們如何重建常識、擴充思維？

THINK FOR YOURSELF
RESTORING COMMON SENSE IN AN AGE OF EXPERTS AND ARTIFICIAL INTELLIGENCE

Original work copyright © 2020 by Vikram Mansharamani

Published by arrangement with Harvard Business Review Press

through Bardon-Chinese Media Agency

博達著作權代理有限公司

Unauthorized duplication or distribution of this work constitutes copyright infringement.

Complex Chinese Translation copyright © 2021 by Briefing Press, a Division of AND Publishing Ltd.

大寫出版

書　　　系 ■ 使用的書 In Action　書號 ■ HA0095
著　　　者 ◎ 維克拉姆・曼莎拉瑪尼
譯　　　者 ◎ 田詠綸
行銷企畫 ◎ 王綬晨、邱紹溢、陳詩婷、曾曉玲、曾志傑
大寫出版 ◎ 鄭俊平
特約編輯 ◎ 汪冠岐
發 行 人 ◎ 蘇拾平
發　　　行 ◎ 大雁文化事業股份有限公司
　　　　　　地址：台北市復興北路 333 號 11 樓之 4
　　　　　　讀者服務信箱：andbooks@andbooks.com.tw
　　　　　　電話：（02）27182001　24 小時傳真服務：（02）27181258

初版一刷 ◎ 2021 年 1 月
ISBN ◎ 978-957-9689-54-0
定　　　價 ◎ 500 元

國家圖書館出版品預行編目（CIP）資料

思考外包的陷阱：在「快答案」的世界，我們如何重建常識、擴充思維？
維克拉姆・曼莎拉瑪尼（Vikram Mansharamini）著｜田詠綸譯
初版｜臺北市：大寫出版社出版：大雁文化事業股份有限公司發行，2021.01
396 面；15*21 公分（in Action! 使用的書；HA0095）
譯　自：Think for yourself : restoring common sense in an age of experts and artificial
intelligence

ISBN 978-957-9689-54-0（平裝）

1. 思考　2. 思維方法　3. 決策管理

176.45　　　　　　　　　　　　　　　　　　　　　　　　109021969

使用的書

大寫
BRIEFING
PRESS